钱文丹 著

这就是芬兰教育

THIS
IS
FINNISH
EDUCATION

中国人民大学出版社
· 北京 ·

contents
目 录

第三章 为生活而教的中学

下篇 · 芬兰的教育生态

第四章 以教育为中心的国家

第五章 尊师重教的社会文化

序一

作为中芬教育研究中心的负责人，我们非常高兴看到《这就是芬兰教育》一书的出版，并且很荣幸能为该书作序。中芬教育研究中心是中芬两国教育部发起并成立的中芬联合学习创新研究院的六个中心之一，北京师范大学和坦佩雷大学分别是该中心的中芬双方协调单位，成员包括两国20多所具有教育学科优势的大学。该研究中心的使命之一是从中芬比较的视角解读芬兰教育的经验，为中国教育改革提供有效的借鉴。为此，我们打造了“这就是芬兰教育”的系列品牌，提供了关于芬兰教育的可靠信息和高质量的研究成果，旨在帮助中国教育工作者深入了解芬兰教育。

中芬教育研究中心特约研究员钱文丹所著的《这就是芬兰教育》，是在2015年《中国教育报》跟踪报道“顾明远带您看芬兰”专题和2017年某网络平台播放《这就是芬兰教育》电视片之后，“这就是芬兰教育”系列又一个重要的里程碑。该书生动地描述了芬兰教育的点点滴滴，凸显了芬兰教育的特点，分析了芬兰教育背后的理念及文化基础，回应了中芬教育研究中心关于芬兰教育研究的一个核心问题：芬兰教育能学吗？因为教育与历史、政治、文化等因素密不可分，而中芬两国在这些方面差异较大，所以芬兰教育的成功经验可能有其特殊性。

由于芬兰教育在世界经济合作与发展组织（OECD）组织的 PISA[1] 测试中表现卓越，越来越多的中国教育工作者开始关注芬兰教育。国内很多教育界人士还专程到芬兰进行实地考察，走进课堂，与芬兰教育专家和教师座谈，网络上也不乏他们分享芬兰教育考察之旅的随记和反思。国内关于芬兰教育的研究论文也是数以千计。国人考察和研究芬兰教育的初衷是希望借鉴芬兰教育的成功经验，使我国的教育得到更好的发展。但是，他们往往会得出这样一个结论——“芬兰教育确实很好，但中芬两国国情不同，芬兰的经验很难用到中国”，从而重新陷入借鉴国外先进经验的迷茫。

那么，中国究竟能不能学习芬兰教育的经验？文丹始终带着这个问题在芬兰求索。她曾在上海任小学教师，后辞职到芬兰于韦斯屈莱大学教育学院留学，近几年她在芬兰一直从事中国教育者到芬兰培训和访学的指导工作，这让她掌握了很多中国教育和芬兰教育的“一手信息”。她从中国教师、家长和教育研究者的视角撰写了《这就是芬兰教育》，这是她五年来观摩芬兰课堂教学，访谈芬兰教师和教育专家，研究芬兰教育经验的结晶。该书一方面从一线教学现场的视角对芬兰教育进行了翔实记述，通俗易懂接地气，很适合中国教师和家长阅读，使人有亲临其境之感；另一方面从社会文化视角对芬兰教育进行解读，从时间视角对芬兰教育改革之路进行分析，正视中国教育管理和研究人员关注的焦点问题，帮助他们以芬兰教育为镜，清晰地认识中国教育的优势和存在的问题，从而找到适合中国国情的教育改革之路。

[1] PISA 是 Programme for International Student Assessment 的简称，是 OECD 针对发达国家或地区 15 岁学生阅读素养、数学素养和科学素养的国际性测评。PISA 评估于 2000 年首次举办，此后每三年举行一次。

回到核心问题，中国教育可以学习芬兰经验吗？我们的回答是肯定的。重要的是怎么学的问题。可以学的内容分两个层面，一个是“体”的层面，一个是“用”的层面，这两个层面相互影响。“体”是指基本教育理念和学习观，“体”的形成和发展有一个长期过程。“用”是指具体的教育模式和教学手段等。从“体”和“用”的视角阅读《这就是芬兰教育》，可以更深刻地发掘该书的价值。通过文丹讲述的芬兰教育的故事，我们可以发现只有植根于“体”的“用”才会最稳定。芬兰自20世纪70年代开始的教育改革造就了今天芬兰教育的成功，其改革先从“体”开始，在全社会对教育理念有充分共识后再系统地改革“用”。

虽然中芬两国的制度和文化不同，教育上更是有很大差异，但是在20世纪60—70年代，芬兰的教育体系与我国现在的教育体系有很多相似之处：国家对课程体系有较细致的控制；课堂教学单一地“以教师为中心”；学校之间有“优劣”之分。那么，在短短三四十年间，芬兰教育是如何从平凡走向卓越，并成为全球教育引领者的呢？

这一过程主要经历了三个改革阶段。第一个阶段，20世纪70年代末到80年代初，芬兰教育界对教育理论和基本方法进行了全面反思。在这期间，芬兰教育界主要对“以教师为中心”的教学方法进行批判，提出了“培养具有批判能力且能独立思考的公民”的新办学理念，并相信学校和教师能找到提升学生学习质量的最佳教学方法。第二个阶段，20世纪90年代，改革强化了地方政府在课程设计和实施中的作用，加强了学校之间，学校与政府部门、社会机构的合作，开展了“以学校为中心”的教育创新活动。第三个阶段，21世纪初，芬兰通过改革提高了教育管理的效率，最重要的改革措施包括全纳教育的推广以及消除小学和初中的管理分界等。

在PISA成功的基础上，芬兰于2014年出台了新的《基础教育国家核心课程大纲》，并从2016年开始推行。芬兰国家教育署[1]课程发展中心前主任艾梅利·哈里宁（Irmeli Halinen）曾经说过："大家问我，为什么对这样一个已经是世界顶级的教育体系进行改革？在我看来，因为世界一直在变化，所以我们必须重新思考有关学校的一切事物，必须认识到社会和工作中需要的能力已经发生了改变。"

芬兰教育改革的道路说明改革没有捷径，教育改革是一个复杂和缓慢的过程，急于求成只会事倍功半。我们不一定能把今天看到的芬兰教育的做法直接拿到中国来应用，但我们应该学的是芬兰怎么学习他国经验并为我所用。芬兰的教育改革也借鉴了别国经验，芬兰教育改革成功的秘诀在于懂得如何处理好来自外部的改革经验和自身教育改革传统的关系。中国的教育决策者和教育工作者在学习芬兰经验的同时，必须寻找适合中国的道路，做好长期改革的准备，特别是要从教育基本理念的讨论和共识的达成开始。令人欣慰的是，我们在和国内的众多校长、教师交流的时候，感受到他们的教育理念并不比芬兰教育工作者落后，这让我们对中国教育改革抱有很大的希望，尽管在全社会范围形成教育理念的共识还需要较长的时间和更有效的方法。

蔡瑜琢　芬兰坦佩雷大学中芬教育研究中心（芬方）主任
刘宝存　中国北京师范大学中芬教育研究中心（中方）主任

[1] 芬兰国家教育署（网址：https://www.oph.fi/en），2017年之前英文名为Finnish National Board of Education，2017年后改名为Finnish National Agency for Education。

序二

2018年8月，我在澳大利亚美丽的海滨城市——黄金海岸，第一次见到文丹。她说自己正在酝酿写一本介绍芬兰教育的书，我的心中甚是欣喜和欣慰：她是一位对教育特别有情怀、有使命感的人；她在中国有一线教学经验，又在芬兰系统学习芬兰教育，她对芬兰教育的研究一定是视角独特而接地气的。因此，在收到为此书作序的邀请之后，我便欣然答应了。

我抱着认真学习的态度读完了这本书，随后更是对文丹充满了钦佩。她不仅娓娓而谈芬兰中小学教育现场、芬兰教育政策和教师教育的变迁，还对芬兰在教育上取得卓著成就的原因进行了分析和总结。难能可贵的是，她还解析了芬兰教育背后的历史、社会、经济和文化脉络，从而有助于读者更全面地了解芬兰教育的来龙去脉。可以说，这本书是近年来国内介绍芬兰教育的同类著作中不可多得的佳作。

与文丹相比，我在芬兰工作和生活的时间不长，仅有两年时间。加上我当时的研究工作繁忙且要照顾家庭，因此我对芬兰教育的观察和认识可谓浮光掠影。尽管我怀揣浅陋，但仍希望借此序言谈谈我对芬兰教育的一点儿认识，以此为我国教育改革提供一些新思路。

自主（autonomy）和公平（equity）是文丹书中经常出现的两个词语，这两个词语也是我对芬兰教育最切身的体会。对个体自主权的重视，体现在芬兰教育系统的各个方面：地方教育部门有自主研制本地课程大纲的权利；校长、园长有自主经营学校和自行决定资金分配的权利；教师有自主选择教材、自主安排教学进度、自主决定如何评估学生的权利；学生有自主选择课程、自主安排学习计划和自我评估的权利。

芬兰教育对自主的重视不是一蹴而就的，在本书中，文丹从经济危机、全球化和自由主义思潮等方面分析了芬兰教育系统从“管控”转变为“自治”背后的社会原因。回溯芬兰的历史，强烈的民族危机感和对国民素质的真正重视可能是这一转变的重要原因。芬兰地广人稀、资源匮乏，地处瑞典与俄罗斯两个大国之间，历史上曾先后被瑞典王国和沙皇俄国殖民。在弱肉强食的时代里，特别是1939年的苏芬战争，更是令芬兰处于极端困难的境地，这使芬兰人认识到芬兰的命运只能掌握在自己手中。如果整个国家不重视提升国民素质，芬兰内战和苏芬战争时家破人亡的悲剧很可能就会再次上演。所以“二战”之后，芬兰认识到自己只能走强民强国的道路。而赋予个体自主权的教育让芬兰国民从小就学会了独立思考，对自己的行为负责，把命运掌握在自己手中，这正是实现强民强国的最重要途径。

如果说自主是每个人与生俱来的需要，那么公平则是人类社会发展到一定阶段才会产生的理念。中国自古以来就不乏“平均”的理念，如《论语》中的“不患寡而患不均”，然而公平不等于平均，公平恰恰是要打破平均，给弱势群体更多的照顾和资源。公平这一理念体现在芬兰教育的方方面面。举例来说，芬兰常年在PISA测试中名列前茅，主要是因为位于低分数段的学生特别少。为什么芬兰教育可以做到这一点儿？其实是因为芬兰用了大量人力和财力去帮助那些成绩落后的学生。此外，文丹在本书中提到芬兰教育系统中对脑瘫儿、自闭症儿童等特殊儿童的全纳教育和额外拨款，其实也体现了教育公平的理念。

在我看来，要理解芬兰教育，最重要的就是理解芬兰教育中的自主与公平；而在学习芬兰教育之前，我们不妨先了解芬兰社会对自主与公平的重视。如果说赋予个体自主权是让一个国家成为人力资源强国的必由之路，那么追求社会公平则是让不同背景、不同阶层的民众和谐共处的不二法门。我相信这本书会是各位读者理解芬兰教育、理解芬兰社会的一把钥匙。

张晓　香港大学教育学院

引子／ 寻找教育理想国

2013—2015 年，我在上海某公立学校当小学教师。跟大多数中国教师一样，我每天迎着朝阳出门，顶着月亮回家。上班时我像一只陀螺，被安排好的教学和评比带着不停地旋转。下班后我给班级里的学困生补习，晚上再花两三个小时备课。每周我都要参加新教师在职培训，看名师上展示课，听专家讲座，在不同的会场奔波。

两年间，我每天都很忙，但我还是不会教。是我个人的学习能力不够吗？我想这是一个原因。我在不同的场合听讲座，却无法将这些教育理论贯穿起来，而且当我带着这些教育理论回到自己的教室时，发现大多实践不了。还有一个原因，我的工作时间被各种非教学的事情占据着。有时我们新教师之间会开玩笑说，一半的工作时间在忙于应对各种检查。

有时我安慰自己："可能因为我是青年教师吧，经验不足，还不能轻车熟路地应对这些。多工作几年，兴许就会有不错的职业发展前景。"但现实是，烦琐的职称晋升制度成为压垮我的最后那根稻草——如果教师想评职称，就要参加考试，要有上公开课的教学经历，要有多年班主任工作经验，要发表学科论文，还要参加职称考评面试。更让我痛苦的是，评职称要排队，要论资排辈。编制少的学校一年往往只有一两个名额，且多数情况下会分配给教龄长的教师。

2015 年夏天，因为工作的疲惫，我辞去教职，来到芬兰。我想看看这个被称为“教育圣地”的北欧国家到底有着什么样的教育。

从中国到芬兰“取经”

抱着一定要留学芬兰学习教育，一定要作为局内人体验芬兰教育的初心，我踏上了芬兰这片土地。

可是，由于语言的限制，2015 年秋天，我没能成功入学。幸运的是，我有一位志同道合的先生，他叫唐鑫，那时他在芬兰于韦斯屈莱大学教育心理学院读博士，他的研究方向是“芬兰教师的教学行为和学生的学习动机的关系”。那时，他经常到于韦斯屈莱大学附属小学进行课堂观测。我很想跟他一起去听课。于是，我去找于韦斯屈莱大学教育学院的教师教育专家希尔巴·艾斯科拉·哈巴宁（Sirpa Eskelä-Haapanen，现在是该大学教育学院教师教育系的系主任）。那时哈巴宁和唐鑫在芬兰的小学给新教师做课堂观测和评估。在聆听完我对芬兰教师日常教学的兴趣后，哈巴宁表示她很愿意带我去听课，为我呈现另一种教学状态。

就这样，我经常到芬兰的小学听课。我看到了芬兰教育最吸引我的地方——学校花很少的时间在学习上，学生的成绩却名列世界前茅；教师教得少，学生却学得多；学校没有考核和评比，教师和学生的自主性却很高。这种“少即是多”的悖论现象，被芬兰教育专家帕斯·萨尔伯格（Pasi Sahlberg）概括为“芬兰悖论”。

看着芬兰的课堂，我总会想起自己在上海做教师的日子。同样是小学二年级，芬兰的师生每天12:00或13:00就放学了，而此时在欧亚大陆另一边的中国师生还需要在学校待四五个小时。在校时间长短方面如此强烈的对比背后，是两国教师和学生幸福感的巨大反差。这引起我内心巨大的震动：为什么我们中国的教师工作忙碌，需要日夜操劳，而芬兰的教师却能在每天下午悠闲地喝下午茶？

显然，这表明我们国家的教育有许多可以改进之处。我们总是强调教师要多投入、多上课、多考评，认为如此才能让学生有更好的学习成绩，却忽略了换一种思维方式，即用“少即是多”的教育理念来构建支持系统，从而提升教师的职业幸福感。

但更重要的，我想是因为两国教育处于不同的发展阶段。从“二战”后到20世纪70—80年代，在这三四十年内芬兰的经济实现了快速增长。随后，芬兰在20世纪70—80年代进行了颠覆性的教育改革。相比之下，我国从20世纪70年代末才开始推行改革开放，40多年来，我国的经济实现了快速增长，逐步具备了推行教育改革的经济条件。

所以，接下来，我不仅会讲述芬兰教育现在的样貌，还会回顾从20世纪70年代开始，芬兰基础教育的改革之路，希望“芬兰道路”能为中国教育改革提供一种参考。

芬兰教育改革之路

2016年秋天，我顺利进入于韦斯屈莱大学学习，开始了研究芬兰教育的专业化之旅。作为曾在中国教育一线工作的教师、现于芬兰教师教育专业最好的大学就读的学生，我想聊聊在两个国家当教师的差别。更具现实意义的是，我们可以窥见在一所学校内部，如何才能让教师从“被管控”走向自主、舒展的状态，如何让学生从“被评估”走向自在、被赋能的状态。这正是芬兰40年前的教育改革之路。

20世纪70年代之前的芬兰教育，可不是如今我们看到的样子。当时“管制”思想比较盛行。国家课程大纲详细规定了教学内容和行政管理标准，国家教育部门经常指导地方教育局并监控学校落实情况。学校管理者和教师之间是施令和服从的关系，教师成了知识的传声筒。

可是，2000年OECD第一届PISA测评结果显示，芬兰学生的数学素养、科学素养、阅读素养全部名列第一，令世界赞叹不已。后来，OECD另一项测评TALIS[1]报告显示，芬兰教师是全球教育领导力、职业幸福感、职业认同感和职业忠诚度最高的群体。

全世界的教育者都在好奇：芬兰是怎么做到的？一批又一批中国教育者到芬兰考察，想看看芬兰教育的内部结构，并追问中国能学吗？所以，接下来我将从时间维度来谈芬兰教育，即从20世纪70年代到21世纪初芬兰教育的发展战略。概括来说，有以下三个重要节点：20世纪70年代，成全教师，挖掘教师的“专业资本”；20世纪80年代，赋能学生，践行“以学生为中心”的教育；20世纪90年代，给教育系统更多自主权以培养教育系统内部的领导力，给个性化教育更多空间来激活多元创新人才。之所以每10年为一个节点，是因为芬兰每10年就进行一次全国性的教育改革。

1. 20世纪70年代，挖掘教师的“专业资本”

许多研究者认为，芬兰教育强民强国的秘密之一，是它在20世纪70年代进行了基础教育改革。当时颠覆性的改革举措是，教师教育全部

[1] TALIS是Teaching and Learning International Survey的简称，是OECD针对发达国家或地区中小学教师、学校领导和学校学习环境的国际性测评。

由研究型大学提供，小学及以上学段的教师必须具备硕士学位，接受教师教育的学生需要在5年左右的时间里完成教育理论学习、教学法训练和教学实践。最让他国教育者难以置信的是，芬兰所有设置教师教育专业的大学都有自己的附属小学和附属中学，以给接受教师教育的大学生提供有课堂教学经验的中小学导师和教学实践基地。不管这所大学是位于南部繁华的赫尔辛基大区，还是位于北极圈内偏远的拉普兰区。这等于说，全国上下所有的教育学院的学生都是由大学和其附属中小学校联合培养的。这种全国各地一视同仁“联合打造”未来教师的模式即便在当今世界范围内，都是高标准的，更别说在20世纪70年代了。

如此高质量、专业化的培养模式，让教师成为很受欢迎的职业。此外，芬兰教师享受中高阶层的收入和社会地位，还有寒暑假。在这样一种高度尊重教师价值的社会环境下，很多优秀的学生都想当教师。那么如何让最适合的人进入教育系统呢？我们来看看芬兰各大学教育学院的学生的入学申请流程[1]。

* 高考。
* 参加全国教育学院的联考（需要提前1个月阅读6～8篇科研文章，主要考查理解力、思维深度、批判性思维等）。
* 参加大学教育学院的面试（以报考小学教师方向的学生为例，有两关要闯：第一关是申请者接受3位教育专家面试，涉及从业动机、对教育的思考、职业发展规划等；第二关是3～5个申请者在小组内协作完成任务，借此评估申请者的沟通能力、团队协作能力、领导力等）。
* 部分大学还有心理测试。

[1] 这套流程是2020年之前使用的。2020年之后芬兰设置教师教育专业的大学联合采用OVET模式（OVET，芬兰语全称Opettajankoulutuksen Valinnat-Ennakoivaa Tulevaisuustyötä），详细信息见网址https://sites.utu.fi/ovet/en/。

据芬兰教育统计局数据，整个芬兰所有大学教育学院的平均录取率只有 15% 左右。哈巴宁向我透露："2017 年于韦斯屈莱大学的小学教师项目有 1586 位申请者，只录取了 90 人，录取率不到 6%。"有的人是真想当教师，第一年没考上，就自学，上开放大学 [1] 的课，去学校做教师助理，理论学习和教学经验"两手准备"，来年再考。

有人说这样优质的"人力资本"，是芬兰拥有高质量教育的核心。的确，这是芬兰教师具有的第一个资本。

其实，还有第二个资本——鼓励教师挖掘自身的"社会资本"。什么意思？说白了，就是充分利用教师的社会资源——他们的关系网，他们同大学、社会、教育机构，甚至全球教育的联系。通过这些关系他们能为学生提供更优质的教育资源。我来举个例子，2016 年 4 月的一天，我照常在于韦斯屈莱大学附属小学听课，上课的教师是一位 41 岁的在读女性博士。她的班级里正在开展的，是她和她的博士生导师研究的课堂观测项目。交流中我得知，在 2 月滑雪季，她请过自己的滑雪教练朋友来学校带孩子们玩。当孩子们在学校里接触的都是优秀的专业人才时，所学到的就不仅仅是知识本身了。

芬兰教师还具有第三个资本，叫"决策资本"。这是芬兰教育最大的特色——教师手中拥有高度的自主权，可以自己做教学决策。这种自主权体现在两个方面。一方面，芬兰教师自己能决定教什么。这并不是说芬兰学校没有教材，但教师确实会把教材放在一边，选择自己研发的成果来教学，而且同一年级也没有一致的教学进度。另一方面，芬兰教师对如何评估学生、如何改善学校，也有决策权。这是因为芬兰学校去行政化，推行校长和教师共同商量学校如何运行的模式，教师主人的地

[1] 芬兰有多所开放大学（Open University），他们附属于本地的综合性大学。暂时没有被大学录取的学生，可以选择开放大学的课程。开放大学不仅学费很低，而且学分可以转到以后被录取大学的学分系统，还可以与在校大学生共修课程。

位自然得到体现。此外，芬兰教育部门给教师提供的统一的在职培训课程微乎其微，而是给教师高度的自主权，让他们根据自身需求来决定参与什么主题的培训课程。有的教师去大学参加研讨会，有的教师去其他学校和同辈研讨，有的教师去学习网络课程。这背后是教育部门信任教师会为职业发展付出行动。

对以上“三种资本”的挖掘成就了芬兰教育，培养出来的优秀教师成为芬兰教育成功的关键。这正是安迪·哈格里夫斯（Andy Hargreaves）和迈克尔·富兰（Michael Fullan）合著的《专业资本：变革每所学校的教学》论述的要点。

这是芬兰教育改革的第一步：培养优质教师。教师怎样才能有效地影响学生呢？需要教学方法。传统的教学方法是“以教师为中心”的教师一言堂，学生被动地接收信息。教育的任务是让学生这个“产品”有更大的知识内存，把对不同人才的评价方式标准化、统一化，给每个“产品”设置一样的出厂标准。在工业时代，这种教育模式的确很好，它培养了工业社会需要的产业工人。但到了 21 世纪，人类进入信息时代，互联网正在一步步瓦解这种教育模式，教师和书本不再是知识的权威来源。在如今这个知识触手可及的时代，教育该走向何方？无疑，办“以学生为中心”的教育，必然是世界各国教育改革的发展方向。

2. 20 世纪 80 年代，践行“以学生为中心”的教育

为了赋能每个孩子的发展，芬兰在 20 世纪 80 年代教育改革的重点是推动“以学生为中心”的教育落地。当时的路径是自上而下分“三步走”：第一步，学术进步先行；第二步，高校引领；第三步，全社会推动和落实。

第一步是学术进步先行，就是用科研证明“以学生为中心”的教育是什么样的，应该怎么做。芬兰科研界用实证研究来引领“以学生为中

心”教学法的方向和具体做法，进而指导高校在教师教育课程中采用许多协作方法，包括小组合作、协作学习、协作写作、演讲、研讨会、学生自我评估、同伴评估、学习日记等形式。

当有了科研支撑后，芬兰进入第二步——高校引领。具体来说就是大学生的课程，尤其是教师教育的课程，不再局限于“一对多”的讲课模式，而采用“多对多”的合作模式，既有小组合作学习、协同写作，又有学生互评、学习日记等。我在于韦斯屈莱大学教育学院学习的课程，便采用这种“多对多”的模式。

接下来便进入第三步——全社会推动和落实。就拿芬兰的“现象式教学”来说，早在2012年各大学教育学院的课程设置里就有60个学分的跨学科学习，到2016年再落实到各地中小学。紧接着，在媒体、教育创新机构和家长的协助下，“现象式教学”才广为人知。

回到教室内，教师怎么才能做到“以学生为中心”呢？作为初学者，我只能抛砖引玉，但我确实是中芬教育的“结合体”：一方面，我在国内接受过师范教育，当过一线教师，深知“以教师为中心”的教育是什么样的；另一方面，我在芬兰教师教育专业最好的大学上课，目睹他们如何培养未来教师，如何开展“以学生为中心”的教学。这种比较视角，既让我看到了芬兰教育的“星空”，也让我看到了中国教育的“大地”，两者之间可能就是改善中国教育现状的路径。

路径一：重新定义孩子

你认为孩子是什么？在回答这个问题之前，我们先来看中国家庭的一个普遍场景：一个家长要带孩子出门，孩子还在准备，家长就不停地说“你别忘了带这个、带那个”；孩子还没走到门口，家长又说“你要穿这件衣服、穿那双鞋”。这其实是把孩子当作被动的接受者，意即“我告诉你，你顺着做”。而在芬兰人眼中，孩子是独立的生命体。

* 相信孩子是主动学习者——赋予他们自主权。
* 相信每个孩子都是独立的个体——培养他们的生活自理能力，尊重他们的想法。
* 相信孩子天生具有玩耍精神——在做中学，从社会实践中学。
* 相信孩子天生具有好奇心——创造环境让他们探索，与周围世界互动。
* 相信每个孩子都是独特的人——给予个性化教学和特殊辅导。

中国和芬兰对孩子解读的差异，直接导致教育方式的不同。所幸，一切都是变化发展的，芬兰人把学生看作“主动学习者”也是一步步改革的结果。20 世纪 80 年代之前，芬兰教育也是从成人角度来看待儿童，认为儿童成长的目标就是长成大人，学习的目的就是为过渡到成人世界做准备。这样的教育是结果导向的，不注重过程。但 20 世纪 80 年代受“以儿童为中心”新思潮影响，他们认识到儿童的社会关系，以及儿童与文化环境的互动关系——这种隐形的“场”才是塑造儿童的关键。教育要做的就是不断更新这个“场”，注重孩子成长的过程。

所以，我们在为孩子重塑教育前，应该扪心自问：我们如何定义孩子？孩子是主动学习者，还是被动接受者？

路径二：重新定义学习

“以学生为中心”的教育，就是要以“学”为中心，而不是以“教”为中心。“学习”是怎么发生的？美国学习科学发展委员会推出的权威研究报告《人是如何学习的：大脑、心理、经验及学校》指出，人的学习是大脑、心理、生活经验、教学经验及学校教育共同起作用的结果。

中国教师在教学时考虑“学法”了吗？我自己备过课，也看过很多教师的教案，满纸都是“我”怎么教，“我”怎么把重难点讲透彻，“我”要给学生提出几个问题。而翻开芬兰教师的教案，我发现里面不仅有面向全体学生的教学目标、教学重点，而且有学生怎么学才能理解这个重点的解析，还有 2 ~ 3 个针对个别学生的个性化教学目标。

此外，学习要与生活、社会发生关联。这即是美国心理学家阿尔波特·班杜拉（Albert Bandura）提出的社会化学习理论（Social Learning Theory）。班杜拉认为，学习如果仅仅发生在教室里，其与真实生活、真实社会的联系就会受到限制。芬兰的做法是构建“以学校为中心”的社区，教室不止 1 个，森林、公园、图书馆、博物馆、公司、教堂等都是学习场所。并且，在学校内构建“以生活为中心”的主题教室，比如手工房、木工房、烹饪厨房、健身房、乐器房等，教育即生活。

路径三：重新定义学什么

一提到学习，我们的第一反应就是学习知识。但芬兰的学校对学习内容有更宽泛的界定：不局限于知识，更看重通过学习知识的过程习得独立生活能力、沟通能力、合作能力、社会情感化技能，以及培养优秀品格等。培养终身学习者是很多国家教育的终极目标。芬兰学生之所以能用较少的学习时间取得优秀的学习成果，是因为他们有更好的学习方法、更高的学习效率。我在“芬兰模式本土化：开发参与式‘以学生为中心’教学法的教师培训项目”课题里面详细介绍了芬兰学校的十几种主动学习的方法，芬兰学校如何激发学生的内在学习动力，芬兰教师如何开展个性化教学，以及如何用芬兰的教学方法在中国学校教学等。这个研究课题全面展示了芬兰中小学“以学生为中心”教学法的细节及如何为中国所用。

我们重点来看芬兰如何帮助孩子“学会生存”。让很多外国教育者惊讶的是，芬兰竟然把“自我照顾和日常生活技能”这一基本的生活自理能力写入国家课程大纲，但细想又合理，教育的最终目标就是培养独立的人。更难得的是，芬兰教育不仅着眼于孩子“当下”生活能力的培养，而且放眼“未来”。每所学校都开设了职业启蒙课，培养孩子的职业技能和创业精神，储备孩子未来生活的能力。

早在1972年，联合国教科文组织国际教育发展委员会在发表的《学会生存——教育世界的今天和明天》报告里已倡导终身教育，认为未来社会发展迅速，需要培养终身学习者。1996年，该委员会更是把"学会生存"进一步细分为四种能力：学会认知、学会做事、学会做人、学会共存。芬兰在2014年的国家课程大纲中提出了七种横贯能力，对这四种能力进行了细化。在教育研究方面，芬兰不仅注重与时俱进，而且充分尊重国情。

3. 20世纪90年代，践行"个性化教育"

20世纪90年代，芬兰教育改革的重大举措是，全面落实"个性化教育"，以培养多元创新人才。21世纪以来，各个国家对创新人才的培养成了全球热议的话题。芬兰近10年来能多次跻身全球创新指数前列，其实，很大程度上是芬兰在20世纪90年代推行教育改革的结果。那么，芬兰参与改革的这一代人经历了怎样的教育革新？

一是在班级内部实施分层教学、小组教学及个性化辅导。芬兰小学生即使同班，上下学时间也会不同：有的学生8:00上学，有的学生9:00上学；有的学生12:00放学，有的学生13:00放学。同时，芬兰中小学校配有特教老师，他们与班级教师或学科教师[1]一起为学生量身定制学习计划。

二是推行选课制。芬兰学校自小学开始，就设有选修课。到了高中，更是彻底打破固定的班级制、年级制，学生修完规定学分即可毕

[1] 芬兰的小学教师一般被称为班级教师（class teacher），也被称为全科教师，通常他们要教小学的全部科目（个别除外）。中学教师一般被称为学科教师（subject teacher），通常他们分学科授课。

业：有的学生两年毕业，有的学生三年毕业，有的学生四年甚至五年毕业。选课模式给予高中生充分的学习自主权，学生可以根据自己的兴趣爱好，自主制订学习计划，以满足个性化需求。而这正是多元创新人才成长的土壤。

三是设置多样化的课程。为了保证基础教育阶段学生的全面发展，满足学生在成长、职业取向上的多元化需要，课程设置注重发展学生的各种基础能力，比如注重动手能力、设计思维的手工课；注重生活技能的家庭经济课（芬兰语为 Kotitalous）；注重横贯能力的跨学科学习（Phenomenon-based learning）；以及注重职业启蒙的指导和咨询课（Guidance and counselling）。

这一切旨在促进每个学生的“全面发展”，以及滋养每个学生突出的个性化能力。要做到这三点，最根本的转变在师生比，即推行小班教学。芬兰从小学到高中的师生配比稳定在 1∶20，这其中还不算特教老师、助理老师。

寻找优质教育体系的优秀基因

你也许会问：芬兰教育确实好，但我能把学到的经验“用”在哪儿？就算芬兰式优秀教师遍布中国，但如果教授的还是与我们传统课程配套的知识，那么，中国教育会像芬兰教育一样吗？短期内恐怕不会，中国教育改革任重而道远。如果中国的教师融入芬兰教育体系，那么芬兰的教育质量会下降吗？未必会下降；相反，中国教师在数学教学、课堂管理上的高效，可能会弥补芬兰教育的不足。

教师是教育体系的一环，每个教师都是这个体系的执行者，同时也是推动者，在无形中推着这种体系向前走。5 年前，我不甘心 10 年、20 年后回看自己的职业生涯却没有多少成长；更不甘心多年后我的儿子（名叫唐予觉，出生在芬兰，他的到来让我得以从母亲的视角看芬兰教育，他在芬兰幼儿园的生活，更让我看到芬兰幼教的细节）问我“妈妈，既然你做老师那么辛苦，为什么不做点儿事让它变得更好”时，我却无言以对。

我之所以到芬兰留学，并寻找芬兰教育体系的优秀基因，是因为我读懂了学生眼神里的期待，为了他们我再苦再累也要撑下去，是因为我小时候遇到过好老师，感受到被关爱、被点醒的力量，现在我也想成为一名好老师，去改变更多孩子的命运。

教育是一个生态系统，需要各个环节的协同合作。这个生态系统谁来建？前文已论述，芬兰教育系统是通过自上而下“三步走”建立的，用 30 年时间做到了卓越。有些人认为芬兰是小国，公民同质化很高，教育政策更容易上传下达，所以推行改革相对顺畅；中国是大国，东部、中部、西部存在地区差异，所以推行改革进展缓慢。的确，因为国情不同，所以，我们在学习国外教育改革的成功经验时，必须拥有辩证的思维、辩证的眼光。

最后，要说的是，芬兰基础教育用 30 年时间走到了世界前列，并不是因为芬兰人将其他国家的教育体系复制到自己的体系内，而是因为芬兰人善于运用科研去寻找世界优质教育体系的优秀基因，勇于改变，每 10 年推行一次全国性的教育改革，让教育随着世界的不断变化而持续更新。

让我们借助世界上最好的教育，去抓住教育的本质！

上篇

走·进·芬·兰·的·课·堂

芬兰教育专家帕斯·萨尔伯格说过：“芬兰基础教育的成功，一半原因在学校，一半原因不在学校。”我想“不在学校”的那部分，是公平和平等的价值观，是信任和尊重个体的文化氛围，是把教育当作社会福利的国家目标。这些“不在学校”的文化基因，最终作用于学校的生态环境和教育相关者的各种“关系”——同事之间合作、师生之间尊重、同学之间友爱。让我们一起走进芬兰的课堂现场，细细观摩芬兰的教学细节吧！

芬兰一所学校里的滑雪工具

第一章
这就是芬兰幼教

教育和保育并重模式下的芬兰幼儿教育

OECD 发布的全球婴幼儿教育质量报告“强势开端”（Starting Strong）系列多次指出，北欧国家的婴幼儿教育世界领先。芬兰教育作为北欧教育的翘楚，其幼教理念和举措一直是北欧其他国家学习的榜样。

这得益于芬兰完善的幼教模式。芬兰是世界上较早推行幼儿教育“教育”（Education）和“保育”（Care）并重的国家。这种模式可追溯到19世纪90年代的早期教育和保育（Early childhood education and care，即EduCare模式）。它在芬兰已有一百多年的历史，如今已成为一套家长满意、社会认同、教师引领的高质量学前教育体系。我将从立法、职能部门的合作、国家和地方的财政支持、幼儿园收费形式、幼儿园的种类、幼小衔接体系等层面，逐一剖析芬兰如何落实“教育”与“保育”并重的理念。

1. 完善的立法确保“教育”和“保育”并重是幼教的最高准则

1888年，芬兰第一所现代意义上的幼儿园在赫尔辛基建成。创始人汉娜·罗斯曼（Hanna Rothman）认为幼儿园应该为儿童提供优质生活服务。于是，她从社会公共需求的角度出发，提出“教育”和“保育”并重的幼教理念，即EduCare模式。在接下来的一百多年里，芬兰在幼教领域的探索，都是在EduCare模式指导下所做的进一步调整和完善。

1917年，芬兰独立后，幼儿园由教育部门管辖。当时教育部门为幼儿园安排预算，保证其正常的教育教学活动。1927年，幼儿园被移交到社会福利部门管辖。这一时期，幼儿园（Kindergarten）一词逐渐被日托中心（Day Care Center）替代。名称上的改变表明，芬兰幼儿教育的首要任务是家庭养育和儿童看护，而早教成为次要任务。1973年，《儿童日托法案》（The Art on Children’s Day Care）颁布，从法律层面强调日托中心和教育部门、社会福利部门的合作。在随后的30多年里，芬兰的幼儿教育即在这一理念下运行。2006年，《儿童日托法案》新增了一项条款，即各地城市要将日托中心的管辖权从社会福利部门转交至教育部门。到2010年，芬兰全国范围内已有50%的社会福利部门成功地将日托中心的管辖权转至当地教育部门。于是，在这一年，芬兰中央政府发布公告：“日托中心的管辖权，必须从社会福利部门下属的社会事务和健康部移交至教育和文化部。”从此，芬兰开启侧重儿童早教的探索之路。

从中我们可以看出，芬兰早期的儿童教育体系一直是在“教育”和“保育”并重的模式下进行的，只是在不同时期有不同的侧重。从职能划分来看，教育历来是由芬兰的教育部门管辖，保育则是由芬兰的社会福利部门管辖。背后涉及两个部门的轮流管辖和持续合作，这种合作机制是芬兰拥有高质量幼教的关键。

2. 教育部门与社会福利部门的持续合作

值得一提的是，0—6岁的幼儿教育在芬兰教育系统内分为两级：一是0—5岁的幼儿教育和护理；二是6岁的学前教育。自2015年起，6岁学前教育这一年被芬兰教育和文化部纳入基础教育，全部免费。

0—6岁的幼儿教育在1973年之前有全日制和半日制两种日托模式。当时全日制属于社会福利政策的一部分，是为单亲家庭和父母是双职工的工人家庭服务的，以支持家长的全职工作。这种全日制日托中心的理念以“保育”为主，既配有幼教老师，又配有护理人员。而半日制的日托中心是为中产阶层的家庭服务的，它只配置幼教老师，没有护理人员，因为它的定位是早教启蒙。

这种因阶层不同而享受不同早教待遇的举措，在1973年的《儿童日托法案》中被废除，取而代之的是所有日托中心都采用“教育”和“保育”并重的模式。这样，每个班级都配有幼教老师和护理人员，面向所有家庭。此举确保了芬兰幼教的公平原则。与此同时，教育部门和社会福利部门的持续合作保障了芬兰幼教的高质量。从我儿子小觉就读的幼儿园的“家长意愿书”可窥芬兰幼教高质量之一斑。

* 关于小孩的发育情况，你是否同意学校教职工、幼儿保健中心的工作人员和儿童福利部门的工作人员进行讨论？
* 关于小孩的发育情况，你是否同意由学校教职工和特殊教育的老师进行交流、协助、干预？（特教老师包括负责幼儿语言发展的口语治

疗师、负责幼儿生理发展的物理治疗师，以及负责幼儿心理健康的心理学家等）

* 关于小孩的发育情况，你是否同意由学校教职工和学前班的老师进行交流，以帮助孩子从幼儿园顺利过渡到小学？

从“家长意愿书”中我们可以看出，不仅幼儿园和家长需要通力合作呵护儿童成长，而且儿童健康和福利部门还会为特殊儿童提供全方位的特殊教育及个性化辅导。特殊儿童的学习计划主要涵盖以下内容：孩子的学习能力分析（比如阅读能力评估）、肢体动作的发育、社会情感和社交能力诊断、心理健康分析等。如果孩子的任何一方面出现问题，就会有特教老师来幼儿园，及时诊断、干预、治疗、培训，而所有费用由政府承担。

东芬兰大学幼教专家皮尔约·毕乐基（Pirjo L. Pölkki）和瑞达·沃若宁（Riitta H. Vornanen）的研究结果显示：“芬兰有 20% 的儿童（隶属儿童福利部门）在幼儿园接受过特殊教育辅导，其中有 7% 的儿童是因为语言发展迟缓，另外 13% 的儿童接受的是行为或心理辅导。”乍一看，我们会惊诧于芬兰怎么有这么多问题儿童？然而，这个数字并不是说芬兰的问题儿童多，而是强调要“预防”儿童的学习困难和特殊障碍，在实践中为孩子提供多样化的学习支持，在行动中落实《幼儿教育和保育国家核心课程大纲》和《学前教育国家核心课程大纲》提出的“必须特别关注早期学习障碍和困难学生”的理念。如果孩子出现问题，就会有四五个特教专家来幼儿园观察他的行为和表现，为他提供特殊照顾及康复计划。芬兰人认为，孩子出问题的地方，就是教育该发生的地方。这种教育资源向特殊儿童倾斜的理念得到政府的大力支持，以践行全纳教育理念。

3. 基于家庭收入的芬兰幼教收费方式

芬兰幼教践行全纳教育理念的另一个做法是，0—6 岁的幼儿教育收费根据家庭收入和家庭成员的多少而定。在同一所幼儿园内，不同家庭交的学费不同。每个孩子实际需要的费用大约是每月 760 欧元，家庭支付一般是每个月 0 ~ 270 欧元，剩下的费用则由政府支付。具体来说，家庭收入高，就交得多；家庭收入低，就交得少，甚至可以免费。这种没有统一标准的收费形式，让每个家庭的孩子都上得起幼儿园。另外，2019 年之前父母工作时间（或身为全职学生的父母的上学时间）不同，孩子在幼儿园的时间也不一样。如果父母是双职工或是在全日制大学读书的学生，孩子可在幼儿园托管 8 ~ 10 个小时。如果父母一方工作，另一方是家庭主妇（夫），孩子只能托管半天。幼儿园这样安排是为了把资源留给更有需要的家庭。不过，2019 年之后，为了提高儿童的入园率，所有孩子都可享受全天在幼儿园上学。

芬兰政府承认和正视家庭社会经济背景的差异，用这种灵活的收费形式，让每个家庭无须担忧家庭出身、经济条件、择校问题及学区房问题。因为每所学校的师资、经费等都由政府按国家统一标准配置，从制度上保障了每个孩子都可以享受平等的教育资源。这种差异化的收费方式，不是芬兰幼教独创，而是源自整个国家的福利模式。政府利用宏观调控职能，调节国家的贫富不均问题，不只体现在幼儿园收费上。芬兰人的失业津贴、育儿津贴等也没有统一标准，都要看一个人的年收入。甚至，芬兰对违反交规的罚款也没有统一标准，而是根据个人的年收入水平来决定。以车辆超速为例，对无经济收入的大学生、失业人员等设置的最低罚款标准是 150 欧元，普通的工薪人员可能被罚几百欧元，而前几年诺基亚某高管驾车超速被罚了 10 万欧元。虽然超速多少也是影响因素，但是收入高低无疑起决定作用。

4. 国家和地方财政支持“在校”和“在家”两种育儿形式

先看“在校”育儿。这涉及芬兰幼儿园的种类。芬兰有多种形式的幼儿园，最常见的是公立幼儿园、私立幼儿园、家庭日托中心这三种。不过，还有第四种——开放幼儿园。

以我们在于韦斯屈莱的家为坐标，一千米以内，有四所幼儿园，其中三所公立，一所私立。幼儿园之所以这么多，是因为芬兰幼儿园通常都是几十人的规模，进行小班教学。2 月初的芬兰，冰天雪地，我推着婴儿车去参观家门口的一所公立幼儿园。在园外我遇到正享受冰雪乐趣的芬兰师生，当时室外温度是零下 8 摄氏度。两岁左右的孩子在雪地里打滚、铲雪、玩滑梯、做游戏，伴着笑声跑着、闹着，老师站在我旁边看着他们，基本不管不问。早就听说芬兰人是在雪地里爬着长大的，但当我看到一岁多的婴儿坐在雪地里铲雪时，我依然感到无比震撼！这位幼教老师，似乎根本不担心一岁多的婴儿怕冷。芬兰人认为，孩子就是要多到室外活动，多亲近大自然。冰雪、森林、湖泊是芬兰人的成长家园。在家园里玩耍，芬兰人不怕寒冷，不怕跌倒。

我与这位幼教老师在雪地里聊了半个小时。她告诉我，大部分芬兰孩子上的是公立幼儿园，就近入学，先报先得。这所幼儿园的名额已满，除非有孩子去其他学校，否则我的儿子小觉进不去。不过，我并不担心小觉无学可上，因为芬兰公立幼儿园的数量很多，每个孩子基本上都能入园。

如果说公立幼儿园追求的是学生各方面的均衡发展，那么私立幼儿园则会满足学生的个性化发展，这也是芬兰为什么会存在私立幼儿园的原因。比如，国际幼儿园里的多语言交互环境更能为学生提供听说多种语言的场景，教会幼儿园里有信仰渗透，建筑幼儿园侧重培养学生的空间思维和动手能力，运动幼儿园里的身体活动会更多。

以小觉就读的私立幼儿园为例，它是一所运动幼儿园，建在森林中。幼儿园里有一个大厅，里面有厨房、餐桌、适合儿童高度的水池、各种玩具，左侧有一间卧室，右侧有一间衣帽间。室外有运动场、沙地、攀爬架、滑梯、秋千和工具房。篱笆内是学校，篱笆外是森林。小朋友们追逐打闹，玩具铺得满地都是。孩子们的脸上洋溢着笑容，自然、放松、开心。这正是我希望看到的，孩子就要像个孩子，无忧无虑地度过短暂的童年。

当我第一次看见园长安娜·普都宁时，她正忙着跟一个两岁的孩子玩玩具，坐在地上，毫无架子。“你会选择我们吗？”我没想到普都宁会问我这个问题。我设想，作为一个园长，她应该会说些“选择我们”的理由，谁知她根本不向我推销自己的幼儿园，反而问我如果选择他们幼儿园，是因为看重什么。那一刻，我突然真正体会到，在学前教育、基础教育位于世界前列的芬兰，家长在选择学校的时候，其实是没有所谓“最好的学校”概念的，只有更倾向于培养孩子哪一方面的能力，更看重幼儿园的风格是否和自己认同的教育理念相符。

后来，我结识了一个芬兰好朋友，她是正在于韦斯屈莱大学教育学院教师教育系就读的研究生。她为 3 岁的女儿选择了国际幼儿园，我问她为什么选择国际幼儿园，她的回答是，希望女儿能学习多种语言。

但在芬兰读私立幼儿园的孩子，毕竟是少数。据芬兰国家教育署 2013 年的数据，私立幼儿园仅占全国幼儿园总数的 5%。细看多年来每个城市的幼儿园分布，我发现芬兰私立幼儿园的数量一直没有太大变化。为什么他们没有扩大规模？因为芬兰政府提供的教育资源充足，公立幼儿园基本能够满足全国的早教需求。

自 1973 年《儿童日托法案》颁布起，芬兰政府将私立幼儿园囊括进政府的幼儿园公共服务体系。私立幼儿园同样享受国家的津贴、财政支持，且私立幼儿园与公立幼儿园的收费基本一样，可以说是私人办学，国家扶持。具体实施过程是，当地政府向私立幼儿园购买日托服务，再向家长开放幼儿园的报名名额，而政府支付费用的标准由幼儿园内的学生数量决定。比如近 200 个学生的私立幼儿园，政府给予的财政支持是每年 200 万欧元左右。因为师生配比、教师工资、校园建设等在国家层面都有严格的规定，所以芬兰私立幼儿园很难获得巨大利润。

除了补贴私立幼儿园，政府还用资金扶持个人办家庭日托中心。20 世纪 60—70 年代，芬兰的经济急剧增长，就业市场扩大，更多女性进入职场。芬兰人互帮互助的传统就在那时推动了家庭日托中心的发展。一批女性需要到离家很远的地方上班，另一批女性仍然在家带小孩，于是一些家庭主妇既照顾自己的小孩，又通过照顾别人家的小孩获得薪酬。这份薪酬是政府发放的。1971 年芬兰政府出台了官方指南，对可以在家开日托中心的照料人提出资格要求，可以是幼教老师，也可以是有经验的妈妈，但后者需要经过政府审核才能开班。全职妈妈最多只能带 4 个小孩，其中包括自己的孩子，配比是 1∶4。到 20 世纪 80 年代，照顾幼儿的家庭照料人的人数占在家工作总人数的 40%。

第四种形式的幼儿园，叫作开放幼儿园，因其常常建在公园里，也被称为玩耍公园。它集“在家”和“在校”两种形式于一身，也是由政府出资设立。比如赫尔辛基市政府在全市设立了几十所开放幼儿园，孩子们每天都可以去不同的幼儿园参加不同的活动。我的一个美国朋友，他两岁半的女儿每天都会去开放幼儿园两个小时。孩子们会去森林，也会去图书馆，更多的时间是在游乐场玩耍。

开放幼儿园旨在为孩子提供同伴互动的机会，以及为在家照顾孩子的父母提供社交网络。因为有些家长不想把孩子送到幼儿园上学，但他们又希望孩子能够适应团体生活。开放幼儿园正好能满足这些家长的需求。

赫尔辛基市的开放幼儿园在暑假期间还有一个举动——为全市所有 16 岁以下的孩子提供两个月的免费午餐。从 6 月初到 8 月初，全市几十所开放幼儿园都会提供，孩子们可以在离家最近的开放幼儿园里就餐。这是因为大部分父母是双职工，孩子放假了，父母难以在暑假期间照顾孩子。于是市政府就设立这种开放幼儿园，里面不仅有宽阔的室外场地和品种丰富的游戏器械，还有室内空间供孩子们看书、玩游戏和做手工。这样贴心的服务，一方面让孩子有安全的地方可以去玩，另一方面当孩子饿了时有免费午餐可以吃。这些开放幼儿园还会组织系列主题活动，比如有“自然与环境周”，由辅导员带着孩子们去周边的森林探险；有“动物周”，带孩子们去动物园游玩；有“洗涤日”，教孩子们学习洗自己的衣服和玩具等；还有“二手日”，让孩子们把自己不玩的、不想要的玩具拿出来摆摊儿。

开放幼儿园可不是近几年才有的，它可以追溯到 1942 年。70 多年过去了，赫尔辛基市政府从来没有中断过这一服务。

最后，政府和社会福利部门还支持家长在家育儿。特别是对 3 岁以下的孩子，政府鼓励父亲或母亲在家带娃，他们可获得政府按月发放的育儿补贴。据芬兰社保部门官网数据显示，育儿补贴也是按父母在职时的收入算的，即使是失业人员，每个月最少也能领到 500 欧元的育儿补贴。

如果母亲在产假结束后（此时婴儿大约 10 个月大），想回职场工作，那么她就可以把婴儿送到家庭日托中心。芬兰国家教育署 2013 年公布的数据显示，有 38% 的家庭在孩子 1—6 岁时选择在家育儿。政府从政策上给予在家育儿补贴的意义，就在于肯定父母对家庭、孩子的付出，从经济上对其生活提供基本保障。

5. 采用幼儿教育与幼小衔接的分级体系

与其他国家不同的是，芬兰把幼儿教育分为幼儿教育和护理（0—5 岁）与学前教育（6 岁）两个相互联系的阶段。两者对应不同的教育性质——非基础教育、基础教育；不同的实施机构——日托中心、学前班；不同的教育理念——教育与保育并重、幼小衔接。这两个阶段的教育任务、教学内容和教学法不同，对应的教学大纲也不同。

0—5 岁的幼儿教育和护理，将教学、教育、养育结合在一起，关注孩子的身心健康成长。以于韦斯屈莱当地幼儿园每天的活动安排为例，他们没有课表，只有一天的活动安排。这是因为芬兰幼儿园以儿童为中心，在尊重儿童天性和心理发展的基础上，每天的日常活动就是不同形式的玩耍。

6 岁的学前教育，除了关注孩子的全面发展，还要完成特殊的教育任务，即“为入学做好准备”，但并没有小学化。孩子每天只有 4 个小时的在校时间，这便于教师观察孩子是否具备同龄人的阅读能力、语言表达能力、识读能力、算术能力等。教师可以根据孩子成长的速度和发展需求，对教学进行个性化调整。如果教师发现孩子在幼儿教育阶段学习迟缓，或是有学习障碍，跟不上同龄人正常的学习进度，就会通过三种路径帮助孩子过渡到小学教育。

* 第一种是儿童在5岁时（比常规的6岁提前1年）接受学前教育，上2年学前班，7岁时进入小学。
* 第二种是儿童在6岁时接受学前教育，学习1年后7岁时进入小学。
* 第三种是儿童在6岁时接受学前教育，上2年学前班，等到8岁时再进入小学。

由此可见，芬兰孩子开始接受学前教育的年龄、持续时间长短并不完全相同。这种充满弹性的学前教育体系有效地支持着每个孩子的发展，尽管他们的先天学习能力有差异，但都会拥有充足的时间做好入学准备。这样的分级体系，既能保证孩子有快乐的童年，避免幼儿教育小学化，又能为孩子进入小学做好心理上、身体上的准备。

芬兰幼儿园的游戏化学习和资源配置

一百多年前，有人提出“好的教育是连续性的终身学习，以及在实践中学，在做中学”。这个人是杜威，美国的教育家、哲学家。

几年前，有人在《玩耍精神：会玩的孩子真的有出息》中指出“玩耍可以提高人的智力、身体素质和社交能力”。这个人是彼得·格雷（Peter Gray），美国的发展心理学家。

他们不会想到，与美国隔了一个太平洋的芬兰，每天都在践行他们“做中学”“玩中学”的教育理念。芬兰人开玩笑说：“美国人喜欢搞教育理论研究，喜欢发表论文，但真正践行这些理念的是我们芬兰人。等我们有了成效后，美国人便跑过来向我们学习。”

1. 芬兰幼儿园：没有课程，只有启蒙

2017 年 8 月的一个下午，第一次拿到儿子小觉就读的幼儿园的课程表时，我呆住了。幼儿园根本没有安排正儿八经的课，孩子在幼儿园只干三件事：吃、睡、玩。

- 吃饭 1.5 个小时。
- 户外活动 2 ～ 2.5 个小时。
- 玩耍 2 ～ 2.5 个小时。
- 睡觉 2 个小时。

从活动安排上看不到启蒙教育，那芬兰《幼儿教育和保育国家核心课程大纲》要求的六大启蒙教育，包括数学、自然科学、历史社会、艺术美育、道德、宗教，各地幼儿园到底是如何落实的？我来到于韦斯屈莱的齐格纽斯公立幼儿园，访谈了他们的园长帕乌拉·瓦卡姆。

瓦卡姆介绍："国家大纲只是指出要渗透这六个方面的启蒙，但我们没有任何教材和练习本，也没有小黑板，所有一切都在玩中学、做中学。我们的幼教老师经常带孩子们去森林里玩，去认识不同季节的动物和植物，让孩子们用实验的方法检测哪种土壤有利于植物生长，在大自然中感受风往哪个方向吹。捡回来的树叶、木棒可以用来做手工，在森林里攀爬、赛跑可以加强身体活动、增强探究意识。孩子们在大自然中认识自然现象，我觉得这就是自然科学启蒙。它不是单一的自然科学课，而是学科认知、自然环境、身体活动、动作发展、科学探索等的活动整合。"

原来，在芬兰，所谓的启蒙学习，就是让孩子们在玩耍中探索数学、语言、自然科学、社会与艺术等学科。听着园长的讲述，我才真切体会到芬兰的幼教观与传统的灌输式教育理念有着天壤之别。很多教育落后的国家或地区的做法，是把学习者当作一个被动的信息接收器，正如杜威所说"有人把感官视为一种神秘的筒子，以为我们能使知识经过这筒子，由外界把知识输入心里去……以为只要使眼睛常常望着书本，使儿童常常听着教师的话，就是求得完善知识的秘诀"。

芬兰人打破了这种传统。他们认为，学习不应通过传统的教师教来实现，而应把学生看作学习的主动者、内容的创作者，倡导学生从社会实践中学习，以获得对外界事物的理解，而且学习的内容应该多样化，以应对学生的"全面发展"。学习不局限于储存知识，更要习得沟通能力、合作能力、社会情感技能，培养优秀品格和价值观。这就是社会化学习——学生观察到的是现象，而现象本身就包括很多知识、学科、技能、情感态度和价值观。

更出乎我意料的是，芬兰《幼儿教育和保育国家核心课程大纲》竟然把数学启蒙放在了首位。一个国家竟然如此重视数学思维教育，怪不得在 PISA 测试中，芬兰 15 岁学生的数学能力一直居世界前列。不过，这与我在日常生活中形成的"芬兰人算术差"的印象有悖。我想弄明白：芬兰人的数学启蒙到底是如何做的？

环顾幼儿园的教室，正方体、三角体、圆球等形状的玩具散乱地躺在教室的各个角落，这是我能见到的关于数学教育的所有物品。说实话，我有些失望，单靠这几个玩具就能让学生学好数学吗？园长解释道："这些就足够了，我们进行数学启蒙不是让孩子简单地学会算数。我知道很多国家很喜欢让孩子做10以内、20以内、50以内数字的加减法，但我们注重的是数学基础能力的培养，比如类比、分类、计算、总结等，这些才是学好数学的根本。"

2. 芬兰孩子的玩耍时间，全球最多

芬兰幼儿园的孩子每天户外活动至少两个小时，自由玩耍又有两个小时。他们都在玩儿什么呢？

首先，芬兰幼儿园的孩子在大自然中玩耍。芬兰的孩子来自森林、乡野，他们春天从树里取水，夏天采浆果，秋天采野菇，冬天滑雪。在现代信息化社会里，芬兰人俨然以这种原始而自然的"土"方式生活着，而这种"土"是真正地接触土地，融入自然。孩子们在与大自然的密切接触中，自然而然地热爱环境，热爱大自然。户外玩耍虽有一定的危险性，但孩子们从小可以在这样的活动中学会适应新环境。教师不会因为孩子偶尔的擦伤而放弃锻炼他们的机会，更不会因为天气严寒而让他们失去户外活动的机会。只要孩子们的衣服结实、保暖性能好，他们就可以在雪地里打滚。

其次，教室内随处可见自由玩耍。芬兰幼儿园的教室常常被划为不同的空间，孩子们可以拼乐高、玩拼图、做手工、进行攀爬等。这种玩耍让儿童学习自己掌控并维持局面，自己做决定，解决自己的问题，制定并遵从规则，学习与他人相处。而在固定的班级授课中，孩子们无法自己做决定，只能按照别人的要求去做，被成人指导、保护、分类、评判、批评、表扬和奖励。成人以安全的名义剥夺孩子们的自由，同时也就剥夺了孩子们在面对生活中的危险和挑战时必需的理解、勇气和自信。

最后，教师设计指导的游戏活动。它可以是体能游戏、看图说话、手工制作、社交游戏等。比如在幼儿园 8:30—9:00 举行的分享会上，孩子们会讲述自己的经历、想法，这有利于训练语言、表达自我，在聆听的时候培养对待他人的正确态度，最终培养同理心，学会关心、体谅他人，正确看待自己与他人的关系。有时教师会利用分享会的时间，让孩子们练习打节拍，为的是让他们体验学习音节和感受韵律的乐趣。

所有这些玩耍都在混龄群体中展开。芬兰幼儿教育不按年龄分组，实行混龄制，0—3 岁是一个小组，3—6 岁又是一个小组。混龄，更有利于同伴学习。玩的时候，大孩子学习领导力和教授力，并培养耐心和爱心；小孩子学习观察，学习规则，学会聆听。

3. 多样化的学习环境

在芬兰幼儿园内，学习不仅仅是师生之间的互动，还是学生与学生之间、学生与物理空间之间的互动，所以芬兰教室的空间设计特别注重为孩子营造多样化的活动氛围。主要表现在以下三个方面。

学科启蒙空间。幼儿园教室里随处可见正方体、三角体、圆球等形状的玩具，地上铺的是有数字的地毯，摆的是各种各样的乐高组合。在日常生活中、游戏中接触这些，孩子们得以熟悉空间结构，进行比较、计算、总结。

社会化空间。教室内会布置独立的小组活动空间，地毯、沙发、角落，都可以成为孩子们讨论的场所。特别是餐桌，是训练孩子们用餐礼仪、社交技能的极佳场所。

情感化空间。芬兰教师非常喜欢用孩子的作品装扮教室，以培养孩子对学校生活的归属感，让孩子觉得这是他们“白天的家”。在这种安全、舒适、平和的室内环境里，孩子在分享玩具时的心情、在等待用餐时的状态、在聆听规则时的神情等，都会自然地流露出来，而认识这些社会化情感的技能，也是孩子学习的一部分。

芬兰幼儿园在假期会合并办学。像寒暑假这样的长假期，大多数家长会选择让孩子放假，但少数家长会选择让孩子上学。因为在假期上学的孩子数量少，所以没必要每一所幼儿园都照常开放。对此，政府采取合并办学的措施，将假期要上学的孩子集中在少数几所幼儿园内，其他幼儿园的教师来这些幼儿园上班。这种灵活的安排，让家长在假期内（每个芬兰员工都有一个月的暑假）能得到真正的休息，而不用在假期里还忙于带娃。

4. 个性化的教学和评估手段

从孩子入园那年起，芬兰的幼儿教师就为孩子建立个性化的教学档案。教师会与家长进行一对一的交流，为孩子量身定做个性化的教育目标和方法。这个档案涉及的范围非常广泛，包括阅读能力发展、行为习惯发展、语言发展、社会化情感技能发展等；它的形式也非常多样，包括教师的有针对性的教学法，孩子的日常生活记录，如照片、艺术作品等。

我在于韦斯屈莱当地幼儿园进行教育实习时，现场观摩了幼儿园的教师如何实施个性化教学——班里有个 6 岁的男孩有强迫症，每次户外活动回教室时，他都不愿意动手脱外套，因为外套上稍微有点泥土，他就嫌脏。教师每天都要花半个小时以上的时间，用各种方法引导他自己脱衣服。

* 首先，教师在纸上画脱衣步骤，先脱手套和帽子，再脱连体衣，最后脱鞋子。这个办法并没起作用。
* 接着，教师请来另一位同学，让他俩比赛脱衣服。这个孩子还是无动于衷。
* 后来，教师让其他孩子解散，给这个男孩一个沙漏，告诉他在沙子流完的时候要脱掉外套回到教室。这样男孩便可以在这个时间段内，自己决定什么时候动手脱衣服。男孩有自主权。
* 最后，男孩拿着沙漏回来了，他终于脱下了外套。此时其他小朋友

已用餐完毕，教师就一对一地陪同他用餐。

不管这个过程需要多久，教师从来都不会帮他脱衣服，因为这对孩子来说不仅仅是战胜自己强迫症的过程，更是慢慢学会生活自理、习得自我照顾能力的过程。

这样的个性化教育来源于芬兰《幼儿教育和保育国家核心课程大纲》提出的要求：为了提升每个孩子的幸福感，要尊重每个孩子的个性，允许孩子按照自己的方式发展。这就让“以儿童为中心”的教学法能够在全国范围内实施。值得注意的是，这份个性化的教学档案并不是要评估学生的能力，而是一份描述性的诊断及干预档案，为的是帮助学生更好地发展。教师下一步的改善计划、家长的意见和如何配合、学生的自我评估等，都是教学档案里的内容。

5. 高标准的师生配比

芬兰幼儿园里的“师”，不仅有幼教老师，还有护工。自 20 世纪 70 年代开始，芬兰从国家层面对幼教老师的从业资格做了硬性规定：所有幼教老师必须具备本科及以上学历（芬兰本科是三年制）。近 10 年来，绝大部分幼教老师接受过五年两阶段（本科和硕士阶段）的教育，拥有硕士学位。他们从大学二年级开始，每年都有至少 5 周的幼儿园教育实习，不仅有配对的当地教师指导，大学教师也会定期去幼儿园观察教育学院学生的教学能力、师生互动能力、指导小组活动的能力等。而幼儿园的护工必须具备职业高中护理专业及以上学历，也就是说至少学习过 3 年护理专业。

芬兰幼儿园的师生配比非常高，严格实行小班制。根据儿童发展的阶段性特点，0—3 岁小组的成人和幼儿的配比一般是 1∶4。最常见的开班规模是七八个孩子的低龄小组，配有 1 位幼教老师，2 位护工。3—6 岁小组的成人和幼儿的配比一般是 1∶7，如果一个班有 21 个孩子，就会配 2 位幼教老师，1 位护工。也就是说，孩子越小越需要被照顾、养育；孩子越大越需要启蒙教育。这是常识，芬兰幼教做到了。

芬兰幼教这种师生配比，在全球都是高标准。这种小班制，跟它践行平等、公平的教育理念密切相关。班小人少，每个孩子才更有可能得到教师的关注和照顾。以我听课的 3—6 岁小组的教学为例，当天有 16 位学生，2 位幼教老师，1 位护工，1 位校园助教。为了践行更具个性化的教学，学生因语言发展水平的不同而被分成 2 组，2 个成人带 8 个孩子活动。语言发展水平高的小组，学习难度较高的“看图说话”；语言发展水平低的小组，则学习简单的歌谣，用唱歌的形式带动发音和词汇的积累。

在芬兰教育者眼中，教育的前提条件是我们如何看待孩子，如何定义学习。他们相信孩子，充分尊重孩子。

* 每个孩子都是独立的个体，要尊重他们的想法。
* 孩子天生具有玩耍精神，要让他们在玩中学，要让他们自由游戏。
* 孩子是积极主动的学习者，要赋予他们自主权。
* 孩子天生有好奇心，要创造环境让他们探索，与周围世界互动，在做中学。
* 每个孩子都是独特的人，要给予个性化教学和特殊教育。
* 孩子对身边的现象感兴趣，要基于现象设计教学活动。
* 孩子最终要成为“完整的人”，不仅要注重知识的传授，更要注重社会化情感技能、沟通能力、合作能力和价值观的培养。

让孩子成为孩子，这就是芬兰幼教领先全球的秘密。

芬兰幼儿园的管理模式和领导力

2018 年秋天，我们一家搬到芬兰首都赫尔辛基。没想到新生活还没开始，我们就面临一个难题：给两岁的小觉申请一所合适的幼儿园。

我在于韦斯屈莱居住时，从未想过这在芬兰会是一个难题。原因很简单：一方面，我在芬兰的于韦斯屈莱大学教育学院学习，不管是在大学的课堂上听到的，还是在于韦斯屈莱参观多所幼儿园，以及在教学实习的幼儿园看到的，所有的信息都说明芬兰幼儿园的综合水平比较均衡；另一方面，我从事芬兰教育出口工作，带团参观过赫尔辛基市、坦佩雷市、埃斯波市、耶尔文佩市的一些幼儿园，它们的综合水平也都很高。

然而，当我在赫尔辛基定居后，我才发现现实中的它与我想象的不太一样。赫尔辛基是芬兰人眼里国内唯一的大城市，而这个“大”对教育有影响，尤其是对学前教育的管理模式有着巨大影响。

1. 幼儿园入园申请的管理模式

在搬到赫尔辛基的前 4 个月，我就给小觉提交了幼儿园申请表。然而，直到我们 9 月入住，申请都没有通过。我有些心急：自己可不能天天居家带娃。于是，我联系幼儿园的园长卡塔亚 · 耶尔维奥拉，她回复道：“我们园的名额已满。不过，我们园长之间每个月会开一次会，我帮你问问其他园是否有名额。”很快，园长会议之后，她就帮我把小觉安排到了另一所幼儿园。小觉 10 月入园了。只是幼儿园离家有些远，要坐 15 分钟公共汽车，下车后还得走 5 分钟。

我寻思着有什么不对劲。以前我在于韦斯屈莱给小觉申请幼儿园时，是家长在网上申请中意的幼儿园，由市政府的幼教服务处做中间管理，他们和园长联系。如果这所幼儿园有名额，幼教服务处就会通知家长让孩子直接入园。这个过程是由市政府的幼教服务处和园长一起协商、决定的。但赫尔辛基不是这种管理模式。虽然家长依然是在网上申请，但申请表会直接转到园长那里，由园长个人决定。

这两种管理模式的差异，源于什么？我询问了我的好友梅尔亚·豪塔坎加斯。她是于韦斯屈莱的资深幼儿园园长、赫尔辛基大学教育学博士。2019年6月，我请她到上海，给上海市教委主办的“上海幼儿园园长研修班”做园长培训。她是这样解释的：“相较于首都赫尔辛基，于韦斯屈莱是小城市，于韦斯屈莱的市政府教育部门有4名专员组成的幼教服务处，全市的入学申请表都要经过他们处理。但赫尔辛基人口多，全市可能有成千上万份申请表，靠几个人根本忙不过来。于是，索性按幼儿园分配，所有申请表直接分配到园长手中，让园长来做决策。”

小觉入园一段时间后，我才发现：这是一所中转园。在赫尔辛基这样的大城市，总有一些家庭申请不到周边的幼儿园，家长也不能在家带娃。那就退而求其次，把孩子送到中转园，让孩子边上学边等待申请结果。这就是城市大、人口多带来的教育管理模式的差异。好友豪塔坎加斯园长还提醒我注意：“赫尔辛基幼师的整体质量，放在全国来看，并不领先。这种情况外界基本不知道，反而因为赫尔辛基的各种教育出口公司或机构大肆宣传、交通便利等因素，大多数国外游学团都在赫尔辛基及周边参观。”

2. 芬兰园长的领导力

在跟耶尔维奥拉园长交流的过程中，我还有一大发现：她竟然是两所公立幼儿园的园长。关键是，不止她一人如此，我在查看赫尔辛基幼教官网时发现几乎每个园长都管理着至少两所公立幼儿园。其他城市同样如此。这引起我强烈的好奇：为什么芬兰园长会同时管理两所幼儿园？带着疑惑，我给好友豪塔坎加斯园长发了邮件。她给我的解答是：“有的园长负责两所幼儿园，有的园长负责3所幼儿园，这是我们的主责。这样算下来，一个园长一共要带领25～60个教职工，以及150～300个学生。有时我们也提供其他服务，比如组织开放幼儿园的活动或儿童俱乐部的活动。”

我追问：“芬兰园长要负责 2 ~ 3 所幼儿园，是因为芬兰幼儿园的学生少吗？”她答：“20 世纪 90 年代之前，是因为幼儿园小。那时每所幼儿园大约有 50 个学生，当时芬兰幼儿园的领导者是园长和幼儿教师。20 世纪 90 年代发生了变革，幼儿园的领导者变成了行政领导者，他们要负责两所幼儿园。但近几年出现的问题是，一些幼儿园可容纳 200 ~ 300 个学生，这就变成了相当大型的单位。某些园长可能总共要管理 400 ~ 500 个学生，这就给他们带来更大的工作量、组织结构性问题和幸福感的下降。”

这番话唤醒了我在坦佩雷市访谈园长的记忆。我是芬兰坦佩雷大学中芬教育研究中心的特约研究员，研究中心主任蔡瑜琢副教授在 2017 年的时候带领我们做过一部纪录片——《这就是芬兰教育》。影片里，我访谈沃若克森森林幼儿园园长瑞卡 · 萨洛瓦拉。她跟我提过，她还是另一所公立幼儿园的园长。只是当时我并没有意识到，原来这在芬兰是普遍现象。

一个园长同时管理 2 ~ 3 所幼儿园，那他肩负的职责有哪些？这就涉及芬兰园长的领导力了。我在赫尔辛基参加芬兰幼教峰会时，坦佩雷大学教育学院专攻幼教领导力的埃娃 · 胡亚拉（Eeva Hujala）教授指出：“芬兰幼儿园里的园长类似于市政厅幼教人员。两者的工作职责基本一致。”胡亚拉教授曾对芬兰 74 位园长、16 位市政厅幼教领导做过调研，结果显示，芬兰园长的领导力主要涉及三大领域。

第一，教学法领导力。这相当于把园长视为从研究到实践的桥梁。园长作为幼教专业人才，可以提供教学法指导、评估、反馈；可以构建专业型学习社区；还可以拓宽教育合作关系网，以支持教师专业发展。

第二，人力资源管理。园长要雇佣员工，协调教职工的需求，帮助教职工职业发展等，这些自不必说。更重要的是，园长要领导教职工一起为实现幼儿园的目标而努力。

第三，日常工作管理。这部分工作最消耗园长的精力和时间，大致有四个方面：人员管理，包括教职工工作和家长沟通；幼儿园运营管理，包括活动项目、课程计划和实施、监管师生配比等；活动项目的指导和实施，包括人力资源分配、教育财政管理、解读课程大纲等相关实践；校园财务维护等。

乍一看，这三大领域与其他国家幼儿园园长的工作相比并无特别。胡亚拉教授很真诚地提醒我们，芬兰园长并不是在每个领域都做得好，他们也有自己的两大挑战。一是缺少时间提升教学法领导力。这在不带班的园长身上表现得尤为明显。因为他们要在日常项目管理上花大量时间，时间分配不出来。另外，根据赫尔辛基大学教育学院幼教专家埃利娜·弗翁森（Elina Fonsén）的研究，芬兰园长对教学法领导力涉及任务的认知很模糊，虽然在口号上、理论上大家都认同应该这么做。二是要应对教职工教育背景多样化、缺乏自我驱动力、逃避集体发展的责任等状况。

对这些挑战，芬兰奥卢大学的阿托·彭纳宁（Aatto Pennanen）教授曾经回应："我们的园长三分之二的时间在管理事情，另外三分之一的时间在领导别人。教学法领导力像一个空架子放在那里。"希望中国教育者能警惕，当媒体或教育机构宣扬芬兰园长有教学法领导力时，不要被新的概念所迷惑，而要追问他们在日常工作中到底做了哪些事，这些事占他们工作量的比重究竟有多少。

3. 每年 200 万欧元，芬兰园长怎么花

芬兰园长如何使用手中的教育经费，这也是领导力的体现。在看具体经费之前，先要说一下：芬兰幼儿园获得的教育经费是根据学生数量来算的，不管是公立幼儿园还是私立幼儿园都如此。从全国范围看，政府花在每个孩子身上的费用基本一致，不同城市略有浮动。如果幼儿园内有需要特殊教育的孩子，那他获得的教育拨款会高于普通孩子，可能是 2 倍或 3 倍，甚至更多。

总的算下来，每个芬兰园长每年手上会有200万欧元左右的教育经费。怎么花？2018年4月，我在于韦斯屈莱齐格纽斯幼儿园进行教育实习时，特意问了园长基尔西·帕尔基宁这个问题。她当时没有拿自己的幼儿园举例，而是给我看了当地另外一所幼儿园的教育经费支出数据。

* 幼儿园有192个孩子。
* 年度教育经费是2 231 935欧元（普通孩子一年的经费是10 128欧元，特殊孩子一年的经费是普通孩子的1.5～4倍）。
* 教职工工资是1 348 100欧元（幼师工资通常在每个月2500欧元）。
* 购买服务是268 739欧元（餐饮费、清洁费等）。
* 材料费是20 643欧元。
* 其他消费（主要是教学楼租金）592 080欧元。

概括来说，芬兰园长在教育经费管理方面主要有三个特点。第一，政府把教育经费交给园长，让园长来决定教师的工资。第二，园长可以决定班级或小组的学生数量、师生配比。比如0—3岁小组师生配比通常是1∶4，而有的幼儿园是1∶5；3—6岁小组师生配比通常是1∶7，而有的幼儿园是1∶8。师生配比不同会导致教师的工作量和学生受关注的程度不同。第三，园长可以决定教育经费向哪个领域倾斜。比如有的园长乐于把钱花在校园环境的建设上，给孩子更舒适的学习空间；有的园长更看重孩子开展的主题活动、项目，就会多举办活动；有的园长认为教师的职业幸福感和职业认可度最重要，就会给员工稍微高一点儿的工资。

这种高度的自主权，来源于芬兰整个教育体系对幼儿园园长专业性、责任感和公平心的信任。这种信任又来源于芬兰文化里对人性是善的乐观态度，这种乐观让整个社会处于一种正向反馈的氛围中。

“让学校适应孩子”的幼小衔接

华德福教育创始人鲁道夫·斯坦纳说过，教育始于孩子让我们为难的那一刻。儿童早期会经历两个重大时刻，让教育者最为难：一是从家庭向幼儿园过渡，从父母的臂弯走向教师的手边；二是从幼儿园向小学过渡，从以游戏为主的幼儿园转入以科目学习为主的小学。

在孩子面临幼升小这个生命转折点时，教育到底应该为他们做什么？当我打开搜索引擎了解国内幼小衔接的做法时，有两个现象触动了我：一个是关于幼小衔接辅导班的信息铺天盖地，另一个是家长询问怎么做好幼小衔接的信息多如牛毛。当我打开某教育部门的官网时，出现的不是政府部门指导学校做好幼小衔接工作的文章，而是一个家长缺乏科学精神的经验分享。这两个现象之间有关系吗？有关系，它们有一个共同点，就是把幼小衔接的责任转嫁到家长身上。我们的幼小衔接往往忽略了“以儿童为中心”，在面对儿童的需求时没有抓到本质。那么，由学校引领的“以儿童为中心”的幼小衔接该怎么操作？我在芬兰的学前班课堂上找到了一种答案。我想，从教育的本质出发，做好幼小衔接工作需要落实以下四点要求。

* 政府规划：好的政策、理念是一切教育的基石。
* 学校引领：“多维度”的策略，“多主体”的合作。
* 重视儿童：践行“以儿童为中心”的教育。
* 教育公平：既为了儿童的发展，也为了健康的社会生态。

基于以上四点，我来逐个讲解芬兰是如何在确保儿童拥有快乐童年的同时，帮助儿童顺利完成幼小过渡的。

1. 政府规划

幼小衔接是世界各国普遍重视和力求解决的问题，目的在于为儿童入学做好准备，缓解他们在过渡期间的种种不适应，以帮助他们顺利地实现从幼儿园到小学的过渡。政府、学校、家庭、社会等都应承担责任。尤其是政府的政策引导，是好的教育理念落地的基石。

自 20 世纪 70 年代起，芬兰将学前一年教育纳入公立教育体系，实现了公立学前一年教育的普及。不难推算出，芬兰为儿童设置幼小衔接，已经有将近 50 年的经验。美国也在同一时期普及学前一年教育，西方语境下常说的 K12，学前一年这个“K”，才是他们公立教育体系的起点。

从 2015 年开始，芬兰把学前一年教育纳入基础教育。之前只是全国普及学前一年教育，现在变成了强制、免费教育。这样有助于全面提高学前一年教育的质量，为每个儿童做好入学准备，保证基础教育的起点公平。相应的，政府不仅从政策、立法上强调其重要性，而且提供专项经费，保障学前一年教育的质量。

从芬兰普及学前一年教育的实践来看，他们采取的是先普及再免费（基础教育）、先关注弱势群体的儿童再扩大到全部儿童，逐步加大国家的财政支持力度，扩大受益对象，循序渐进地发展学前一年教育。这背后的价值观是：儿童的教育问题不能等，要先起步，再慢慢推广普及，不能让有需求的儿童得不到支持资源。

把学前一年教育纳入基础教育，是当今国际上学前教育的发展趋势。2017 年 6 月，芬兰参与了 OECD 发布的《强势开端 5：从幼儿教育到小学教育的过渡》报告的编写，并发布《芬兰幼小衔接国家报告》，与 30 多个发达国家的上百名与会代表分享了他们幼小衔接的政策、理念、措施，以帮助参会国做好儿童“幼升小”的入学准备。

虽然芬兰教育取得的成就世界瞩目，但芬兰政府并不故步自封。由芬兰教育和文化部引领的教育改革，每 10 年就要进行一次，不断更新国家课程大纲，以满足不同时代学生的需求。

2. 学校引领

芬兰幼小衔接的做法，是尊重儿童身心发展和学习规律的，即在学校教育中构建 K-2（从 6—8 岁的学前一年到小学一、二年级）融合教学，三个学段的孩子部分时间一起上课。我在观摩了芬兰幼小衔接课堂，与执教老师深入交流后，发现以下几个特点。

首先，幼小共处同一校园。芬兰学前一年的教室，可以有三种存在形式：一是学前班有独立的教学楼，但与小学教学楼在一个校园内；二是学前班就安置于小学的教学楼里；三是学前班放在幼儿园里。这样做的目的，是将学前一年的班级与小学一、二年级置于同一个环境中，让孩子在日常生活中熟悉学校的物理空间，对环境产生认同。

其次，幼小同堂。学前班的一位教师告诉我："我们与小学一、二年级结队，共同开展主题月学习，即每个月有不同的学习主题。在每个月里，我们每周四与一、二年级的学生同堂上半天课。可以是一、二年级的学生来我们的教室，也可以是我们去他们的教室。"可以看出，芬兰用这种方法——不是单向的学前班向小学低段靠拢，而是将两个学段的课程融合，让小学一、二年级的孩子跟学前班的孩子一起上课，帮助学前班的孩子逐步完成从以游戏为主到以正规的学科学习活动为主的过渡。

再次，幼小师资互动合作。学前班的那位教师还强调："这样连续性的 K-2 课程，需要幼小教师合作完成教学设计和评价体系。更重要的是，小学教师在这个过程中得以慢慢了解学生的个性，学前班的学生也在逐步接触小学教师的过程中，慢慢感受到小学教师对规则的不同要求，慢慢适应课堂从'游戏化的主题教学'转化为'学科教学'，慢慢培养出独立的自理能力等。"芬兰学前班用一整年，逐渐把孩子的手交到小学教师手中。此外，K-2 阶段有关孩子发展的评价信息，学前班教师和小学教师在获得学生家长的许可后，可以共享和交流。

最后，幼小统一在校时间。国家规定，学前班孩子每天的上课时间只有 4 个小时，下午半天孩子可以回家，也可以去幼儿园。而一、二年级一周只有 19 课时，平均每天 4 节课，就是说每天 12: 00 左右也放学了。

对学前班教师而言，每天 4 个小时的在校时间，重点用于观察孩子是否具备同龄人的阅读、语言表达、识读、算术等能力，如果发现孩子学习迟缓，就可以为他多安排一年的学前班；还用于从心理上、身体上调整孩子的作息，比如孩子在幼儿园每天要户外活动两个小时，可到了小学要坐在教室内，身体需要时间适应。这样安排在校时间，既能保证孩子有快乐的童年，避免幼儿教育小学化，又能让孩子在进入小学之前做好心理、身体、课堂、师生关系上的准备。

正如鲁道夫·斯坦纳所言，教育始于孩子让我们为难的那一刻。在芬兰，越是有特殊需要的儿童，越会更多地得到专门的幼小衔接支持。芬兰于韦斯屈莱大学致力于提升全球儿童读写能力的海基·吕蒂宁（Heikki Lyytinen）教授（他也是联合国教科文组织教席教授）曾向我讲述：“阅读是一切学科的基石，只有夯实基础，才能慢慢盖起学习的大厦。因此我们有一个阅读能力评估，是针对芬兰 4—6 岁小孩的阅读能力测试，看看孩子上小学前是否具备阅读能力，以应对接下来的学习。”

地方政府会派特教老师去每一所幼儿园，一对一地评量每个孩子。一旦发现可能需要帮助的孩子，当地政府会派专门的教师（通常是 1 位特教老师、1 位心理健康教育工作者、1 位口语治疗师）及时协助和干预。在整个过程中都是各领域的专业人员入园为儿童服务。

芬兰教育体制采用多维度策略、多主体参与的幼小衔接，让我看到践行“以儿童为中心”的教育是社会系统工程，需要诸多利益相关者共同努力。学前班的教师、一二年级的教师、家长、社会服务机构、国家和地方政府等，社会方方面面构成一股促进孩子成长的合力。正因为如此，芬兰教育的引领者一直是学校、教师，而不是教育行政部门。

3. 重视儿童

长期以来，咱们国内的幼小衔接教育也强调做好“入学准备”，但需要转变对“入学准备”的理解。我们应采取“以儿童为中心”的视角，让学校为儿童做好准备，而不是让儿童为进入学校做准备。前者是做“以儿童为中心”的教育，后者是把压力施加在年幼的孩子身上的教育。“以儿童为中心”的幼小衔接，要求学校怎么做呢？

* 学校引领儿童适应新的物理空间环境。
* 学校引领儿童适应小学课堂。
* 学校引领儿童适应新的人际关系。
* 学校引领儿童适应新的规则。

注意，虽是学校引领，但前提是聆听孩子对幼小衔接的声音。这就是“以儿童为中心”的最大妙处——尊重儿童的个性，提供多维度的策略，满足不同儿童的发展需求。

OECD 调查结果显示，孩子处在幼小衔接时的忧虑首先是对情感态度、人际关系的担忧，其次才是对学习的焦虑。

* 孩子会担心，“老师会不会不喜欢我，同学会不会不想和我交朋友”。
* 孩子会恐惧，“我不懂小学规则，会被老师惩罚”。
* 孩子会担心，“上小学是不是整天都要学习，没有时间玩儿”。
* 孩子在面对陌生的校园时，甚至会担心自己迷路，找不到教室。

我们家长，又能为孩子做些什么呢？OECD 中的发达国家普遍采用的策略如下。

* 家长带孩子参加“小学开放日”。
* 家长之间聚会、分享、交流。

* 家长带孩子体验小学生活。
* 家长自身要学习幼小衔接的相关知识。
* 家长向专业人士咨询、寻求指导。
* 家长创造机会让孩子进入一年级课堂。
* 家长给孩子准备幼小衔接的生动读物。
* 邀请小学教师来家里做客。

这些方法，归根结底无非两点：一是帮助孩子熟悉小学生活的流程、规则、课堂、师生关系等，消除孩子的焦虑；二是家长陪在孩子身边，和孩子共同过渡。

我国的幼小衔接辅导班一般在做什么呢？教授拼音、汉字、数学、英语……他们普遍只关注课堂，却把孩子隔离在真正的小学日常生活之外。的确，熟悉学科有必要，但如果只是在知识点上抢跑，而不关注儿童的学习习惯、情绪的适应、对新规则的熟悉、与人交往时自信心的树立，这样的辅导班就是应试教育的帮凶。况且，孩子抢跑的效果能持续多久呢？现在学术界已经达成共识：超前学习带来的早期优势将会在 1 ～ 3 年内被冲掉，甚至可能被逆转。

4. 教育公平

在我国，令很多家长焦虑的，还有择校问题。这背后是家长对孩子得不到优质教育资源的焦虑。我们的教育太注重竞争了，重点小学、重点中学、重点大学的设置，往往是在用繁重的学习任务，把学习能力强大者筛选出来，而没有顾及孩子的个性化发展。

芬兰用教育赋能每个孩子，提倡教育公平。政府在正视家庭经济背景差异的基础上，用平等的优质的学校教育资源补平家庭教育资源的差异，让每个家庭无须担忧自己的社会经济背景。社会上没有择校问题，也没有学区房问题，因为每所学校的师资配置、师生配比、公共资源，国家都有统一标准，从制度上明确保障。基于公平的教育理念，让每个孩子都可以享受平等的教育资源。

芬兰的教育生态之所以能良性发展，是因为拥有从上而下引领、从下而上实施、利益相关者从旁协助的社会化系统流程。上至把“儿童对教育的话语权”写入教育法和国家课程大纲，下至各地学校、各位教师践行“以儿童为中心”的教育；内有幼小教师之间的频繁互动，外有各种社会力量的不断涌入支持，如此形成良性机制。

转眼间，我离开上海公立学校到芬兰留学已经五年了。从上海公立小学的低段语文教师，转变为关注芬兰幼儿园、小学低段幼小衔接课堂的研究者，两种教育模式和理念冲击着我，让我在对比中看到了两者之间的差异，更在对比中明确了自己今后前进的方向。

2018 年 3 月 14 日，联合国公布《全球幸福报告》，芬兰超越北欧各国，成为全球幸福指数最高的国家，其中教育质量就是芬兰人的幸福因子之一。也许大多数芬兰人在世界群体中不是最出色的，但他们一定是在做最优秀的自己。

芬兰儿童的阅读生态

阅读，即解码和建构。看着两岁多的小觉又把书撕得稀烂，满地是书页，我有了这一想法。书对他来说，只是一个物，一个与勺子、木头、玩具、水杯一样真真切切的物。拿过来先咬咬看，哦，原来是这样的口感，用手一扯，碎了，他很开心。此时，书在他面前是纸张，文字于他是一堆无意义的符号，他还没有习得解码符号的本领，撕掉又何妨？这点儿童与我们成人不同，我们不仅能解码特定符号的意义，还能把不同符号组合，建立联系，建构一个虚拟的世界。这一刻，我理解了孩子，我想与他一起打开书，开启对世界的发现之旅。这就要从芬兰婴儿的第一本书说起。

1. 芬兰婴儿把书当成玩具

芬兰婴儿的第一本书是芬兰政府送的，那是每个芬兰婴儿都会拥有的绘本——芬兰语、瑞典语双语的硬板书，随着“婴儿盒”[1]一起来到孩子身边。政府希望婴儿从零岁开始，就能在父母的吟咏中，感受语言的韵律节奏。想来芬兰人爱看书的习惯，正是源于此。

芬兰孩子的阅读能力在 PISA 测试中常居世界之冠。在生活中，我也感受到了芬兰人重视阅读的氛围。芬兰是全世界图书馆最密集的国家。我经常看见芬兰的家长推着婴儿车或背着孩子，在图书馆的儿童区里尽情玩耍、阅读。图书馆每周有固定的讲故事时间，会邀请家长带着孩子来听故事。我在芬兰的朋友家里做客的时候，她给我介绍了婴儿的洗澡书。婴儿在洗澡的时候也可以听到爸爸妈妈读绘本，鸭子、海豚、小船一页一页地漂浮

[1] 婴儿盒：从 1949 年开始，芬兰政府会为每一位待产孕妇发放一份新生儿大礼盒。大礼盒是一个大硬纸板盒子，可以当作新生儿的第一张小床使用。大礼盒里面有新生儿的衣服、袜子和其他必备品。大礼盒受到所有芬兰人的喜爱，被视为芬兰福利国家体制的重要组成部分。

在水面上，带给婴儿感官上的好奇，成为陪同小宝贝洗澡的好玩伴。

家里的布书、有声书，小觉都尝过。吃一口，原来咬不烂；按一下，竟然有声音冒出来。抓握、翻页，是绿色的森林，再抓握、翻页，是皑皑白雪。其实，我一点儿也不在乎小觉是否认识这些物，我更在乎他打开一个新世界时脸上流露的喜悦和惊喜，我想这就是阅读最初的趣味——激发和满足好奇。当家长看到孩子跟一本书互动，并且手舞足蹈、乐不可支的时候，千万不要去干扰、阻止或说教，因为那是他最享受的时刻。

最让我头疼的是从图书馆借来的立体洞洞书，里面布满层层叠叠的隐形图案。7 个月大的小觉对图案组合有很好的察觉，挖孔、抠洞，极大地满足了他的视觉好奇心。借书的时候，我跟工作人员聊起："孩子在这个阶段，特别喜欢吃东西，书被他咬坏了怎么办？要赔吗？""我理解，我们的婴儿书常常会遇到这个问题，不用赔，我们有专业的书本维修人员，他可以尽情阅读。"图书馆的工作人员认为，书坏了可以找人维修，而不能因此限制婴儿阅读，或让家长赔偿，这真的让我感动。在这样的阅读环境下，书籍成了婴儿的玩具，陪伴他们成长。

英国心理学家大卫·伯莱因（David Berlyne）将儿童的好奇区分为两类。一类叫作感官好奇（Perceptual curiosity）。小觉最开始接触的这些书，有视觉的（绘本）、听觉的（有声书），还有触觉的（洞洞书），就激发和满足了他的感官好奇。另一类叫作认知好奇（Epistemic curiosity）。阅读尤其是探索和询问背后一切规律，能解答每个孩子内心的"十万个为什么"，能极大地激发和满足孩子的认知好奇。

我童年的成长经历，是一种好奇心逐渐丧失的过程。为什么我的好奇心、创造力、想象力会慢慢丧失？一个很重要的原因是，当我提出"为什么"的时候，父母往往没有及时给出恰当的回应，有时甚至粗暴地回绝。久而久之，我的认知好奇得不到正向反馈，没有形成"好奇—阅读—解答—新的好奇—阅读—解答"的良性循环，于是慢慢退化。

好奇心、创造力、想象力，正是阅读时需要的解码能力和建构能力。很多孩子之所以不爱阅读，也许不是因为他们没有养成良好的阅读习惯，而是因为他们丧失了内在的认知好奇后觉得读书枯燥、不好玩。为了满足和激发儿童的好奇心，芬兰营造了怎样的阅读环境呢？是什么样的阅读生态，把芬兰 15 岁孩子的阅读能力推向了世界前列？

2. 芬兰儿童的阅读生态

走廊里，三五个学生横七竖八地趴在地上，头向着中心，拼成一朵花。这是我去芬兰一所小学参观时，学生在一起阅读的场景。看着他们趴在地上阅读，我有点儿不习惯。二年级的班级教师告诉我："在芬兰，这很正常，小学低段的学生一周有两节自由阅读课，此时学生在学校里的阅读是不限场合、不限姿势、不限文本的。学生可以在教室、走廊、图书馆等任何他想待的地方看书。"

芬兰的小学与当地的图书馆有非常紧密的合作。学生走出学校，可以去市图书馆，或者离家很近的社区图书馆阅读。在芬兰，1 岁的孩子就能办理借阅卡，他们可以去实体图书馆借阅。同时，政府办有流动图书馆，专门为学校和幼儿园提供服务。

我去社区图书馆给小觉借书的时候，除了惊讶于小小的社区也有自己的图书馆之外，更敬佩这里高效、便捷的借阅制度。用一张小小的图书卡，足不出户就可以借到想要的书。即使你家附近的图书馆里没有你想要的书，只要你在图书馆的网页上搜索，然后点击鼠标收藏，过几天，就会收到邮件，告诉你这本书已经在离你最近的图书馆或者你指定的取书地点了，而你只需为这么方便的服务支付 0.5 欧元。如果你特别喜欢某一本书，在你续借了三次后，图书馆的电子系统会自动问你，是否需要图书馆帮你订购这本书。如果你付款，他们就会为你购买并邮寄到你的家里。如此细致、贴心的服务让我不禁感慨，这里真是读书人的天堂。

芬兰更是世界上图书馆密度最大的国家。根据芬兰外交部对外宣传网站介绍，全芬兰有300多家中央图书馆、500多家地方图书馆分馆、150多个流动图书馆和12 500多个流动图书馆停靠站，这些构成了一个密集的图书馆网络系统。每2000个芬兰人就拥有一座图书馆；每个芬兰人平均每年去图书馆10次，借阅18本书。从19世纪开始，“做文明公民”的远见推动芬兰人大量建设图书馆。即使住在乡野，周边没有图书馆，也可以跟丰富的书籍零距离接触，因为芬兰的流动图书馆会把书送到每个人身边。

在芬兰，流动图书馆作为图书馆体系里的重要组成部分，也非常受欢迎。芬兰的第一所流动图书馆启动于1962年，现今芬兰境内已有150多个流动图书馆和超过12 500个停靠站，即使在人口稠密的芬兰南部，一年内流动图书馆的行驶里程也可达50 000公里，在北方则更多。这些流动图书馆多以大型巴士为载体，不仅提供各种书籍、杂志、报纸及音像材料，同时配备阅读椅、沙发，播放阅读背景音乐，构成具有特色的休闲空间。它主要服务于较偏远的社区及学校，还有那些出门不便的老人，到访次数大约为每周一两次。这个举措无疑将芬兰人奉行的公平享受文化资源的内核落到实处。如果偏远地区的孩子无法去图书馆，那么活动图书馆就会来到孩子身边。

在政府及社会的支持下，芬兰成为世界上图书馆利用率最高的国家。阅读不是学校的强制行为，而是芬兰孩子生活的一部分。

3. 学前儿童的阅读能力评估

在与于韦斯屈莱大学心理系教授海基·吕蒂宁交流时，我们谈及全球儿童的阅读现状，他的讲述让我震撼。吕蒂宁指出有两类主要因素导致儿童的阅读障碍：“第一类是生理原因，是孩子的基因导致的。从世界范围来看，5%有阅读障碍的孩子属于此类。在芬兰，这个数字大概是3%。第二类是环境原因。例如阅读教育不到位，使孩子出现阅读问题。从世界范围来看，这样的孩子占到90%。在芬兰，由于环境原因导致有阅读障碍的孩子几乎为零。”吕蒂宁的工作就是在全球范围把这个 90% 降得越来越低。

90% 对 0？听到这个数据时，我目瞪口呆。收起惊讶的表情，我询问："芬兰怎么评估孩子是否有阅读障碍呢？”

“我们有一个阅读能力评估，是针对芬兰四五岁孩子的阅读能力测试，目的是检测孩子上小学前是否具备阅读能力，以应对接下来的学习。地方政府会派特教老师去每一所幼儿园，一对一地评量每个孩子，找出可能需要帮助的孩子，及时提供协助和干预。”

芬兰的幼儿园一向没有任何正式的学科课程，孩子们的主要活动就是玩耍，包括教师带领的团体游戏和自由游戏，幼儿园里甚至没有给孩子们很正式的评量。然而，政府会派专门的教师来评估孩子们的阅读能力。这反映了芬兰人“把资源留给需要帮助的孩子”的教育观，同时，也反映出他们的学前教育理念：孩子不见得需要学认字，但教师一定要及早发现孩子有没有阅读的能力和兴趣，因为这样的能力会真正影响孩子未来的学习生活。

还有一种情况，孩子需要做阅读能力评估。如果家长想让孩子提前上学（法定的学前班入学年龄是 6 岁），那么家长需要预定私人的阅读能力测试，带着孩子到阅读诊所，请专家鉴定孩子是否具备相应的阅读能力。

“如果没通过这个评估怎么办呢？真的说明孩子有阅读障碍吗？”我希望吕蒂宁继续为我解惑。“没通过不要紧，我们有好玩的阅读游戏来帮助孩子提升阅读能力，它是我们团队开发的益智类游戏软件 GraphoGame。它通过有趣的闯关游戏，帮助孩子学习语言与字母的关系。”研究发现，一、二年级学习跟不上的孩子，通过 GraphoGame 软件学习语言和字母的关系，会比教师一对一教学效果更好，所需要的学习时间也更短。这个计划的成功之处在于，在孩子落后之初就及时诊断、协助和干预，而且过程是通过愉快的游戏来推进的。

说起 GraphoGame 游戏，我想起与吕蒂宁的第一次见面，那是 2014 年 3 月底的一天，他到上海参加中芬教育交流会。聆听了我作为一名小学语文教师在辅导学困生的无奈后，他主动把自己的 iPad 留给我，让我给班里的两个有阅读障碍的学生玩中文版 GraphoGame 游戏，帮助他们提高阅读能力和母语学习能力。面对这位头发花白的老人的慷慨，我由衷地感动，他是发自内心地关心每个孩子的发展，不论这个孩子是芬兰人，还是中国人。“不让一个孩子掉队，把资源用到最需要帮助的孩子身上”，他用实际行动践行着这种教育理念，让人敬佩。

可惜的是，我那两个有阅读障碍的学生，因为在中国没有及早地获得专业团队的诊断、协助和干预，加上家长没有阅读障碍这个概念，没有在家里给予重要的帮助，所以虽然两个孩子都玩了这个游戏，但效果并不显著。在芬兰，如果孩子没有通过这个阅读能力评估，家长就可以登录一个教育网站（http://www.lukimat.fi/etusivu），获得更多的信息和材料，帮助孩子顺利完成幼升小的过渡。芬兰人相信阅读是一切学科的基石，孩子只有夯实了基础，才能慢慢盖起学习的大厦。

4. 提高阅读能力的另类方法

更让我惊奇的是，在小学参观时一位教师给我介绍她的新同事：一只狗。我当时目瞪口呆，她却很欢乐地跟我解释：“我没有跟你开玩笑，这是真的。她的名字叫明娜，是我们学校的陪读犬。孩子通过大声朗读给狗狗听，不仅可以提高阅读能力，还有助于增强自信心和沟通能力。”

我很好奇在芬兰大家使用陪读犬是否具有普遍性。我上网搜到芬兰东南部小城卡里纳的霍维林塔学校里有一条陪读犬，它的主人玛丽特·哈帕萨里（Maarit Haapasaari）在芬兰第一个将陪读犬引入学校。2016 年，在接受媒体采访时哈帕萨里表示，其他北欧国家以及美国也在使用陪读犬帮助有朗读障碍的学生，迄今为止全芬兰已经有几百条陪读犬上岗工作，它们总是竖起耳朵聆听学生朗读。在陪读犬面前，孩子可以更加放松地朗读。

霍维林塔学校特殊需要班的教师海蒂·普普提认为，对着狗朗读十分有助于孩子放松紧张的情绪，还能帮助他们集中注意力。“有些孩子平时在教室里过度活跃，但一旦到了要读书给狗狗听的时候，他们立即就坐定了。”普普提介绍说，“孩子们理解在这种情况下自己是掌控局面的人，而且必须考虑听者的需要。”更有意思的是，“我们与芬兰作家韦拉·瓦哈马（Veera Vähämaa）合作开发并注册了一个概念，叫作‘写故事读给狗狗听’。”哈帕萨里介绍说，“孩子们自己创作故事，然后大声朗读给狗狗听。这样的课堂活动在全世界绝无仅有。”为了让儿童爱上阅读，芬兰人真的是什么另类方法都愿意尝试。

芬兰人爱阅读是有历史渊源的。几百年前，芬兰路德教会规定，成年人只有会识字，才能结婚。这样的历史，无形中在芬兰人的价值观中扎下鼓励识字与阅读的根。如今，从零岁开始的绘本，到遍布全国大城小镇的图书馆，再到创造鼓励阅读的家庭小环境与社会大氛围，以及用阅读能力评估找出需要帮助的儿童，在儿童上小学之前予以协助和干预，更重要的是，强调用游戏来激发儿童的阅读和学习兴趣——这个“以儿童为中心”的体系，不仅反映了芬兰人对阅读的重视，也反映了他们行动背后尊重儿童的教育理念。

就这样，芬兰儿童通过阅读，打开了认识世界的一扇扇窗户。

芬兰一所小学的森林课

第二章
只上半天学的小学

芬兰的特殊教育——基于教育公平和全纳理念

谈到特殊教育，我们最熟悉的情况，就是对医学诊断下有身体或智力障碍的特殊儿童进行的教育。他们大多数被隔离在主流学校之外，只能在特殊教育学校学习。

没错，芬兰的特殊教育也为这类学生服务。截至 2018 年，在基础教育阶段，芬兰全国共有 63 所这类学校。这些学校的平均规模很小，每所学校有 60 多名学生。像赫尔辛基和图尔库这样的大城市，有好几所这样的特殊教育学校。不过，并不是每座城市都提供这样的服务，绝大多数芬兰城市属于小型城市，没有任何特殊教育学校。这就促使芬兰的主流学校也提供特殊教育，不隔离、不放弃有特殊需求的孩子。

2018 年，全芬兰主流学校里竟然有近 20% 的学生获得过强化支持和特殊支持。难道说每五个芬兰学生里就有一个特殊儿童吗？不大可能，我在芬兰综合学校并没有看到这么高比例的特殊儿童。那这么高的比例是怎么回事？究其本源，跟芬兰广泛地定义特殊教育有关。

1. 教育公平和全纳理念下的特殊教育

芬兰的特殊教育，又叫“全纳教育”（Inclusive Education），是一种主张让所有学生参与、反对教育系统内的歧视和排斥、提倡平等和融合、满足所有学习者多样化需求的教育。也就是说，几乎所有学生都可以在上学的某个阶段获得特殊教育支持，以实现教育公平。

这一理念不是芬兰独创。早在 1994 年 6 月 7 日至 6 月 10 日，联合国教科文组织在西班牙萨拉曼卡市召开世界特殊教育大会时，颁布的《萨拉曼卡宣言》就明确提出“全纳教育”理念。随后的二三十年内，这一理念在联合国和其他国际组织的推动下，逐渐被世界上大多数国家接受。

芬兰是怎样在主流学校里提供特殊教育的呢？很多国家的教育者到芬兰取经，想解开背后的密码。其实，其核心秘密是在教育公平的理念下推行全纳教育和融合教育：特殊儿童可以在主流学校的普通班级就读，普通儿童因需要某一方面的特殊支持可以进入特殊班级或特殊小组。

我在芬兰于韦斯屈莱的湖塔索综合学校普通班级听课时，一个特殊学生引起了我的注意。他叫尤哈（为保护儿童隐私，本书出现的所有儿童均用化名），正坐在轮椅上，和同学们讨论古埃及文明。他说话非常不利索，需要他的校园助教从旁协助。很明显，他有很大的身体缺陷。我好奇地问班级教师海基·于维斯雅尔维。他告诉我："尤哈是脑瘫儿，行动不便，目前就读于这所学校的特殊教育班。他每周有六个小时会来我的课堂上课，与其他孩子一起玩，并按照正常课程大纲的要求学习。在过去六年里，他一直有部分时间与正常孩子一起上课、游戏。我们希望他几年后来正常班级就读。"像尤哈这样在主流学校就读，有自己的特殊教育班，又可以进入普通班级过正常儿童生活的孩子还有很多。这背后就是"全纳教育"理念在推动。

2."三级支持体系"让特殊教育面向每个孩子

上面提到，2018 年全芬兰主流学校里有五分之一的学生获得过特殊教育支持。细看下去，这 20% 的学生接受特殊教育的强度是不一样的，有人是接受全日制的特殊教育，有人是接受非全日制的特殊教育（部分时间的特殊教育）。这一方法的采用，源于芬兰的《基础教育法》。2010 年芬兰对该法案中有关特殊教育的条文进行了修正，并于 2011 年 8 月生效，正式确立了在主流学校内建立特殊教育的"三级支持系统"：普通支持、强化支持和特殊支持。图 2.1 为当前最新版的特殊教育支持系统。

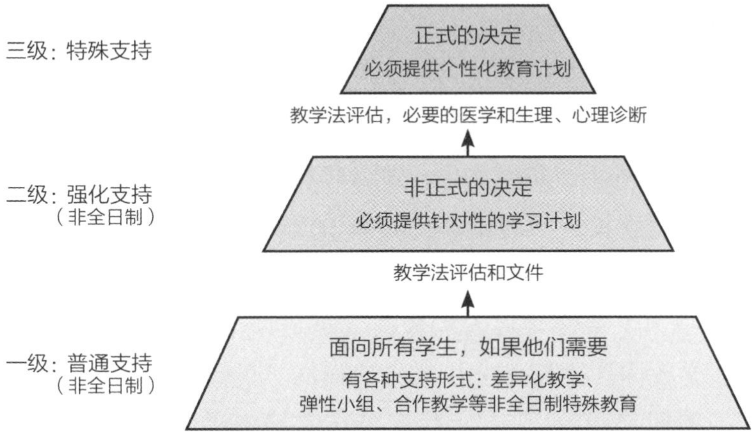

图 2.1　2017 年芬兰主流学校内的特殊教育支持系统

这一特殊教育支持体系的划分标准，是接受强度的差异和个性化程度的不同。从普通支持、强化支持到特殊支持，强度越来越大，个性化程度越来越高。这种“结构化”模式，让芬兰的特殊教育一点儿也不特殊，因为每个孩子都可能接受特殊教育。我更倾向于说，它走的是个性化教育的道路。

你也许会好奇：各级支持的比例如何？我们逐一来看。

首先看第三级特殊支持。据芬兰统计局数据显示，自 1995 年“主流学校允许有严重残疾的学生进入并接受特殊教育”这一条例实施以来，截至 2018 年，竟然超过 90% 有特殊需求的学生（包括脑瘫等严重疾病的学生）进入主流学校。这样一来，主流学校的特殊学生从 1995 年的 6142 人，上升到 2018 年的 41 514 人，增长了近 6 倍。41 514 人，什么概念？相当于说，主流学校中大概 8% 的学生在接受全日制特殊支持。这类学生的日常校园生活非常灵活：他们中 35.5% 的学生待在固定的特殊班级或小组上课；近 20% 的学生所有时间都待在普通班级，就是普通班级的一员，与其他学生一起成长；剩下的学生既可以进入普通班级上课，又有自己的特殊班级或小组。这种融合的方法，能让不同类型的学生一起互动学习。

为什么主流学校愿意接受特殊儿童？于韦斯屈莱大学附属的芬兰教育咨询和服务公司——芬兰教育集群（EduCluster Finland）首席专家奥利佩卡·马利宁（Olli-Pekka Malinen，他还有个中文名，叫麦安力）解释道：“1995—2010 年，芬兰教育界有一个很重要的现象，就是在主流学校接受特殊教育的学生数量一直在上升。这背后有两个原因：一个原因是芬兰教育界越来越尊重成长的多样化，我们开始更好地关注这些学生的发展；另外一个原因是教育经费。教育和文化部给当地市政府的教育拨款是按学生数量来算的，一个特殊学生的教育拨款是普通学生的 1.5 ~ 4 倍。在一些城市的主流学校内产生特殊学生数量快速增长的现象，是因为那些学校想要获得更多的国家拨款。”“但接受特殊支持的学生可不止这些。一些普通学生可能在数学、语言等科目的学习中遇到障碍，这些学生也可能获得第三级特殊支持。”尤哈·孔蒂宁补充道。他是麦安力的好友，一名特殊教育班级教师。这不难理解，总有一些学生严重偏科，但芬兰教师不会给学生贴标签，说他们是特殊学生，而是提倡早期干预，有什么短板就补什么。

再看第二级强化支持。自 2011 年“三级支持”实施以来，在主流学校接受第二级支持——强化支持的学生比例一直在上涨。以 2015 年为例，基础教育阶段接受强化支持的学生占 10.6%，其中有 75% 接受过非全日制的特殊教育，有 56% 接受过补习教学，有 39% 接受过特殊需要的帮助或口译服务。

最后看第一级普通支持。这一级支持面向所有学生，一旦发现任何一个学生需要特殊帮助，教育者和家长都会提前干预、预防恶化。当特殊教育变成面向所有学生的教育时，芬兰再次打破我们的思维模式：特殊教育不只是帮助弱势儿童的教育，优等生可能也需要特殊帮助。

米娜·托伊维阿宁是芬兰坦佩雷市沃如克森小学的特殊教育教师，她回首 20 多年的特教生涯，说出这样的心声：“在芬兰，特殊教育不只是专门针对弱势群体的教育，而是有质量的全纳教育。不仅学困生需要，少数资优生在课堂上‘吃不饱’时也需要特殊辅导。甚至任何一个学生在某个时期都可能需要特殊辅导，有的学生可能需要几个月，有的学生可能需要两三年。不管怎样，我们会帮助每一位学习者。就算在我的特殊班级或特殊小组，我还是希望，经过一段时间的特殊帮助，孩子能够提升，然后进入常规班级。如果他们在常规班级实在无法适应，还可以再回到我这里。”

3. 如何诊断学生需要哪一级支持

2019 年 9 月，我在赫尔辛基给上海市教委领队的上海特殊教育学校的校长和骨干教师做培训时，一位教师在谈及中芬特殊教育的差距时感慨道："像脑瘫儿这样的残疾儿童，很少出现在中国主流学校中。即便教师有能力、有时间去关注这样的孩子，普通儿童的家长恐怕也会产生抵触情绪。在融合和隔离之间，大多数情况下，我们选择把重度残障儿童隔离在正常生活之外。"

"那么，芬兰教师怎么给轻度/中度残障儿童提供普通支持、强化支持？"带着这个问题，我访谈了芬兰特殊教育老师孔蒂宁。他是芬兰穆拉梅市马克拉马基综合学校的特殊教育班级教师，他在这一领域工作了10年，在特殊教育学校工作过，也在主流学校带过独立的特殊教育班。近8年来，他一直在教一、二年级的两个"融合班"，他的学生可谓五花八门。

"孔蒂宁，当你面对一个个学生时，你怎么判定他们需要哪一级支持？这背后有没有一个评判标准？"我问道。

孔蒂宁回应："我们的评判标准是学生需要特殊教育的强度，也就是他自身'问题'的严重程度。我们并不会给孩子贴标签，或是依据医学诊断把孩子定义为特殊儿童。孩子都是一样的，特殊的是问题。有的孩子有这个问题，有的孩子没有这个问题；有的孩子这个问题轻微，有的孩子这个问题严重。这是特殊教育的'特殊'之处。"

"所以我们会看到，普通儿童如果严重偏科，也会接受特殊支持。"麦安力对这一现象做了更进一步解释，"这是因为芬兰的特殊教育更看重'不让一个孩子掉队'的教育公平，而不是医学诊断结果。还有，我们更倾向于从个性化教育的角度看这个问题。"

"孔蒂宁，请你举例说明，你带过的接受特殊支持、强化支持、普通支持的学生，各有什么问题？"我接着问。

孔蒂宁想了想说："我会说，接受每一级支持的原因都很多样。比如非全日制特殊教育阶段（即普通支持和强化支持），有些学生可能在某些时刻因为某些原因遭遇了身体、精神、学习上的困扰；有些学生可能遇到了阅读、写作、口语方面的问题；有些学生也可能有数学、语言等学科上的问题；等等。这些问题可能是暂时的，也可能是长久性的，但他们并没有官方声明或需要特殊支持的决定，那就让他们接受部分时间的特殊教育。我有个 7 岁的学生，他有阅读困难，我们会定期给他做 5 ~ 10 次有针对性的辅导，这是普通支持。这一级支持并不是按年来开展的，而是在一年内划分为不同的小周期，学生可能在某一个周期内需要帮助。相比普通支持，强化支持的强度变大。学生可能有学习障碍、行为问题、情绪障碍，或者社会适应不良、注意力不集中、多动症等问题。从时间跨度上看，强化支持是一学年。至于接受特殊支持的学生，问题就更严重。”

“请你分享一下，你和你的同事怎么辅导一个轻度或中度问题儿童呢？比如轻度自闭症或多动症儿童，属于哪一级支持？”我继续问。

孔蒂宁说：“我讲一个强化支持阶段的例子。尤那斯是我二年级的学生，他对周围发生的一切都感兴趣，但就是不爱学习。他缺乏自我管理能力，上课很难集中注意力。作为教师，我的态度是接受这个事实，让他在课堂上有自己的活动时间和空间。只有当学生可以自己选择要干什么时，他才能够自在、放松。我不是去压制他，让他不许乱动。我们也有各种方法让他适当‘动一动’：上课期间，他可以有几次小休息，比如爬楼梯、去水池边喝水、跳一跳、玩弄小物品、坐在健身球上，等等。”

怎么使用这些方法，也可以更有智慧。孔蒂宁和他的同事会和全体学生一起做一些身体活动，这样尤那斯就不会觉得自己是被区别对待的了。他很多时候会觉得自己是在参加“额外活动”，其余时间仍是正常上课。只有教师和家长知道，他曾经接受过一些“支持和帮助”。这大大减轻了特殊教育通常给孩子带来的负面情绪。

“诊断过程一定是循序渐进的。”芬兰于韦斯屈莱大学教育学院特殊教育专家马蒂·库雷拉赫蒂（Matti Kuorelahti）强调，“在做出从这一级支持进入下一级支持的决定时，教育者会很谨慎。

“第一，每个学生都有权享受普通支持。可能是有轻微的行为问题，可能是课堂上需要有针对性的辅导学习材料，还可能是课外需要额外的辅导。受众可能是需要‘补差’的弱势儿童，也可能是需要提升专项能力的资优生等。

“第二，如果普通支持不够支撑学生的发展，就会有一个专业团队对该生进行教学法评估。这个团队可能包括特殊教育班级教师、特殊教育教师、普通教师、校园助教、心理学专家、校医，等等。任何相关人员都可以参与进来。这个团队被称为学生福利组，大家一起给该生制订‘强化支持计划’。有时，还要为学生制订‘针对性的学习计划’。

“第三，如果强化支持还是不能支撑学生的发展，就会对学生进行新一轮更广泛的评测。特殊教育教师会从其他教师、学生福利组那里收集相关学生的各类信息，学生家长此时也需要准备一份声明。根据这些信息，特殊教育教师就是否开展特殊支持做出决定。根据这一决定，再为学生制订‘个性化教育计划’。值得注意的是，这个决定不是永久性的，会根据学生的发展情况定期调整。”

4. 配备高质量的特殊教育师资

越来越多的特殊儿童进入主流学校，以及越来越多的普通儿童需要接受特殊教育，而且很多时候某些特殊儿童还被编排进普通班级。面对这样的情况，教师怎样开展教学？特殊教育教师和普通教师如何配合？师生之间怎样互动？这必然给学校和教师带来挑战。

因此，高质量的特殊教育师资成为解决问题的关键。大多数情况下，芬兰主流学校都配置特殊教育教师，提供这项服务。不过除了特殊教育教师，普通教师也有责任提供特殊教育支持，只要他有专业的知识和合适的资源。此外，还有校园助教，甚至特殊教育班级教师的协助。总结一下，芬兰主流学校有四类教师可以提供特殊教育。

* 特殊教育教师。在芬兰的中小学，几乎每所学校都配有这类教师。
* 普通教师。他们也有责任提供特殊教育支持，只要他有专业的知识和合适的资源。
* 校园助教。这类工作人员主要帮助一些行动不便的学生，比如坐轮椅的学生。
* 特殊教育班级教师。这类教师只存在于那些有特殊教育班级的主流学校。大多数这类教师会带独立的特殊教育班；少数这类教师和普通教师一起带“融合班”，进行合作教学。

这就让特殊教育变成多主体参与的行动。行动要做到有效，要尽量关照每个孩子的需求，就离不开高配额的师生比。

主流学校学生与特殊教育教师的配比，通常是 200：1，甚至是 150：1。影响这一比例的主要因素是学生的支持需求。例如，在拥有大量移民背景学生的学校，可能需要更多的这种支持服务。

如果这所主流学校有特殊教育班，此时会有特殊教育班级教师带班。一般而言，一个特殊教育班级会有 6 ~ 8 个学生。如果每个学生的情况都特别严重，他们各自还会有校园助教，这只是极端情况。

特殊教育教师的上课方式也非常灵活：可以一对一辅导；也可以组建特殊小组，把来自不同班级、不同年级的特殊学生放在一起教学；还可以随堂协助普通班级的教师上课。至于教学现场采用哪一种方式，要根据学生的个体差异而定，这才是特殊教育的重中之重。

教育本身并不特殊，特殊的是一个个孩子。芬兰的做法，不外乎去除死板的标准，而让特殊教育更具结构化和个性化，以应对每一个孩子的发展，这个过程少不了高质量的师资力量支撑。

人、资源都有了，还要有方法。孔蒂宁给我印象最深的一段话是：“我不是一个人在战斗，我和普通班级的教师是战友。每一个学生都是‘我们’的学生，并不是说他们要多留意他们的学生，我要多辅导我的学生，不是这样的。我们会共同承担教学的每一个环节：一起备课，一起上课，一起会见家长。”他天天在用合作教学法。

5. 芬兰特殊教育的发展趋势——合作教学

走进芬兰的学校，我们会发现特殊教育是多主体参与、合力协作的结果。教师的合作技能体现在多个维度：与同事之间的合作教学，与学生福利团队之间的合作，与家庭之间的合作，与校外——社会福利部门的合作。

与家庭之间的合作很好理解。不论是幼儿园还是中小学，如果孩子需要特殊教育，家长会被邀请参与孩子的个性化学习计划的制订。平时在家校沟通的过程中，教师和家长会通过网络、电话或面对面交流等形式沟通孩子的发展情况。

与学生福利团队之间的合作，是芬兰学校的特色文化。在芬兰的中小学里，有一个学生福利小组，成员包括学校心理咨询师、特殊教育教师、学校社工和学校医疗保健职工。这些教职工一起为学生的健康、幸福、学习提供支持。

与校外——社会福利部门的合作，是北欧福利模式在教育体制内的缩影。如果孩子在学校需要特殊辅导，当地社会福利部门的专员就会到学校进行干预、辅导和治疗。

接下来，我会重点介绍芬兰教师之间的合作教学法。像孔蒂宁这样跟普通教师一起备课、一起承担教学、一起见家长，共同承担所有的教学环节，这种合作方法被称为“团队教学”。这种模式下，两位或多位教师的身份是平等的，教育由他们共同主导。具体来说，尤哈教的两个特殊教育班会和普通班级进行融合。就是他带的一个特殊班级一年级班和一个普通班级一年级班一起上课，他带的一个特殊班级二年级班和一个普通班级二年级班一起上课，此时尤哈并不在教学现场，而是助理教师与普通班级教师一起上课。这样，尤哈一半的时间在跟一年级的普通教师团队合作教学，另一半的时间在跟二年级的普通教师团队合作教学。

不过，团队教学在芬兰毕竟是少数，更常见的合作教学法是互补教学和平行教学。

所谓互补教学是指教师的地位不平等，课堂是由一位教师主导，另外一位或多位教师作为助教进行辅助。这种模式在芬兰的中小学课堂里较为常见——小学全科教师或中学科目教师在全班进行教学时，特殊教育教师会在课堂给个别学生做辅导，培优补差。

芬兰的学校还有一种常见的合作教学法——平行教学法。在这种模式下，两位或多位教师有着平等的地位。学生会被分成不同的小组，教师各自主导自己的小组。比如根据学生语言发展水平的高低，全班分成 A 组和 B 组，普通教师带 A 组，特殊教育教师带 B 组，分开组织平行教学。再比如根据学习任务的高低，开展站点教学。一位教师负责 A 站教学，一位教师负责 B 站教学，流动式完成教学任务。

不过，芬兰在培养教师的合作教学技能时，也面临一些挑战。比如在大学期间，芬兰特殊教育教师与小学全科教师、科目教师是分开培养的，在正式上岗前他们很少进行合作。另外，在教学实践环节，特殊教育学院的大学生和教育学院的大学生也是在不同学校进行实习。教育学院的大学生基本都是去大学附属的中小学，而特殊教育学院的大学生要去其他学校，这也是阻碍培养合作能力的因素之一。

结　语

特殊教育问题是关乎孩子的问题，而孩子的问题是国家未来的问题。我们今天做的正确或错误的事，都在影响未来。芬兰投入高额的教育经费，配备高质量的特殊教育教师，研发适合特殊教育的教学法，是想帮助每个孩子赢在未来。事实证明，芬兰特殊教育的成功确实带来了很多长远效益。

其一，早期干预用的教育经费和人力资源，后期会表现在学习成绩和综合能力上，并最终增强这个国家的人力资本。自 2000 年 OECD 首次举办 PISA 至今，芬兰学生在科学、阅读、数学领域的卓越成绩让世界惊叹。论及学生在这三个科目上的表现，芬兰不仅前 5% 资优生的比例远远高于 OECD 国家的平均水平（2015 年 PISA，OECD 国家前 5% 资优生占 15.3%，芬兰前 5% 资优生达到 21.4%），而且后进生的比例也是 OECD 国家中最低的。换句话说，芬兰的后进生比其他国家的后进生学得更好（2015 年 PISA，OECD 国家后 5% 学生占 13.0%，芬兰后 5% 学生仅占 6.3%）。这一组数据表明芬兰的特殊教育支持系统能够改善那些挣扎在学业边缘的学生。

其二，如果你认为培养特殊儿童花费太大，就不妨想想放弃一个儿童，这个社会需要承受多大的代价。特殊教育不只是教育问题，更是公共问题。没有一个国家愿意看到特殊儿童犯罪、破坏社会治安、扰乱公共秩序。大部分芬兰特殊儿童能够过着“无障碍生活”，可以比较好地照顾自己的生活，从事力所能及的工作，在某种程度上就是在帮助国家节约财政开支。

其三，从小培养孩子的同理心。每个孩子都是特别的存在，好的教育会最大化地尊重孩子成长的多样性。我们把不同的孩子放在一起，不仅有助于特殊儿童融入社会，也会让普通儿童看到世界的复杂性、多样性，而这才是真实的生活。他们从小学会与不同类型的人相处，并学会接受不同类型的人，长大后便会更加开放、包容，更有同理心。

我和于韦斯屈莱大学特殊教育专家库雷拉赫蒂谈及特殊教育带来的好处时，他的回答道出了芬兰教育者的慈悲："追求好处是结果导向，我们更看重过程导向，也就是孩子在这个过程中的感受——他是被接纳的，他的幸福感很强，他的每一天都是有尊严地活着。"

只有用慈悲之心做特殊教育，我们才能看到每个孩子的珍贵。

芬兰小学的差异化教学——课本不是必需品

我在于韦斯屈莱大学读书时，大学食堂旁边就是于韦斯屈莱大学附属小学。每天 12:00 左右，我去食堂吃饭，都会看到一些小朋友背着书包准备回家，一些小朋友在操场上追逐打闹。因为我以前是小学教师，所以我在潜意识里非常关心芬兰小学教师的工作时长。

“芬兰的小学教师只上半天班？”有一天，我问我们教育学院的教授哈巴宁。她跟我说：“芬兰小学一、二年级学生的上课时间虽然只有 4 个小时，但教师的工作时长跟普通工人一样，通常也是一天 8 个小时。虽然学生走了，但是教师基本上没走那么早，他们要备课、和家长沟通、准备教学材料，这些都算工作时间。当然，芬兰教师不需要打卡，不需要坐班，他们可以回家准备教学材料。这样算下来，小学教师的工作时间，每周大约 30 个小时。”

1. 采用“同班不同组”的差异化教学模式

细看芬兰小学生的课程表，我有了一种芬兰教育的奥秘被我发现的惊喜。一名一年级的班级教师告诉我，她一周有 20 节课，一课时 45 分钟。

* 母语及读写 7 课时
* 数学 3 课时
* 音乐 2 课时
* 视觉艺术 2 课时
* 体育 2 课时
* 手工 2 课时
* 环境科学 1 课时
* 宗教与伦理 1 课时

从这位教师一周的课程可以看出：小学低段班级侧重母语和数学学习；母语第一，数学其次。值得注意的是，这位教师的课程里没有英语。因为2020年之前芬兰小学生从三年级开始学英语，2020年之后才从一年级开始学英语。

我们还可以看出，艺术教育占了较多课时。这是因为芬兰人相信每个孩子都是不同的，也愿意花时间保护或激发每个孩子不同的学习兴趣，尽量让孩子都保有学习的内驱力。音乐、手工、视觉艺术等都是培养学生艺术素养的途径，最终把学生培养成为有幸福感的社会公民。

以上课程在一周内是怎么安排的？我们来看他们的班级课程表（表2.1）。

表2.1　一年级C班的课程表

时间	周一	周二	周三	周四	周五
8: 15—9: 00	珍珠小组	森林小组	×	体育	×
9: 15—10: 00	宗教	×	体育	×	×
10: 15—11: 00	×	×	×	×	×
午饭、活动时间					
11: 30—12: 15	森林小组	珍珠小组	×	×	×
12: 30—13: 15	森林小组	珍珠小组	森林小组	珍珠小组	特别辅导

注：×表示可根据实际情况灵活安排的课程。

除了这个班级课程表，每个学生还有自己的私人课程表，因为每个学生的上课时间、放学时间都不一样。之所以要这样安排，是因为芬兰小学实行“同班不同组”的差异化教学模式。具体来说，一个班级20个左右的学生，被分成A、B两组，由学生来给自己的小组取名字。正如课程表中所示，C班一个叫珍珠小组，一个叫森林小组。以周一为例，这一天珍珠小组8: 15上课，等他们第一节课下课，已经是9: 00了，此时森林小组才来教室，然后两个小组一起上宗教课及另一门课，直到 11:00 下课。课后，他们到餐厅一起享用午餐，11:30 午餐结束，珍珠小组就放学了，可是森林小组要留下来继续上两节课，13:15 放学。可以看出，一年级学生每天的上学时间只有 4 个小时左右，去掉课间休息时间和午餐时间，平均每天只上 3 个小时的课。

实行“同班不同组”是为了真正做到因材施教。每个孩子都有自己的发展速度、个性，芬兰政府在意识到这种差异的基础上，为每个孩子提供了平等的发展自我能力的机会。教师可以适时了解、规划适合每个小组的课程，既让学得快的学生有更多的自主学习时间和学习内容，又让学得稍微慢一点儿的学生，或是学习习惯、学习方式类似的学生能按照适合自己的方式学习（比如有的学生学习语言喜欢采用听说的形式，而有的学生更喜欢采用读写或表演的形式）。这种因材施教的方式，鼓励学生按照自身的学习能力、学习速度，迈向最终的学习目标。

2. 利用教材和教辅资料进行差异化教学

芬兰教育体制赋予教师自主权，他们有自主选择教材和教辅资料的权利。比如，每年的芬兰教育年展会成为芬兰教师个体或群体比较、筛选和购买下一学年要使用的教材和教辅资料的平台。备受芬兰教师青睐的是融合差异化教学理念的学习材料，它们既能满足学科教学的基本知识要求，又能满足学科教学的最高目标要求，这样学生在使用时能找到自己感兴趣、适合自己挑战系数的内容。可以说，合适的教材和教辅资料成为教师在课堂上实现教学目标和差异化教学的基础，也成为实现教育公平的工具。

具体来说，在五年级进行课堂观测时，我注意到教师在布置学习任务时会给出一个范围，这个范围内的学习任务难度逐步增加。教师与学生约定完成时间，这样学习能力强的学生可以完成难度系数大的任务，学习能力弱的学生可以完成基础练习，那些不能在固定时间内完成基础练习的学生就会被“筛选”出来，需要接受第一级特殊教育——普通支持。

3. 设置“三级支持体系”和“特别辅导课”以践行差异化教学

芬兰自 1995 年实施“主流学校允许有严重残疾的学生进入并接受特殊教育”这一条例以来，一线教师便面临差异化教学的挑战。步入 21 世纪后，为了应对学生个体资质的差异化、能力的多元化、家庭经济背景的多样化，以及新时代对多元智能人才的需求，芬兰教育越来越看重个性化教学和差异化教学的课堂实践。标志性举措是，自 2011 年起在主流学校内建立“三级支持系统”，分别是普通支持、强化支持和特殊支持。学生可以根据自己需要的支持强度，获得不同等级的差异化教学的辅导。比如有“与其他学生时空分离”的特殊辅导课，别的学生先放学，需要提升的学生额外上辅导课。比如有“与其他学生时空不分离”的随堂个性化教学、小组分层教学和合作教学等。

实施差异化教学不仅是小学全科教师或中学科目教师的责任，芬兰学校里还有特殊教育教师和校园助教协助幼儿园教师和中小学教师展开合作教学。这些特殊教育教师要么是经过研究型大学五年特殊教育专业的培养，要么是在拥有硕士学历、学科专业背景、三年以上工作经验的基础上获得应用技术大学里的特殊教育教学法课程资格（60 个学分，通常需要 1 年完成）。总之，芬兰大学里的教师教育会为中小学的差异化教学奠定基础。

芬兰学校的多语言教育——坚持“母语第一”

2018 年初夏，我在于韦斯屈莱大学选修的一门课程接近尾声。最后一节课是实践课，要去当地的小学参观。

那天在小学入口处等我们的，是这所小学的副校长和四个小学生，分别是两个四年级学生，一个五年级学生，一个六年级学生。再看我们这个参访团，有来自 14 个国家（来自澳洲、亚洲、欧洲、美洲）的 19 个教育学的研究生，还有 1 个来自美国的大学教授。

就这几位小学生带领我们参观？这样的“阵容”，让我对接下来的参访既充满好奇又忧心忡忡。好奇在于，我们可以从学生的视角看这所学校，听他们讲述自己的课程如何、教师如何、校长如何、校园环境如何，这会是最真诚的声音。忧心在于，他们能胜任这次讲解吗？

* 他们的英语够好吗？这四个学生学英语才几年时间，能和我们有效沟通吗？
* 他们毕竟是小学生，能解答我们的专业性提问吗？要知道，我们这批人绝大部分是教育学硕士。我们的信息量不对等，恐怕很难进行深入探讨。
* 学校领导竟把一群专业研究者交到小学生手里。他们虽说充分信任学生，并给学生展示自己的机会，但不怕把接待工作搞砸了吗？

思绪飘忽间，我们 20 个来访者已被分成两组，每组被两位小学生领着参观。副校长离开后，我跟着两位小领队进入课堂。他们一位是来自四年级的梅里亚，另一位是来自六年级的萨图。接下来的两个小时，我的思想被彻底颠覆。我将从三个角度来谈：第一，芬兰学生的外语水平；第二，芬兰人让孩子从小接触多语种的背景；第三，芬兰人学语言的“妙招”。

1. 小学六年学四种语言，这在芬兰是标配

梅里亚和萨图带着我们，边走边用英语讲解。从学校食堂的免费午餐到图书馆的阅读空间，从手工教室的缝纫机到音乐教室的吉他，从教室内展示的视觉艺术品到课间做的运动等，他俩如数家珍，将这所学校的细节一个个放大。有些英语专有名词，他俩不会说，就看看自己的英文文稿或直接问我们。他们一点儿也不扭捏，不会就是不会，还很开心地向成人请教。这也让小学生和参观者之间有了更多互动。

我问他们："这些英文文稿是你们写的吗？"他们说："是呀。我们有一节英语课，主题就是介绍自己的学校。每个学生都有机会练习。老师问我们，谁自愿报名带团。我俩报了名，于是就来了。"这个过程很有价值。

* 小学英语课的口语和写作是一体的。写的内容要练习说出来。
* 学习主题基于孩子身边发生的事情，真实，实用。
* 带队的学生不是教师挑选的优等生，而是自己有意愿、有热情做这件事的学生。
* 学校不搞形式主义的宣传，而是把学生真实的情况展示出来。学生得到了锻炼，教职工也免于"捧场"。

六年级的萨图告诉我，她现在会说四种语言：芬兰语、英语、瑞典语、德语。这引起所有人的好奇：13 岁会说四种语言，想来很有语言天赋吧。萨图轻轻地回应："我的同学都会三四种语言。这在芬兰很普遍。"这种普遍，来自芬兰学校给学生提供的多语言课程。我按时间线来介绍。

* 一年级，开始上母语课。有人学芬兰语，有人学瑞典语。这是因为芬兰有芬兰语、瑞典语这两种官方语言，所以当地学校基本分为两大类：一类是芬兰语学校，另一类是瑞典语学校。此外，也有英语国际学校，但这在芬兰属小众。
* 三年级，开始学习第一外语（A1，是必修课），通常是英语。从

2020 年起，芬兰小学生从一年级开始学英语。

* 五年级左右，开设多语言选修课（A2），最常见的是德语、法语、俄语。
* 六年级，开始学习第二官方语言（B1，是必修课）。
* 七至九年级，继续开设多语言选修课（B2），最常见的仍然是德语、法语、俄语。近些年，学习西班牙语、汉语的需求增加。因为地方教育主管部门具有课程设置的自主权，所以每个城市的学校提供的语种会有差异。

正如萨图所说，小学六年学四种语言，这在芬兰是标配。

2. 让孩子从小接触多语种的背景

所有学生都要学英语，这不必说，因为它是世界通用语言。之所以德语、法语、俄语在选修语种里面最常见，是因为芬兰与德国、法国、俄罗斯的经济贸易非常密切。再加上德国和法国在欧盟中占据强势地位，芬兰作为欧盟小国，自然要"抱大腿"。

虽然学生被要求学习多种语言，但是他们真正说得如何？现实情况是，学生对这几种语言的运用水准存在巨大差异。第一，芬兰语是母语，语言水平自然不用说。第二，芬兰人的英语水平很不错，外来移民在芬兰可以无障碍地用英语交流。第三，虽然瑞典语也是官方语言，但绝大多数"以芬兰语为母语"的芬兰人，瑞典语的水平并不高。他们经常会问身边"以瑞典语为母语"的芬兰人词汇、发音、语法等。至于其他几门外语的掌握情况，如果走出学校后不经常使用，基本跟他们的瑞典语水平差不多，会逐渐淡化。

语言淡化了、生疏了，不要紧。我跟学校里的教师聊天，发现每种语言学得好不好，在中小学阶段，芬兰人并不那么看重。他们更在乎通过学习语言获得的个人"软实力"和国家"软实力"。

* 语言兴趣。通过接触多种语言，挖掘和保护每个孩子的语言潜能，培养孩子对语言学习的兴趣，认识到学习语言是与外国人互动、了解他国文化的最好方式。先埋下“种子”。
* 世界观。通过接触多种语言，让孩子了解世界上存在很多民族和语言，这个世界是多元的。
* 国家人才储备。接触多种语言，不仅影响个人的格局，更关乎国家发展的战略方向。芬兰现在和未来的国际交往及贸易，必然依赖于懂他国语言的芬兰公民。

3. 芬兰人学语言的“妙招”

虽然要学习的语种较多，但是先学谁，后学谁，芬兰人很有策略。最重要的一点儿是，尊重多元，先从学习母语开始。

策略一：遵守“母语第一”的原则

多年来，芬兰小学是从三年级才开始教授英语的。2018 年 4 月，芬兰教育和文化部前部长桑尼 · 格兰 · 拉索宁（Sanni Grahn-Laasonen）宣布，自 2020 年春季学期开始，芬兰小学生从一年级开始学习英语。他说，三年级才开始学英语，错过了语言学习的最佳时期。过去几十年，《基础教育国家核心课程大纲》对外语教学的设计有问题，使孩子错过了语言学习的“敏感期”。现在政府对“敏感期”了解得更多了，要及时进行调整。

部长的解释，只道出了一部分原因。芬兰小学一、二年级没有开设任何外语课程，其实有更深层的原因：过去一百年间，在民族身份认同和国际化视野之间，芬兰选择先做好前者，再谈后者。

现在芬兰调整外语教育政策，本质上仍然是在尊重“母语第一”原则的前提下，给孩子创造更多语言浸泡的环境。小学生芬兰语和英语课时的分布就是佐证：一周母语课有六七课时，英语课只有两三课时。

策略二：早期语言浸泡比语法学习重要

真想学好一门语言，要看综合因素，无外乎学生、教材、环境、教学法、教师这五点。这里有一个语言学习的公式，可以说明每个因素所发挥的作用：（学生 + 教材 + 环境 + 教学法）× 教师 = 语言技能。

谁都知道，要想学好英语，单靠学校一周两三节英语课远远不够。芬兰教师更注重在语言环境、教学法上下功夫，让学生有更多机会在语言环境中浸泡。下面这些是芬兰学校普遍使用的方法。

* 开展语言项目。比如于韦斯屈莱市托维瓦卡小学设置的校内国际日，会邀请于韦斯屈莱大学的国际学生到他们学校参加文化活动。我曾带着笔墨纸砚教芬兰孩子学习中国书法，也拿着黄豆和筷子，教他们用筷子夹豆子。我们全程用英语互动。
* 教学法多样化。以学生为中心，增加学习语言的趣味性。把语言学习融于孩子的日常生活，使他们在做游戏、看电视、看电影、听音乐、玩社交媒体时能够听到并看到英语。
* 听读绘本。芬兰英语教育对中小学生听读语言的输入技能的要求高于说写语言的输出技能。
* 找语伴。比如安排固定的教师、家长，或特定的玩伴，跟孩子用外语对话。班里有外国小孩，鼓励课后说他本国的语言。
* 学习语言的进阶之路。这是一条可持续的学习之路，不容易中断。芬兰这方面做得很好，小学、初中、高中、大学、成人课堂都提供多语言课程。

策略三：学语言不一定需要课本

在逛芬兰教育年展（https://educa.messukeskus.com/）时，我跟芬兰最大的教育出版社的编辑和中国驻芬兰大使馆文教处的高宇航老师一起谈论一年级英语课本 *Go*，一共 90 多页，要用到二年级才结束。也就是说，芬兰小学生一年所学的英语课本不到 50 页，这样算下来，平均每周才学一页。我和高老师都惊叹：“这个量也太少了吧。真的只学这么多吗？”带着疑惑，我在参加芬兰教师论坛时向赫尔辛基大学早期语言教学专家凯萨·哈乎（Kaisa Hahl）寻求解答，请她解读为什么英语课本这么薄。

哈乎说：“我希望教师可以不用课本。课本只是一个引子，教师要利用手中的自主权扩充教学内容，比如游戏、戏剧、歌曲、绘本、视频等都可以是教学内容。在芬兰学校，课本甚至不是必需品。有些课程，学了一年，学生还没见过课本长什么样儿。”

原本我就知道芬兰教师有很大的自主权，可以决定使用什么课本，只是我没想过，他们甚至有不使用课本的权利。即使有课本，教师也可以决定从书中什么地方开始教。现在仔细想想，对芬兰教师来说，教材只是教学的辅助工具。既然是工具，就不需要从头教到尾，更不需要随时拿在手里。

“课本不是教学的唯一工具，教师不用带着学生从头到尾学。教师要根据学生的个性、生活中发生的事情来教学。”哈乎又做了补充。

也许是因为刚上一年级，教育的重点是让学生先学会认字与阅读，因此只有芬兰语和数学有课本。当学生的阅读能力还比较弱时，其他科目也就不需要使用课本。也许课本真的不是必需品，关键要看学生的学习程度，同时要思考用什么样的方式教学，学生吸收的效果最好。芬兰教师的做法是交叉运用传统课本、电子化教具、户外森林体验等，让它们相辅相成，使学习成效最大化。

语言学习如此，其他学科亦然。

芬兰学校的学习环境设计——培养21世纪核心素养

进入21世纪以来，世界各国都在思考满足21世纪社会发展的教育究竟是什么样的。中国对这一问题的探讨也从未懈怠。2016年9月13日，《中国学生发展核心素养》研究成果发布会在北京师范大学举行。《中国学生发展核心素养》以培养“全面发展的人”为核心，分为文化基础、自主发展和社会参与三个方面。这跟联合国教科文组织在2004年11月发布的《2005全民教育全球监测报告》剑指一处：“教育的质量，既要关注学生学业成绩的进步，又要促进学生社会情绪化发展，及培养学生的生活技能、价值观和创造力。”

教室是学生活动的物理场所，什么样的空间设计能够满足教学需求？如何确保学生在这个空间内能够培养21世纪需要的核心技能？这些已然成为各国教育改革者急需解决的问题。芬兰国家教育署在2006年就召开过主题为“未来学校——学习环境、教学法和建筑”的研讨会，与来自21个国家的100多名教育者分享他们的经验。因此，我结合自己在芬兰中小学参观学习、课堂观摩的见闻，以及访谈当地教师获得的信息，来分析芬兰教室是如何设计和布置的，以满足培养21世纪核心素养的需要。

1. 芬兰教室——让学习场所成为“白天的家”

芬兰教育者认为，教室不仅是学生学习知识和培养能力的场所，还是师生聚集和共同生活的“白天的家”。因此，芬兰教室的设计和布置处处体现着对师生的人性化关怀，具体表现在以下几个方面。

首先，芬兰每所学校的每间教室里都有衣帽间或衣帽架。不管是幼儿园两三岁的小孩，还是中小学生，甚至是就读于高等院校的大学生，每天一到教室，做的第一件事便是脱衣服、脱鞋子，然后穿着单薄的衣服和袜子，轻松地进入教室开展一天的活动。难道学生不怕冷吗？不是的，原因有两个。一是每间教室里都设置了很好的通风系统和温度调控系统，室内一年四季保持 20 多摄氏度。一旦学生进入教室，通风系统就会自动启动，更换室内的空气。二是教室内铺有柔软的地毯，这样即便穿着袜子在教室里走动也不会冷，学生还可以坐在地上，或趴在地上讨论，让身体得以放松。芬兰小学教师苏珊尼·罗斯告诉我，他们相信“人在身体舒服、放松、自由舒展的状态下，更容易集中注意力，思想能自由驰骋。而把外套、鞋子、书包放在衣帽间，能让教室内部保持整洁，师生有更多的活动空间、互动空间”。

其次，芬兰教室特别注重对家具、生活用品的精心选择和使用。教室内部多以暖色调为主，走入其中会产生一种很自在、舒适、生活化的感觉。教室一般都有很大的窗户，基本占据着一面墙，同时配有窗帘，方便师生根据天气和季节变化，或者所需要的气氛，自由调节室内亮度，营造居家氛围。每间教室都配有水池、洗手液、手纸、镜子，甚至沙发等生活用品，供学生使用。如果学生在上课时口渴了，他们就可以直接走到教室后面的水池取水喝，无须跟教师打招呼。学校设置这样自由、舒适、生活化的学习环境，就是为了让学生爱上学校，把学校当成自己“白天的家”。

最后，芬兰教师用学生的作品装扮教室，营造师生对班级的归属感。芬兰基础教育的一大特点是，小学阶段实行的是全科教学，即一名教师几乎教授全部的课程（包括芬兰语、英语、数学、宗教、环境、音乐、手工等，体育除外），从一年级带到二年级，或从三年级带到六年级。这样，教师便享有高度的自主权来装扮自己的教室。他们对教室的布置主要呈现出两个特点。一是按照个人风格和教育理念装扮教室。比如桌椅的摆放，是三五人拼成一张小桌，还是传统的一排排座位？地毯、窗帘选什么颜色？教室门口如何装扮？班级全家福贴在哪里？教师在设计这些的时候，教室已经不单单是他的工作场所，而是慢慢变成他的“家”。另外，为了强化教师对班级的归属感，小学教师的办公室就设置在班级内。它是一个隔间，教师透过玻璃，就可以观察学生的一举一动。二是教师用学生的作品装扮教室。芬兰教师不会对学生的作品进行筛选，即使是不成熟的作品，教师也会大方地把它摆放在教室内。这对学生来说，是一种认同，更让他在走进教室时，感受到自己是其中的一分子。在这种环境中，师生得以构建对班级的归属感。

2. 芬兰教室——让学习环境支持教学理念和方法

芬兰著名校园设计师伊尔卡·萨尔米宁（Ilkka Salminen）说过："教室的设计，首先应当服务并支持学校的教学理念。很多学生并不喜欢传统的教室，而在芬兰的一些学校里，教室内外都是潜在的学习空间，所有的教室设计都旨在激发学生内在的学习兴趣。一个有教育创意的设计师能够使教室给学生带来学习的动力，并让他们在这里学习的每个瞬间都成为一种有趣的生命体验。"

我在《上海教育》杂志"芬兰教育探微"专栏曾发表《芬兰中小学国家课程设置及特点》，文中指出芬兰基础教育的理念是：既要让学生的个性化得到最大发展，又要提升学生的合作能力、互动能力；既要教授学生科学文化知识，又要培养他们的社交技能、生活技能。这与我国提出的21世纪核心素养不谋而合。那么，芬兰的教室到底如何利用空间以支持学校的教育理念呢？

一是打造自由空间，支持学生的个性化发展。以于韦斯屈莱大学附属小学为例，学校的每寸空间，都是个人学习的场所。在教室角落里有沙发，在教室外有圆桌活动区，在走廊里有长条凳，在图书馆有很多个人空间。小学低段学生一周有两节自由阅读课，学生可以不限场合、不限姿势，在任何他们想待的地方阅读。这样的自由空间，不仅满足了个性化学习的需要，也为学生随时随地进行同伴分享提供了可能性，因为它也可以是三五个小组自由聚合的场所。

二是灵活运用桌椅，构建合作式学习空间。芬兰中小学教室里的桌椅常常被摆成一个圆，或是三五张桌子被拼在一起，以便学生开展合作学习，也便于教师开展分组指导。有些桌椅还带有轮子，方便师生根据需要灵活移动和组合。有些教室内用健身球取代传统的椅子，既能让学生的身体多多活动，避免久坐带来的身体伤害，又能方便学生随时移动，参与小组讨论。芬兰学校对桌椅的灵活运用，为学生之间的互动和社交能力的养成，提供了重要保证。

三是把固定教室和主题教室高度结合起来，促进学生文化知识和生活技能的同步学习。对生活技能的培养是芬兰基础教育的一大特色，学校不仅开设手工课、木工课、家庭经济课等生活教育课程，还配有手工室、木工室等主题教室，让学生真正在"做中学"。比如在缝纫教室里，织布机、缝纫机都有，挂满了学生自己设计、自己加工的成品，有的学生干脆将自己设计、制作的衣服穿在身上。木工教室就是一个车间，材料、机械配备齐全，学生可以在这里做出各种创意作品。在家庭经济课教室，冰箱、微波炉、面板、刀具等各类厨房用品一应俱全，学生可以在实践中学习必备的生活技能。

3. 芬兰教室——大自然和社区是最好的教室

芬兰教室具有开放性的特点。"大自然是最好的教室"，这在芬兰已成为共识，就连幼儿园的孩子，每周也都会去森林里活动。在特色化的芬兰森林幼儿园里，孩子们甚至每天都会去森林玩，即便下着雨，幼教老师依然会带着孩子们在细雨中玩耍，渗透生命教育。在于韦斯屈莱的一所幼儿园，我询问园长普都宁："在森林里活动，孩子们学到的最重要的能力是什么？"普都宁园长告诉我："是团队合作能力。在森林里爬上爬下，孩子们更容易学会相互支持和合作。你拉我一把，我扶你一下，你负责东边，我负责西边，一起解决问题，这会让他们成为很好的团队协作者。"

初中生、高中生则经常在森林里开展田野调查。我在芬兰多次体验了以大自然为教室的课堂。比如七年级的"地理与生物"这门课，教师把课堂搬到学校附近的森林中开展。学生的任务是搜集森林中不同类型的叶子，并记录每种叶子是从什么类型的土壤中生长出来的。教师把学生分成若干个小组，每个小组分头行动。最后，学生汇报自己小组的调查结果。如果这个小组比其他小组少收集了两种叶子，要分析为什么，并自由表达此行的收获和感悟。学生在森林里获得的对植物种类和生长环境的认识，想必比在教室里听教师口头传授更有价值。

与此同时，芬兰教室开放性的另一个体现是与当地社区、公园、体育场、博物馆等社会资源的连通。我在于韦斯屈莱大学附属小学听课期间，曾跟随教师带着小学生去手工博物馆上课。教师设计了这节手工课的主题，博物馆则提供手工材料、活动场所，以及展示的平台，博物馆工作人员还会协助教师指导学生动手操作。在这样的大环境下，学生的发展得到了社会各界的大力支持。

总而言之，教室不仅是学生学习知识和培养能力的场所，更是学生分享见闻、建立人际关系、发展社会情感技能的场地——在这里，学生逐渐成长为完整的、独立的人。芬兰教室的设计，从学生的生活场所、学习环境场所、生活技能和社交能力养成场所这三个维度出发，从而为学生提供更多的人性化关怀、更多的个性化发展支持、更有效的合作学习空间，并更好地激发学生的内在学习动机，以满足培养 21 世纪核心素养的需要。

芬兰学校的“防校园霸凌”项目——KiVa[1]

防校园霸凌是世界难题。虽然广泛呼吁，但是根治无策。在北欧的芬兰，却用一个方法，让校园霸凌发生率狂降50%。它就是KiVa——2009—2010年在芬兰启动的全国性防校园霸凌项目。以往我们面对校园霸凌，最常用的方式是严惩霸凌者，以儆效尤。而芬兰的KiVa打破传统的思维方式，把重点放在了“未雨绸缪，防患于未然”上。我在观摩一年级的KiVa课堂教学时大开眼界：芬兰的学校竟然鼓励学生玩霸凌游戏，即在课堂上采用情境教学和电脑游戏的方式，让学生置身于霸凌的模拟场景中，然后运用科研团队研发的一系列创新成果，以对抗霸凌。

1. KiVa——用情境教学对抗霸凌

KiVa的第一个创新之处，是在课堂中运用情境教学和电脑游戏，让学生选择自己的角色，提前了解和置身于霸凌的场景中，通过情节发展，让学生自己决定：一旦目击霸凌，我要如何反应。

我在于韦斯屈莱大学附属小学观摩一年级的KiVa课堂教学时，班级教师苏珊尼·罗斯把当天的课程分为三个部分。

* 首先，教师向学生讲述“没有人是垃圾”的理念。
* 其次，教师让学生探讨“多样性是财富”这种观念。
* 最后，师生以游戏的方式共同认识情绪。

[1] KiVa，芬兰语为Kiusaamista Vastaan。它是芬兰全国性的防校园霸凌项目，是在芬兰教育和文化部的资助下，经芬兰图尔库大学科研团队开发的基于实证研究的防校园霸凌项目。具体操作层面，KiVa为学校提供系统性的支持工具和材料，以应对霸凌行为。

教师一张一张地拿出不同的图片，惊讶的、伤心的、生气的、害怕的、鄙视的、吓唬的，学生在座位上喊出这些情绪的名字，同时把这些情绪模仿出来。认识完不同情绪后，大家开始做新的游戏。学生每三人一组走到教室前，模拟一个霸凌场景，把受害者、霸凌者和旁观者的情绪、行为表演出来，其他学生观察，并做出反应。就这样，全班轮番表演、观察和行动，每个学生都能体会到受害者的心情。

课后，教师向我更全面地介绍了 KiVa 的创新之处。

* KiVa 不是只针对霸凌者和受害者，而是覆盖全体学生，尤其重视教育霸凌事件的旁观者，从而可以大大提升普通学生对霸凌事件的同理心。
* KiVa 利用情景模拟和电脑游戏，提供了强大的多媒体学习途径。
* KiVa 不仅为教师、学生提供了教学材料，还为家长准备了《反对校园霸凌学习手册》。

2. KiVa——唤醒目击者对抗霸凌

KiVa 的第二个创新之处，在于它把霸凌目击者作为重点。这是基于数据研究的，因为除去 8% 的霸凌者和 12% 的受害者，68% 的群体是霸凌目击者（有的人不在场，不是目击者）。

据芬兰校园霸凌研究专家、图尔库大学教授克里斯蒂娜·萨尔米瓦利（Christina Salmivalli）在《参与学校霸凌行为的不同角色：对干预措施的影响》一文中的科研结果显示，在霸凌目击者人群中，20% 是强化者，7% 是协助者，17% 是保护者，24% 是在场局外人。

* 强化者：这些人在霸凌过程中大笑或者对霸凌者表示支持，这样的行为会鼓励霸凌行为继续。
* 协助者：虽然他们不是霸凌的发起者，但在霸凌过程中为暴力实施者提供协助，甚至加入霸凌行为。

* 保护者：他们会安慰受害者，有时也会直接和霸凌者对抗。
* 在场局外人：看客角色本身就是对霸凌行为的纵容。

所以，霸凌目击者群体可以在制止霸凌行为中发挥非常重要的作用。一般来说，霸凌者喜欢自己的行为被人观看，而如果目击者表示对这种行为并不感兴趣，或者不赞成这种行为，会降低霸凌者的兴趣。除此之外，目击者还可以将霸凌者的注意力引开，或者向其他成年人报告，或者寻求其他同伴的支持来一起保护受害者等。总之，唤醒目击者，让他们站出来说话、行动，可以有效降低霸凌发生的概率。

3. KiVa——用科学研究对抗霸凌

大学科研团队研发，教育主管部门推广，这是 **KiVa** 的第三个创新之处。创始人萨尔米瓦利带领 12 名博士生导师，经过几十年对霸凌的心理学、现象学研究，最终制定这套学习方案和材料。再比如，**KiVa** 在研究儿童心理和生理发展规律的基础上，根据学生的年龄段，分 6—9 岁、10—12 岁、13—16 岁三个实施板块，提供不同的指导手册、电脑游戏、海报，及其他衍生物。每个板块具体怎么做，**KiVa** 提供了系统的科学干预流程。

* 首先，普及教育，预防霸凌。KiVa 会为教师提供全套的教学材料、电脑游戏，在虚拟环境中预防校园霸凌。
* 其次，审视个案。学校内部设置一个霸凌处理小组，运用心理学审视个案。
* 最后，跟踪、监测、反馈后续情况。

所以，**KiVa** 不仅仅是一套学习材料，更是对抗校园霸凌的大系统，它从预防到现场模拟，再到后续心理辅导，是对整个进程的科学干预。从寓教于乐的情境教学，到基于科学研究的唤醒目击者，再到由科研团队研发的干预流程，都是在尊重儿童学习规律的基础上开展的。这也反映了芬兰教育旨在提高学生幸福感和社交能力的理念。**KiVa** 自 2007 年试点以来，成功预防和减少了芬兰的校园霸凌。在 2009—2010 年间更是成为全国性的教育活动，90% 的芬兰综合学校都实施了 KiVa 课程。

2010 年，KiVa 因其卓越的防霸凌成效，超越欧盟其他国家提出的防霸凌方案，获得欧盟犯罪预防的首奖，并于 2010 年、2011 年、2012 年连续三年获得芬兰国家奖。但是，也有反对的声音。芬兰国家电视台记者尤尼·姆农卡（Jouni Munukka）在 2019 年对引进 KiVa 的学校进行了深度调查，梳理了它 10 年以来的效果，发长文指出：“备受赞誉的 KiVa 学校计划，根据学校教职工的反馈结果，是无效甚至是有害的。据一位项目研发人员表示，问题不在于该计划本身，而在于一些学校错误地使用它，反而会增加校园霸凌。”萨尔米瓦利在接受采访时承认一些学校使用不当会带来危害：“对学校而言，有很多因素会影响 KiVa 的实施效果，特别是学校该在什么时机启动霸凌处理会议更是起着至关重要的作用。”

自 2016 年起，芬兰使用 KiVa 的学校急剧减少。这是由于研发团队在 2016 年引入了许可证费用的规定，凡是使用 KiVa 的学校，必须购买他们的产品和服务。这一举动让近一半的芬兰学校停止使用 KiVa。

目前，KiVa 已成为芬兰教育的出口商品之一，被西班牙、新西兰、意大利、瑞典等国家引进。比如，当意大利引进 KiVa 后，于 2013—2014 年进行了调研，研究发现凡是实施了 KiVa 的小学，霸凌受害者人数减少了 52%，霸凌实施者人数减少了 55%。这正如萨尔米瓦利在 10 年前宣传的那样：“在使用 KiVa 的头一两年里，校园霸凌可以减少一半。”

记者姆农卡再次提醒我们注意，不管是在芬兰，还是在其他国家，选择试点 KiVa 的学校都是霸凌率很高的学校，这样它呈现出来的下降率也会很高，而且只是在头两年内。纵向看 2009—2019 年，芬兰全国范围内学龄儿童的霸凌行为从 8.4% 下降到 5.8%。这背后的原因一定是多重的，不仅仅是 KiVa 的功劳。

芬兰学校的托管解决方案——晨间 / 午后俱乐部

芬兰小学生的上课时间全球最少。一般来说，一、二年级的学生 12:00 就放学了。可是，当小学生放学了，朝八晚四的芬兰家长们还在工作岗位上奋斗。这样，孩子放学和家长下班之间就出现了一个管理的真空时段（12:00—16:00）。芬兰怎么解决这个问题？

靠祖辈吗？在芬兰，隔代老人照顾小孩的现象很少见。一是老人认为照顾孩子是父母的职责，老人要有自己独立的晚年生活。二是就算有些老人愿意帮子女分担，有时也是鞭长莫及，因为几乎所有老人都不跟子女同住，有的甚至居住在不同城市、不同国家。

让孩子自己回家待着？不可以。芬兰法律规定，一、二年级学生不可以独自在家，必须有人看护。午后俱乐部，就是芬兰一、二年级学生放学后托管问题的解决方案。

1. 好托管，什么样

严格来说，这个俱乐部，不只解决下午的托管问题，还解决晨间的托管问题。也就是说，父母一大早去上班了，孩子可能 10:00 上课（这种情况 14:00 放学），这中间两三个小时的真空时段，孩子也可以来学校参加俱乐部。这个方案的全称是晨间 / 午后俱乐部。

我在芬兰于韦斯屈莱市居住时，离家 200 米的地方，就有一所小学。我几乎每天都可以接触到放学后疯玩的芬兰孩子。他们被托管在自己的学校，等待父母下班后来接。在我做了妈妈后，我就一直在思考“什么是好托管”，我们想让孩子度过怎样的课外时光？忙于上各种兴趣班吗？报名前一定要想清楚，这是父母的需要，还是孩子的需要。其实，很多时候，孩子是被父母推着往前走的。

我问托管班的教师："你们带孩子做什么，学什么？"教师说："除了学习，其他一切都做。孩子的吃喝玩乐，就是我们的工作内容。"怎么感觉像倒退回幼儿园了？

其实，我对芬兰人"除了学习，其他一切都做"这一现状，始终抱着审慎的态度。对此我经历了三个阶段的认知。第一个阶段：见山是山，见水是水。乍一看，一、二年级孩子放学后有专人照顾，有吃有喝，还有室内游戏、室外活动，可以玩得不亦乐乎。我认为这样的快乐托管就是好的。

后来到了第二个阶段：见山不是山，见水不是水。2017 年夏末时节，我带摄制组进入学校，拍摄《这就是芬兰教育》纪录片。镜头前是一片混乱的场面：三五个学生在打扑克牌，三五个学生在写作业，还有其他学生在玩乐高、布偶、桌游等。教室里又吵又挤，小小的房间里，20 多个学生，跑的、叫的、闹的都有。"这几个七八岁的孩子，一下午都在打牌？"我没忍住，问了托管教师。托管教师轻描淡写地回答："是的，他们喜欢就让他们玩，学生可以自己决定做什么。"直觉告诉我，这两个托管教师没有足够的教育素养，他们只是在看护孩子，孩子不出事就好，何谈育人？于是，我开始看芬兰有关托管的教育大纲，看不同学校的托管有什么差异；开始倾听不同层次的芬兰人对这一问题的看法。芬兰式托管，也有局限性。较之中小学教师，许多托管教师缺乏教育素养，对孩子听之任之。

在我的认识转变的过程中，我发现很多我们认同的芬兰教育的"事实"，不过是芬兰人在一定条件下说出的"观点"。可是，当我静下来，把芬兰式托管置于全球化大背景之中时，又发现了它的优势，于是就到了第三个阶段：见山还是山，见水还是水。在国际比较中，芬兰的晨间 / 午后俱乐部依然算得上是好的教育——它始终坚守教育的本质和职责。

第一，儿童可以舒展手脚。芬兰式托管，让孩子在最应该奔跑打闹的年龄，尽情地奔跑。在最需要互动的年纪，有充足的时间和同伴玩耍。孩子被聆听、被尊重，就会爱上学校，爱上学习。

第二，配合家长养育孩子。芬兰托管“管吃”，能保证孩子的身体健康；“低价”，照顾到普通家庭的需要；另外，它还配合家长的上下班时间，家长可以灵活预定托管时间段。

第三，坚守教育是公共事业这一原则。无论教育怎么变革，芬兰都将它的公共属性摆在第一位，决不让其成为逐利的市场行为。芬兰的晨间 / 午后俱乐部不属于基础教育，要收费。但费用相当低，甚至可以免费，让托管成为普惠性政策。

2. 好托管让孩子舒展

芬兰的晨间 / 午后俱乐部的活动五花八门，总体来说就是吃喝玩乐写作业。先看吃喝。小朋友们在学校的午餐时间一般为 11:00—11:30。喜欢疯闹的孩子，午餐三个小时后已然饥肠辘辘，因此，午后俱乐部一般会在 14:00 左右安排一次加餐。再看写作业。写作业的时间一般为 10—15 分钟，这是芬兰小学教师认为最适合孩子的。更多时间用来做室内游戏和户外活动。每个俱乐部都有充足的玩具，乐高、桌游、手工材料随处可见，大有幼儿园大班的架势。这不奇怪，芬兰的幼小衔接，就是把学前一年和小学一、二年级视为一个学段对待，一些课程甚至还要一起上。

阅读也是晨间 / 午后俱乐部的重要室内活动。我看到的是，大多数时间孩子可以享受自由阅读时光，托管教师很少给孩子读故事或带他们阅读。

还有，午后俱乐部必须安排户外活动，一般是在 15:30 以后，这跟幼儿园下午户外活动的时间是一致的。孩子从学前一年过渡到小学一、二年级，作息上、生活上仍带有幼儿园的惯性。芬兰人不急，让孩子慢慢调整，延长孩子童年的快乐。

定期到森林远足，到公园玩耍，到社区图书馆或市图书馆阅读，也属于托管活动。目的无外乎利用课外时间让孩子更好地融入社会，看到“更大”的世界。

跟托管教师交流后，我还了解到晨间 / 午后俱乐部一般都是提前一个星期做出计划，然后通知家长。一来让家长知道什么时间、在哪里接送孩子；二来如果家长或孩子有不同意见可以提前沟通，晨间 / 午后俱乐部安排活动时会考虑孩子自己的愿望和需求。说到底，托管最终是帮家长带孩子。

所有这些活动，最终的落脚点只有一个：为了孩子的幸福和健康。这是首位的。至于学业压力和升学压力，芬兰并不存在同伴竞争，而更多地强调自我认识，找到适合自己的路。

3. 好托管在帮家长育儿

如果说丰富的托管活动能帮家长“省心”，那么“省钱”就关乎每个家庭能否承受托管的经济压力。晨间 / 午后俱乐部不属于基础教育，因此我更关心这项服务的收费。比照了赫尔辛基、坦佩雷、于韦斯屈莱、国科拉、拉普兰拉哈迪这五个城市的收费标准后，我发现从大城市到小城镇，收费区间几乎一致，在 0 ~ 120 欧元浮动。托管费用主要跟孩子的出勤情况有关：1 ~ 3 次 / 月，7 欧元 / 次；1 ~ 3 小时 / 天，70 欧元 / 月；3 ~ 4 小时 / 天，100 欧元 / 月；4 ~ 5 小时 / 天，120 欧元 / 月。

显然，托管时间越长，收费越高。一个月最高托管费用才 120 欧元，也就是不到 1000 元人民币。如果一个家庭有第二个孩子参加同一个俱乐部，价格会比第一个孩子的低。这么做主要考虑家庭需求，毕竟把几个孩子放在同一处托管，家长方便接送。拉普兰拉哈迪市甚至直接将第二个孩子的托管费用减少 50%。如果孩子参加晨间俱乐部，俱乐部会提供早餐，这样家长就不必为没时间给孩子准备早餐而担忧。

如果家庭收入太低，付不起托管费怎么办？那是不是可以让孩子自己待在家里？根据芬兰的法律规定，一、二年级的孩子不可以独自在家。如果父母一方失业在家，确实拿不出这笔钱，不要紧，可以给市教育局打报告，说明家里确有困难，市教育局核实以后会帮助解决。解决的办法是，每个月会给你寄托管账单，只不过这个账单的数额是零。而真实的账单已经转到了政府财政部门，由政府帮忙支付了。

也有例外。有些家长自愿减少工作时间，宁愿放学后把孩子接回家自己带，此时社会机制也允许他们这么做。在芬兰，如果家里有上小学一、二年级的孩子，家长就可以休抚育假，可以将全职工作时间缩短（最多缩至 30 个小时 / 周），别人每天 16:00 下班，他们 14:00 就可以下班接孩子了。工资自然也相应减少，比如只领 80% 的工资。也有父母选择周五不工作，一周只工作四天，给自己或家人留些自由时间。愿意这么做的家长，政府会发一些抚育金，算是给家长付出的补贴。

很多人总是称赞芬兰教育好，但其实这个“好”只有一半来自学校，另一半来自整个国家在育儿方面的支持系统和社会福利因子。后者是土壤，可往往被忽视。

4. 好托管是公共服务

因为教育是公共事业，所以上面这些准则建立的基础和前提，是政府的政策保障和真实有效的投入。

先看政策保障。有两点：一是法律如何保障，二是课程怎么开展。

第一，芬兰《基础教育法》明文规定各地的教育提供方要提供晨间 / 午后俱乐部活动。它们不属于基础教育，教育法还管？当然管。管的不仅有普通孩子，还有需要特殊教育的孩子，而且对芬兰孩子、移民孩子一视同仁。因此，教育提供方不能只用芬兰语这一种语言，还要有其他语言的活动。以赫尔辛基市为例，午后俱乐部有三种形式：普通学校内的午后俱乐部；儿童游乐场的午后俱乐部，赫尔辛基有 64 处这样的免费场所；还要考虑特殊儿童，即给残疾孩子和自闭症孩子安排的活动。

第二，有国家课程大纲来规范各地安排。芬兰国家教育部门出台统一的《晨间 / 午后俱乐部大纲》，要求各地区每学年提供 760 个小时的活动安排。

再看真实有效的投入。它体现在师资和收费上。《基础教育法》对晨间 / 午后俱乐部的从业者资格做了规定：拥有职校学历和职业资格；具备带孩子进行小组活动的经验；有提供课堂教学的资格，比如学前班教师、特殊教育教师、手工教育教师或学生指导员。

我接触到的真实情况是，这些从业者的背景很多元。尤其对于移民群体来说，很多热爱教育的年轻人毕业后，在芬兰很难进入学校系统当教师（没有芬兰教师资格证，且芬兰语是最大障碍），于是他们选择这种跟学校沾边儿但又不是教学岗位的工作。跟学校教师一样，这些人也是由市教育局发工资，但他们签的基本都是短期合同，随时有失业的可能。所以托管工作人员的流动性特别大，这是弊端。

托管地点也很重要。可以在学校，也可以在其他公共空间。晨间 / 午后俱乐部的监管单位是每个市的教育局。大多数情况下，它们就在学校里面；也可能坐落在学校附近，共享学校设施和空间。

我们总是畅想未来学校是什么样的，也许芬兰给我们提供了一种示范：学校可以是一个“微型社区”，具有开放性，可以和社会上的优质资源对接。

芬兰一所学校的手工课教室

第三章
为生活而教的中学

家庭经济课——为生活而教

当我把目光投向芬兰初中生的课程表时，一门课程引起了我的好奇，它就是家庭经济课。这是什么课程？学做家务的课程？学经济学的课程？初中就学经济学了？待我真正了解这门课程后，不禁为芬兰教育叫好！

1. 家庭经济课的三大主题

我在旁听、参与家庭经济课时，芬兰教师解释说："这门课和经济学没有关系，它是一门生活教育课。我们会从做饭、做家务、家庭理财这三个方面教学，目标是让学生掌握日常生活技能，能够很好地生活，并让生活环境可持续化。"简而言之，就是让学生学会好好生活的技能。

第一项技能是做饭，分烹饪和烘焙两类。学生不仅要学食物烹饪、烘焙的知识和技能，如准备食材、读懂食谱、识别食物的营养成分、使用烤箱等，还要学饮食文化，如食品安全、食物链、饮食文化与宗教等，以及如何正确地摆放餐具、餐巾纸和杯子等。在实践操作中，逐渐学习食物知识和饮食文化。

我在于韦斯屈莱大学读书时，参加了"芬兰家庭项目"，即大学帮助留学生和当地家庭组成"友谊家庭"，以帮助留学生更好地融入芬兰生活，同时拓宽当地人的国际视野。我的芬兰家庭里的女孩米拉娜告诉我："我很喜欢这门课，我学会了做蔬菜、肉排和烤鱼，烘焙蓝莓蛋糕、起司蛋糕、草莓巧克力蛋糕。我知道自己擅长烘焙，我们班男生都非常喜欢吃我烘焙的蛋糕，可我不太会烹饪。"一个学期下来，米拉娜已经对自己的做饭技术有了清晰的了解，她知道自己擅长什么，不擅长什么，下学期她准备多练习烹饪，特别是做鱼。

米拉娜的哥哥莱维在上家庭经济课时很喜欢发挥自己的创造力，添加一些食谱上没有的食材，多放或少放一些调料，他期待不一样口感的食物。有时，他在摆盘上花很多心思，摆成自己喜欢的图形，他说看着开心，吃得会更爽。没想到，厨房竟成了芬兰人培养学生创造力和想象力的场地。

第二项技能是做家务。家庭经济课可不仅仅是教会学生做家务，更是通过做家务让学生养成可持续的生活习惯。14 岁的米拉娜在这门课的熏陶下，养成了及时清理厨具的习惯，她会用洗碗机洗刷一家人的餐具，还知道怎样手洗餐具能节约用水；她还具备了环保意识，懂得珍惜食物、垃圾分类；同时，她还能读懂衣服标签上面的洗涤说明，更有效地使用洗衣机。学校教师还会教大家识别广告是如何影响自己购物的，进而学会更好地利用互联网，做一个理性的消费者。米拉娜告诉我："不要被广告欺骗，买自己不需要的东西。"

米拉娜和莱维的妈妈告诉我，她的中学时代就有家庭经济课，那可是20世纪80年代，当时她学过如何清洁冰箱、读懂衣服标签上的洗涤说明，学做芬兰传统食物，如黑麦面包、风车酥、馅饼、肉桂卷等。没想到一门课程，竟成了两代人的共同记忆。

第三项技能是家庭理财。如果说前两项技能显得有点"家长里短，婆婆妈妈"，那么第三项技能可谓用意深远：通过这些深度参与的家务活动，让孩子全面了解家庭消费结构，学会用有限的金钱规划、分配、安排家庭生活，让孩子从小具有消费意识和理财能力，从而培养孩子的财商。

我在逛超市时遇到于韦斯屈莱大学教育学院教授埃亚·帕卡里宁（Eija Pakarinen）带着她的二儿子买食物，于是我请教她如何对孩子进行财商教育。帕卡里宁告诉我："芬兰家长每个月都会给孩子生活费，有的家庭是每周给，我们家就是每周给，我一周给大儿子5欧元，二儿子3欧元。如果他们照顾弟弟妹妹，或者主动在家做清洁，还能赚钱。孩子手上的钱，由他们自己支配，我不会过问。我大儿子今年交女朋友了，他女朋友住在另一个城市，上个星期他跑去另一个城市看她，车票、吃饭等一切费用，他都要自己支付。"

我算了一下，她的大儿子一个月也就20欧元的生活费，买车票就要花30欧元，如果不是有积蓄或者自己在家赚取更多的钱，他连车票都买不起，还怎么见女朋友？

帕卡里宁有五个孩子，大儿子16岁。"我们大约从孩子10岁以后，就跟他们讨论工资分配问题，买食物需要多少钱，送弟弟妹妹去幼儿园需要多少钱，还能有多少钱用在兴趣爱好上。这样孩子就能全面了解家庭消费的结构。”

2. 家庭经济课怎么上

这门课是初中才开设的，七年级是必修课，八、九年级为选修课。通常，七年级每周两节课连上，共两个小时，且是上午的第一、二节课。我们常说“一日之计在于晨”，芬兰学生一大早来学校，不学课本，先学做饭。课堂上做的饭菜，就是自己的午餐。

做饭虽是技术活，但需要理论指导，任课教师会花 15 ~ 20 分钟跟学生一起研读食谱、分享技巧。如果你以为这门课只是教师站在讲台上讲怎么做饭、怎么购物、怎么理财，那就大错特错了。它真的让学生到厨房，拿起锅碗瓢盆，对着食谱，开火做饭。

为了给学生提供家庭经济课学习的真实环境，每所学校都配有“厨房教室”，一般是两间，一间厨房有 6 个灶台。米拉娜告诉我：“我们班一共 22 个学生，被分成 6 组，我们三四个人共享一个灶台，一起做饭。一间教室刚好够一个班级用。”芬兰教育注重公平、平等的理念，真是无处不在，即使是厨房的使用权，也考虑到要让每个学生平等地享受教育资源，而不是个别人在那里挥刀、炒菜，其他人只有观看的份儿。

家庭经济课非常准确地阐释了芬兰的教育理念，那就是坚持让学生在体验式场景中学习抽象的理论概念，让学生真正在“做中学”。

3. 学生在家庭、学校、社会中都是积极参与者

芬兰学生不仅要读书，还要深度参与家庭生活、社会公民生活，在家庭、学校、社会交互的场域内活动。很难想象，如果没有家庭的深度参与，

学生如何在学校学习家庭经济课。

首先，学生作为家庭成员，通过学习家庭经济课，能学会照顾自己、分担家务，还能懂得照顾他人。这门课程与我们强调的“要有照顾他人的意图、心意”不同，它更偏重于训练学生照顾他人的技能，比如为家人做一顿饭，做一个蛋糕庆祝爸爸生日，挑选妈妈喜欢的餐具，让孩子真正成为家庭活动的积极参与者。

其次，学生作为学校集体生活的一员，在互动的情境下，能与他人分工合作，能批判性地处理信息，并能计划、组织、操作、管理自己手上的资源。当我看到男孩从小就系上围裙，挥舞刀铲，炒菜煮饭，烘焙点心，才真的理解了芬兰男女平等的社会观念。男人分担家务，真的是从小做起。当每个家庭内部都做到男女平等时，整个国家才能真正实现男女社会地位的平等。

最后，学生作为家庭的消费者，从初中开始就能了解家庭的收入、预算、支出，有利于培养正确使用金钱、理财储蓄的能力。如何用适当的钱购买既具实用价值又具美感的物品，如何让生活可持续发展，家庭经济课真是一门相当实用的课程。

我不禁感叹芬兰学生的动手能力、合作能力、自我管理能力是如此强，芬兰的课程是如此贴近生活。学生在学校学习的任何一项技能，他们都有机会在生活中反复动手实践。在这个过程中，他们的学习能力、动手能力、创造能力都得到了提升，真正达到了全面发展的教育目标。

不少国家都有家政课、木工课等贴近生活的动手实践课程。它们要么作为选修课，仅供部分学生学习；要么作为文化课，仅限于课本学习。但在芬兰，这些课程和语文、数学一样都是必修课，占据了学生一半的学习时间——芬兰学生一周的总课时数平均为 25，其中，家庭经济课、手工课、视觉艺术课等，就占了 13 课时。

4. 家庭经济课是跨学科课程

在芬兰人心中，家庭经济课和学习是一脉相承的。2014 年的《基础教育国家核心课程大纲》指出，家庭经济课是跨学科课程，能够让学生把日常生活的不同概念、问题、现象联系起来，理解它们的交互关系，把在学校学到的技能迁移到家庭、社会。

参观“厨房教室”后，我也真正感受到这种跨学科学习的妙处。设想，给学生一间房，让他们自己选家具用品、盘子的色调、椅子的造型；给学生一张食谱，让他们读懂食谱，通过食材的生长季节和产地，以及营养搭配和食品安全来选择食材，并进行烹饪——这不就是融合物理（测量）、生物（植物的生长）、健康（营养搭配和食品安全）、视觉艺术（颜色搭配）、手工（动手操作）、宗教（饮食文化）等的多学科学习吗？

横贯能力的培养是芬兰 2014 年国家课程大纲的一大特色，即强调通用的学习技能。家庭经济课意在通过训练学生的实践操作技能、合作和互动技能、处理信息和解决问题的技能，培养大纲提出的“七种横贯能力”：①思考与学会学习的能力；②文化感知、互动沟通与自我表达的能力；③照顾自我和他人，以及管理日常生活的能力；④多元识读的能力；⑤信息与通信技术能力；⑥职业技能与创业的精神；⑦参与、影响并构建可持续性未来的能力。

说到底，芬兰的家庭经济课最吸引我的还是它传递的价值观：用心培养学生独立生活的能力，并激发学生对家庭、生活的热爱。希望我们的教育能设置这样具有实操性的课程，让学生在“做中学”“玩中学”，真正提升学生的幸福感和可持续发展能力。

职业规划教育——从认识自我开始

30 多年前，我们就推崇“教育要面向现代化、面向世界、面向未来”。一直以来，我对此深信不疑。今天，放眼全球，人们在谈论教育创新的时候，也是在强调这样两点：一是世界在不断变化，教育的内容和方法要紧跟时代不断更新；二是未来世界所需要的能力已发生改变，我们要为孩子重塑教育，培养他们面向未来的能力。

可说到底，我们能为孩子提供怎样的新式教育？在回答这个问题之前，我们先来看一下教育的目的。我认为教育的目的是培养每个人探索世界的能力。很多时候，我们眼中的“世界”，就是由历史文化、社会生活、自然科学等构成的，于是在学校里我们让孩子学知识、学技能。

但是，“世界”不该仅限于此。“世界”还应指向我们的内心，要求我们具备探索自我的能力——了解自己、接纳自己、规划人生。这种“向内”不断探索自我的能力，一直被我们的教育体系忽略。我们的教育体系尚未摆脱始自 18 世纪的工业模式，其教育模式旨在把学生培养成为产业工人。培养产业工人的一个特点是所有能力都是“向外”探求的：市场需要什么人才，学校就培养什么人才；什么产业在当下最有前景，学校就设置什么专业。而事实上，每个人的内心想要什么，适合学什么和干什么，这才是支撑终身学习的根本。

那么，怎样才能了解自我，进而找到适合自己的专业和职业呢？现在教育界很流行的一种说法是鼓励孩子做自己，可是如果孩子连自己都不了解，怎么做好自己呢？即使我们成人活了几十年，可能也有不少人从未挖掘自己内心的“金山”。在中国，很普遍的一种现象是，高考结束后选择报考的大学和专业时，不光孩子自己踌躇不决，甚至全家几代人都会无所适从。再看芬兰，学生在高考之前已经接受了至少六年的在校职业规划教育，他们很清楚自己的教育选择和职业方向。所以，当我们感慨国外孩子很小就能独立、知道自己要什么的时候，一定要认清这背后的机制——是这个国家的文化、教育为孩子提供了自我认识的指导工具。

在芬兰，这个工具就是由学校提供的职业指导和咨询课。这门课是芬兰学生的必修课。支撑这门课程的教育理念是什么？师资如何？为此，我先去芬兰的初中课堂听课，随后去东芬兰大学采访了芬兰职业规划这个学科的学科带头人。

1. 职业规划教育的起点是自我认知

开始接触芬兰学生的职业规划教育，是我在于韦斯屈莱大学读书的时候。芬兰有两所大学培养针对中小学生的职业规划教师，而我所在的大学就是其中之一。经教育学院教师的安排，我顺利来到于韦斯屈莱的湖塔索综合学校初中课堂听这门课。在这里，我结识了芬兰教育一线的职业规划教师于瑞·于勒宁。

“于勒宁，我知道芬兰自小学开始，每所学校都配有职业规划教师。小学就开始职业规划教育会不会太早？孩子会不会过早被社会化？”上课前，我跟于瑞在办公室里讨论。于勒宁说：“这个你不要担心。我们的职业规划教育可不只是讲职业认知和技能这么简单，我们会将自我认知、教育选择、职业认知和技能这三大方面融入孩子的生命成长过程，这是一件需要终身学习的事。而我最看重的是孩子认识自我的能力，即孩子能否跟自己对话，了解自己、接纳自己、发展自己，进而做出系统的职业规划。这个过程它有起点，且越早越好，但我要告诉你，它没有终点。”对此，我非常认同，自我认识清晰的人，不管外在世界怎么变化，他都知道自己适合从事什么职业。这条自我探索的道路，需要不断追问和自省，而这个过程需要有人引领，需要指导工具。有一部分家庭，父母就是孩子一生的咨询师。

于勒宁向我讲述了发生在芬兰家庭的真实情况：“40 多年前，我们的教育之所以要设置职业指导和咨询课程，是因为孩子在家庭内接触的资源是不均衡的。那时我们就发现，出生在知识分子家庭或商人家庭的孩子，他们的父母更懂得启发孩子寻找自己的人生道路，也有更多资源支持孩子的教育选择和职业规划。而工人家庭的孩子，相比而言，活得浑浑噩噩，在日常生活中接触不到具有启发性的对话，甚至由于只能接触到底层工种，他们缺乏自我认知和职业规划能力，成年后还是像父辈一样从事技术型工作。当时整个芬兰教育界认识到，这不利于发挥每个孩子的真正潜能。”

之后，我去东芬兰大学采访和拍摄芬兰职业规划这个学科的学科带头人莱娜·潘蒂宁女士，她表达了类似的观点。那天她跟我说，她是社会平等的积极支持者，事实上她每天都致力于此。她的孩子就读的是村里的高中，她说没必要把孩子送到市中心上学，因为她相信芬兰教育资源的均衡，无论在哪里，教育者都会提供充足的资源支持孩子的成长。这也是芬兰自20 世纪 70 年代以来，在学校设置职业指导和咨询课程的原因，因为并非所有家长都有足够的学识、资源支持他们的孩子做职业选择和规划。那些没有父母帮助的孩子，可以在专业指导教师的启发下，挖掘自我内心的宝藏，对未来发展做出合理规划。这个过程也是有方法的。

一是确立阶段性目标，循序渐进开展。

* 芬兰小学重在培养教育兴趣、做决定的能力，以及职业启蒙。
* 中学开设职业和创业素养的必修课，重在自我认知、职业体验和未来职业规划。
* 到了高中，自由的选课制度则能让大多数孩子明确自己心仪的专业发展方向。

二是抓住人生重大的转型期。

* 第一个转型期是小升初时。这个时候很多芬兰孩子会选择符合自身特色的中学。比如爱音乐的孩子会去音乐教育突出的学校，喜欢视觉艺术的孩子会选择艺术设计见长的学校。

* 第二个转型期是九年级初中毕业时。这个时候他要考虑是进职业高中还是普通高中就读。与中国不同的是，这两种高中在芬兰有同等地位，每年几乎有同等数量的学生分别进入这两种高中。
* 第三个转型期是高考后选专业时。选专业基本上决定了未来的就业方向。

接下来，我们就来看芬兰初中生的职业指导和咨询课到底怎么上。

2. 芬兰初中生的职业规划教育

为了弄清楚芬兰学校如何循序渐进地对学生进行职业规划教育，我在湖塔索综合学校依次听了七至九年级的职业指导和咨询课，进阶式了解这门课程的细节。90 分钟的课堂，师生一般会分三个步骤共同探索。

第一步，检索职业信息。我坐在教室后面，看着教师在电子屏上跟学生共同阅读报纸上夏季短期工的招聘信息，他们一起挑选哪些是适合十三四岁学生的工作，讨论这些工作需要什么技能。有个学生对摘草莓的工作感兴趣，师生当场模拟了电话面试。让我觉得不可思议的是，教师让另外一个学生用 iPad 录下这个电话面试视频，给参与电话面试的学生看。这样他就可以反复回看视频，对自己的表现进行自评：哪里需要提升，哪里表现优秀，一目了然。如果日后真的遇到类似的电话面试，他一定胸有成竹。紧接着，教师搜索出当地应用科学大学要在下个月组织的职业发展介绍会。教师轻描淡写地说，感兴趣的同学可以结伴去参加；转而重点介绍的是，她以前的一个学生是这次活动的组织者之一，这个学生很想认识自己的学弟学妹们；如果到时有人代表班级去现场学习，回来跟大家分享自己的见闻，那就太棒了。在这一“策略”下，学生很快自发地组成了“代表团”。

第二步，准确认识父母的职业和收入。这一步是实打实地谈论家庭收支多少、要交多少税和当下物价。这样职业就被放入家庭、社会的框架下来谈，学生可以体会到职业发展对家庭生活水平、社会运行的影响。

第三步，通过规划夏季出国旅行来练习如何消费。每个学生人手一个iPad，两人一组，一起为旅行做准备，这就是教师给出的所有指令。接下来的一切决定都由学生来做，于是我看到学生们非常投入地做起规划来。

* 他们商量要去哪个国家，选择哪条航空路线。
* 在当地的生活消费：住什么宾馆，当地的交通费要多少钱，博物馆门票多少钱，到哪里买保险，要预备多少钱作为紧急资金，等等。
* 如何在当地租车、购物。
* 是想跟朋友一起旅行，还是家庭出游。
* 如果由旅行社服务，不同旅行社的价格差异和安排是什么。

如此系统的预算规划，一群七年级学生花了整整一个小时来做。当可支配的金额有限时，如何策划一次高性价比的旅行，考量的可不仅仅是消费观。而这一步是其他国家的职业规划教育常常忽略的。我们总是强调职业发展本身，要努力工作，但努力工作是为了什么？芬兰职业规划教育教师的做法告诉我们，努力工作是为了更好地生活。那如何更合理地消费，也就直接影响了我们的生活幸福感。

看着十三四岁的少年们一点一滴地收集、整理信息，一次次做出自己的决定，我无比感慨他们在这个过程中获得的技能：他们学会了检索信息、数字化阅读；学会了正确认识职业和金钱的关系；学会了系统安排自己的财产，并使之可持续发展；学会了在小组工作中协作、沟通和互动……

这一切仅仅是芬兰职业规划教育的第一个阶段——课堂教学。它还有第二个阶段——到真实的社会中去实践。

3. 职业规划教育最好的教室是职场

芬兰有一个教育项目为六年级和九年级的学生提供职业教育。做法是圈出一个模拟城市让学生在其中体验各种职业。走进于勒宁的课堂，我问他为什么没有采用这个项目的方案时，他的回答既超出我的预料，又在情理之中：“我们不能局限于圈出一个模拟的场景让学生在里面体验工作，我认为真实的职场才是最好的教室。”那么芬兰学生如何迈进社会这间“大教室”呢？当然要循序渐进。

七年级学生有两天职业日。其中一天职业日是在学校内充当不同的职员，可以进学校食堂的厨房当一天的厨师助理，可以做清洁工、服务员，也可以在学校里卖食物、图书和杂志。于勒宁告诉我，他的学生选择在家长会这天卖甜点、咖啡和茶，食物是学生在“厨房教室”做的蛋糕，他们现场为家长冲咖啡和泡茶。当天平均每个学生竟然有 20 欧元的收入。

另外一天职业日是到家长的工作单位待一天。这对学生来说太有意义了，只有到父母工作的现场才能更深入地感受父母的工作日常。不过，于勒宁向我补充，这件事更大的意义在于提高学生对个人家庭资源的认识和利用。

这两天的职业日，在芬兰学校并没有被特殊对待，学生的上下班时间要跟上学、放学时间一致，每天还是 8: 00 开始，15: 00 结束。这样的安排，正好也说明，职业规划教育就是学校教育的一部分。

八、九年级，两天的职业日变成了一周的职场工作。我听课当天，正值学生为下周的职场工作做前期准备——所有学生已经自己联络好要去工作的地点，这些工作散落在城市的各行各业：游乐场、餐馆、超市、医院、咖啡店、博物馆、市图书馆。所有工作，都是学生本人去现场询问对方是否愿意接收——可能会被拒绝，而且没有工资。但学校会提供交通补助，用人单位按自己的意愿，决定是否提供午餐。

正式上班后，学生需要在自己的工作手册上写工作日记。职业规划教师会到访学生所在的单位，观察他的工作表现，并与他的老板、同事交流他的工作情况。教师收集这些反馈信息，为下一步评估学生做参考。当然，评估的目的是帮助学生对自己的能力和表现有清晰的认识。

一周的工作结束后，全班同学还有一次集体交流讨论课，一起反思这一周的收获和不足、喜悦和痛苦。于勒宁告诉我，这个阶段也是一对一咨询最多的时期，很多学生会带着感触、问题来找他。

讲到这里，我做个总结，芬兰初中生的职业规划教育，主要包含以下四个方面的内容。

* 七至九年级有一周2.5小时的课程。课程分自我认知、教育选择、职业认知和技能三大模块。
* “试水”——两天职业日。先在学校，后去家长单位。
* 去真实的职场工作一周，在实践中理解真实的职场如何运作，积累第一手信息和经验，以拓宽职业感知和理解。
* 个性化咨询时间，学生和职业规划教师一对一交流。这个阶段教师的角色是职业咨询师，为学生提供有关职业决策的具体建议。

初中毕业前，芬兰的学生要选择自己是读职业高中还是普通高中，而这基本上影响他们高考后选择大学专业和未来的职业方向。职业高中有大量的职业教育课程和实践，这不必说。难得的是，进入普通高中的芬兰学生，同样有职业素养必修课，而且三年内要完成一门专业方向课的学习。

最有意思的是，尽管芬兰学校已经提供很充足的职业规划教育，可还是有一些学生不知道自己要干什么，很难做出教育道路的选择。面对这群学生，怎么办？催促他们快速做出潦草的决定，进入高中吗？这不符合芬兰尊重个体的文化。家长帮他们做决定？也不行，芬兰是一个提倡平等和自主的国家。芬兰教育者想出的办法是——在教育体制中增加十年级。九年级读完后再读一年，给处在转折期的学生更多时间做教育选择、规划人生。这在芬兰完全合理合法，从中我们可以看出芬兰教育体制的弹性、耐性和人性化。

有灵活的教育体制，有良好的教育理念和课程，有社会企业力量的支持，可以说社会大环境很好。那往“小”里看，职业规划教育的师资从哪里来呢?

4. 芬兰职业规划教育的发展历程

在19世纪70年代，芬兰把职业规划教育纳入基础教育，成为必修课。但在实施过程中遇到了师资缺乏的问题，于是他们采用了这样的办法——学校内的职业指导和咨询课，暂由就业服务中心的职业规划师提供。请职业规划师来给学生上职业指导和咨询课，能行吗?

先来看看职业规划师的资质。在芬兰，职业咨询服务属于政府职能的一部分，政府为公民提供免费服务。要成为职业咨询师必须具有心理学硕士学习背景。迄今为止，芬兰很少有“私人”职业咨询师。也就是说，几乎没有人需要自掏腰包买职业教练的服务。这是因为所有社会工作人员有任何职业困惑，都可以向政府求助。

这些职业咨询师有学识、有经验，但缺少教学法。所以，芬兰大学的教育学院开设职业规划教师学位。这一学位是教育学、心理学、社会学的融合，所有学习这门专业的学生必须修完五年的本硕连读课程，即该专业的学生必须获得硕士学位才有资格进入中小学工作。教育学院培养职业规划教师的益处在于，既保证了各地学校有专业的师资，又提供了科研支持，能确保职业规划教育沿着正确的方向前行。

从政府职能的一部分，到学校职业规划教育，再到大学培养师资，构成芬兰职业规划教育的三股力量。不管你是在校学生，还是职场员工，可以说，从儿童到成人，都有职业规划教练陪伴你了解自我、寻找自己的社会定位。这一机制陪伴了芬兰人50多年。

进入21世纪后，芬兰职业规划教育的内容再次更新，把创业精神纳入其中，这也成为2014年国家课程大纲对学生核心素养的最高要求之一。学校里的创业素养课，可不是教学生做生意的技巧，它最看重的是培养学生的企业家精神。

如何达成这一目标？有路径。首先，是发现和培养创业兴趣。教师会介绍创业人才所具备的一些性格特征，包括对新事物的开放性、性格外向以及社会责任感。并不是所有人都适合创业，所以教师会直截了当地告诉学生，顺从、保守、性格敏感的人不适合创业。这样的剖析，让学生能够在自我认识的基础上再去思考职业发展的可能性。其次，是培养学生具备企业家的敏锐感。一旦学生对创业产生兴趣，教师便会培养学生如何从生活当中发现商机，并带领学生评估风险和机会的可能性。最后，是鼓励学生大胆尝试创业，在小范围内试验。

手工课——创新意识和设计思维的孵化器

芬兰的每所学校都有两间特别的教室。

一间教室类似于服装设计室，里面有针线、毛线、布匹、缝纫机、纺织机、电熨斗、染布材料、编织地毯等。

另一间教室类似于生产车间，里面有电动车床、刨床、锯床等设备，墙上挂着护目镜、防噪音耳机、锤子、木销子、手工凿子、电钻等，柜子里放着各种钉子、螺丝、刀子、刨子、锯子，四周还存放着大量原木材料。

这就是芬兰学生的手工课教室。一间是轻手工教室，学生在这里做服装设计、缝纫、编织、染布等。另一间是重手工教室，学生在这里玩木工、机械、喷漆、电焊等。有的学校还设有专门的陶瓷教室，教学生泥塑、烧瓷等。

为何芬兰会如此重视手工教育？这门课程又该如何开展呢？我第一次走进这样的教室时，感觉自己仿佛来到了真实的生产车间。但对芬兰的学生而言，他们对在这样的空间里学做手工已经习以为常了。

1. 芬兰手工教育的“前世今生”

早在 1887 年，芬兰就颁发了第一份手工课程大纲。一百多年来，手工课在芬兰中小学的课程中占有相当大的比重。从一年级开始，手工课便是芬兰学生的必修课，每个芬兰学生每周要上两节手工课，一直持续到七年级。

到了八年级，手工课变为选修课，但依然是学校内最受学生欢迎的学科之一。之所以到八年级变成选修课，是因为芬兰教育者认为：在这个时期，学生需要思考自己接下来是读职业高中还是普通高中。很多想读普通高中的学生，此时更愿意把时间花在语文、数学、外语、物理、化学等科目的学习上。不过也有一些学生认为，学习需要用脑，做手工是放松大脑的一种方式，这无关以后的教育选择。

有人说，芬兰把手工教育纳入国家课程体系并非独创，美国、加拿大以及很多北欧国家都在这么做。我追溯并梳理了芬兰手工教育的发展历程之后，才发现其手工教育的真正厉害之处——“手工”作为一门课程进入基础教育体系始于芬兰，最早是由芬兰牧师、芬兰小学教育之父乌诺·塞格诺斯（Uno Cygnaeus）于1866年提出的，随后传入瑞典，再传到美国，后来在美国人的推动下，普及到更多国家。

2. 深入芬兰手工课课堂

芬兰的手工课教师，一般会交替进行轻手工和重手工的教学。比如这学期上轻手工课，下学期则上重手工课。

也有一些学校会为手工课配上两名教师。上课时，学生可以分成两个小组，一名教师到轻手工教室教学，另一名教师则到重手工教室教学。这样学生可以自由设计作品，用布还是用木头全凭自己决定。

那么，芬兰手工课的课堂教学具体是如何实施的呢？我在赫尔辛基大学附属中学听课时，几位八年级的学生带领我走进他们的手工课教室。教室里有2位教师、11名男生、6名女生。

下面，我们一起来观摩这堂90分钟的手工课，看芬兰学生的想法如何一步步落地成型。

* 集体探讨阶段（20分钟）。教师实物展示各种原材料——纸的纹理如何、布的质地如何。用PPT展示各种设计品，例如钥匙扣、抱枕、

时钟、相框等。学生分析它们的原料、尺寸，以及制作技术。

* 自主设计阶段（50 分钟）。学生独立或分小组进行作品设计。学生需要写出设计方案。每人都配有 iPad，可以上网搜索信息。
* 集体分享和评估阶段（20 分钟）。每个学生介绍自己的设计理念和方案，其他学生和教师一起给出反馈，并提出建设性意见。
* 动手操作阶段（通常是 7 周）。

教学过程中最有意思的当属自主设计环节。教师不要求制作统一的作品，而是让学生按自己的个性、需求、兴趣来设计。要做衣服的学生，忙着画人体模特，量自己的三围、衣长、肩宽；要给自己的猫设计一个新家的学生，则研究尺寸，以及在什么位置开个门洞；有的学生做模特常用的摆造型的躺椅，便拿出草稿纸按 1∶1 的比例画切割线；有的学生用电脑做 3D 设计……

在这样的教学设计中，尽管学生设计的作品种类千差万别，但都达到了课程目标，那就是培养学生的设计思维。教师泰勒西告诉我，设计过程也有方法可循。

* 你要思考自己想用什么材料，产品的尺寸，用什么技术制作。
* 你要思考如何设计自己的品牌 Logo。
* 你是否参照了原型，并思考原型的优点。
* 你想进行怎样的创新、实验、改进。
* 你觉得自己将会遇到哪些挑战，且自己在这个过程中能学到什么。
* 你怎么开始自己的第一步。

另一位教师米卡则忙于给学生做一对一指导。这个阶段，学生可以采用任意姿势上课，坐、靠、跪、蹲、站、趴都可以，甚至可以离开座位随意走动。

泰勒西还告诉我，她在备课时没有教材可用，教学内容完全是自己开发，在这个过程中她要考虑很多因素。

* 引导学生制定自己的学习目标和设计作品的目标，在此基础上进行手工活动，并评估自己的学习过程。
* 引导学生探索和使用各种工具、材料及养成良好的工作习惯，并激发他们的创新意识。
* 引导学生熟练地使用手工艺品的概念、标志和符号，并提高他们用视觉、材料和技术表达自我的能力。
* 指导学生观察、预测和应对工作场所的潜在风险，并能在手工过程中安全使用各种设备、机器。
* 指导学生运用信息与通信技术进行设计、制造和记录手工艺品，以及利用该技术搜索和分享信息。
* 引导学生了解手工艺品和技术发展在他们自己的生活，以及在社会、创业和其他工作场所中的重要性。
* 引导学生思考经济适用的生活方式，并在不断地消费选择中形成可持续发展的生活方式。
* 指导学生规划他们未来的工作，并思考、探索和尝试与手工相关的创业机会。

3. 芬兰教育本身就是美好生活

可以说，手工课这只“小麻雀”诠释了“芬兰教育本身就是美好生活”这一理念。它展示给我们看，生活面前男女平等，男孩子可以拿起针线学习编织，女孩子可以手握电锯锯木头。

校长向我们讲述，芬兰生活教育一方面着眼于学生“当下”的生活自理能力（比如烹饪、消费、动手操作能力）和良好生活方式的培养；另一方面还面向“未来”，注重为学生储备未来生活所需要的职业素养和创业创新精神。

芬兰的手工教育是如何做到“当下”和“未来”兼顾的呢？泰勒西、米卡两位手工课教师帮我在芬兰手工课课程大纲中找到了答案。其中关于芬兰学生手工课学习内容的描述非常清楚地回答了这个问题。在芬兰手工课课程大纲中，学生要学习的内容包括八个方面。

* 创新意识。使用不同工艺、标志或符号，去创造有创意的或有想象力的作品，并能在这个过程中很好地表达自己的理念。在制作过程中，学习对工艺流程进行自我评价和同伴评价。
* 设计思维。熟悉与家居、穿衣打扮相关的社会文化发展和技术材料进步，并在设计中凸显本土特色和传统特色，思考面向未来的设计。例如，于韦斯屈莱市是芬兰著名设计师阿尔瓦·阿尔托（Alvar Aalto）的故乡，教师会充分利用当地有关阿尔托的文化遗产，与学生一起运用他的设计元素，设计出新的家居产品。
* 实验思维。熟练运用各种手段，比如编辑、组合、绘图、程序设计、3D 打印等，创造性地或大胆地使用各种材料（传统材料、新材料）进行产品设计，一次次尝试，一次次更新。学习并试验最常用的机器，例如平板刨床、带锯、铣刀、金属和木桁架、焊接设备、3D 打印机、织机等。学习并试验最常用设备的操作原理，例如编程系统、激光切割单元、数控铣床、电子纺织应用等，实验性地找到适合自己产品设计任务的解决方案。
* 记录和过程性评估。利用信息与通信技术记录整个手工艺流程，并在同伴之间评估工艺流程、产品设计的样式及可用性。
* 动手制作。根据自己或小组计划，在考虑质量、功能、创新、美学、生态环境等因素下，进行产品设计，并在这个过程中熟练使用多功能工具、机器和设备。
* 职业安全。熟悉职业安全，识别和评估工作风险，以及手工过程中涉及的风险。安全地使用各种工具和设备。
* 创业学习。以虚拟的方式或实地参观一些手工艺术品店，学习创业机会和协同合作，关注手工艺品对日常生活的重要性。
* 知识和参与。从个人、社会和环境的角度探索工艺产品的不同含义，

并将手工艺者视为日常生活繁荣和社会可持续发展的推动者。多多参与到工艺制作、构建可持续发展和协同合作的过程中。

可以看出，“当下”生活中常见的工具和设备，学生要会使用且能安全使用；“当下”生活中常用的物品，学生可以自己制作和创造。“未来”生活中的职业安全，学生在一次次识别；“未来”生活中需要的创造力、协同合作能力，学生在试错中不断锻炼。

特别值得注意的是前三点——创新意识、设计思维和实验思维，这是一个人创新能力的源泉。芬兰学校很少说我们要培养学生的创造力，但这样的课程正在为培养学生的创造力提供土壤，埋下让这个国家成为世界著名设计之国和创新型国家的种子。

4. 创新和设计的种子，从哪里来

对于芬兰这样的小国家来说，想要在全球人才市场中保持竞争力，就必须发挥每个人的潜能，并专注于自身的优势领域。这需要教育体制的支持。学校只有广泛提供激发创新能力的学习环境和课程，才能不断为国家输送创新型人才。

首先，多样化的课程和评估手段，激发了学生的想象力和创造力，确保每个学生的潜能得到最大化发挥。手工教育作为基础教育的重要内容之一，同语文、数学、外语等科目一样受到重视。在动手过程中，学生表现出来的解决问题的能力、创造能力、沟通能力、协同合作能力等一样被纳入评估体系之中。看似浪费学习时间的手工课，甚至被当作促进学生学习兴趣的手段，因为大脑需要换一种模式运转，太忙碌的大脑不利于创造新的东西。

其次，利用手工教育延续芬兰的优势领域——设计。手工教育能很好地培养学生的试错精神、实验精神，这样的文化氛围正是一个以设计著称的国家需要的。曾经以诺基亚闻名世界的芬兰，还诞生过通力电梯、Linux 操作系统、玛莉美歌，以及《愤怒的小鸟》等。这些设计让芬兰在全球创新指数和国家竞争力排名中一直居于世界前列。

最后，手工教育之所以能成为芬兰人创新意识和设计思维的孵化器，本质在于它是跨学科学习。手工制作过程具有设计性、研究性、创造性和实验性，涉及广泛的视觉、材料、技术和制造方法，这一过程需要很强的融会贯通能力。实际上，一直以来，小到手工教育，大到教育体制，芬兰的教育工作者都把培养学生跨学科学习的横贯能力作为教育的重要追求。

性教育——用通识课程陪伴青少年成长

2018年夏日的一天，我如约造访我的芬兰家庭，发现14岁的米拉娜身边多了一个陌生的男孩。他叫莱诺，来自瑞典，是米拉娜的网友。两人是在网上打游戏时认识的，这是他俩第一次见面。

我在米拉娜那个年纪的时候，别说是带异性网友到家里玩，即便是打游戏、交网友、约网友见面就已经需要很大的勇气了。如果类似的事情发生在中国，恐怕早就被家长扼杀在摇篮中，孩子还会被“教育”一番。

可是，北欧家长的开放程度，远远超出我的预料。米拉娜的妈妈很支持，不仅安顿莱诺住在家里，招待他，陪他逛街，还带莱诺参加家庭聚会活动，甚至去朋友家做客。芬兰妈妈的做法，太让我好奇了，尤其是这背后牵涉的芬兰家长怎样看待初中生谈恋爱的问题：他们允许读初中的孩子早尝“性之禁果”吗？如果允许的话，他们会提前做什么？

后来我读到《芬兰国家广播新闻》上的一篇报道，边看边感叹：父母给孩子多大尺度的性教育，取决于这个国家文化的开放程度有多大。

1. 八年级学生看性教育视频

报道说，一位芬兰教师在给自己的初中学生上性教育课时，放了一部影片——《性地图》。这部30分钟的影片讲的是五个青少年在图书馆里听教师给他们上性教育课：教师先用动画详细介绍了生殖器官的形状、结构、功能，男女生用什么动作自慰，以及达到性高潮时男女双方的表现。影片中，有一名男生听着听着出现了性幻想，开始幻想自己和同班女生发生性关系的过程，还特写了第一次该如何使用安全套。同时，有一名女生在青春期对自己的性别产生了困惑，有同性恋倾向。接下来，让人大跌眼镜的画面出现了——教师用动画展示了一张“性地图”，这张地图上有性交的不同姿势，有不同群体——男女之间、男同性恋之间、女同性恋之间的性关系。最有意思的是，影片中教师还对一个人如何享受性进行了展示。

看完报道后，我找到那部影片，以核实报道是否夸大其词。说实话，作为一个30多岁的已婚妈妈，我看此类影片都会脸红，在我的潜意识里，这样的影片给初中生看，尺度实在太大。可是，这部影片可不是下三烂的色情片，而是瑞典官方正儿八经在国内学校推出的性教育视频，几年前就在芬兰学校传播、使用，现在芬兰已经有几百所学校用过这部影片开展性教育。

芬兰八年级男生基米的评价是："这个视频非常直接、直观地展现了性教育的内容，而且它的呈现方式丝毫没让我感到羞耻。"芬兰万塔市的健康教育教师耶尼塔·科伊瓦拉对这份学习资料非常满意："这样的性教育视频，当然能给学生传播科学的性爱知识，但与此同时，它也是提升学生在学校谈论性教育的有效手段，它制造了一个话题，让师生共同探讨理想的性教育应该是什么样的。"

关于同性恋话题，影片里涉及两个维度：如果你在青春期发现自己是同性恋，你该怎么办；如果你不是同性恋，你该怎么对待同性恋同学。很多同性恋的少男少女在青春期刚刚发现自己与众不同时，会非常紧张害怕，如果他提前了解到有关同性恋的知识，就会大大缓解这种情绪。另外，让性取向为异性恋的学生了解关于同性恋的知识，还可以在很大程度上避免他们对同性恋同学的歧视，预防校园霸凌。

这样的性知识，我们成人也不见得懂，反映的是我们这一代人在成长过程中性教育的缺失。科伊瓦拉继续补充道："更好地探讨、更好地表达自己对性教育的看法，在当今芬兰社会特别需要。一定要跟学生强调，性教育不只是了解性行为这么简单，它意味着更多的内涵。"

相较芬兰、瑞典在性教育方面的"动真格"，我们国内的教师和家长却在担忧：过早对青少年进行性教育，会不会勾起他们尝试性行为的想法，或者造成“早熟”。我国性学专家李银河曾对这个问题做出回应：“不会出现这些情况。全世界的经验都表明，孩子应该什么时候成熟，就什么时候成熟。从较长的时间段来看，人类青春期到来的时间可能会提前，比如过去女孩十四五岁初潮，现在降到了十二三岁。但是从个体角度看，并不会因为接受了性教育就性早熟。当孩子还没有性成熟的时候，会把性教育的内容当成一般的科学知识来看待，并不会在性还没有成熟、没有性冲动的时候就去尝试性。”

芬兰教育者在这个基础上，又向前迈了一步：当孩子性成熟的时候，更应该有接受全面性教育的机会，了解避孕和预防传染病的知识。这样他们在性行为中受到伤害的风险才会降到最低。如何开展性教育？芬兰的性教育有理念、有课程、有方法。

2. 初中生的性教育课程

芬兰《基础教育法》规定，初中生有权利接受科学的性教育。赫尔辛基市级课程大纲明确指出：“性教育，可不是简单地教教性别知识。”它的内涵非常广泛，包括生理、心理、社会、人文、人际关系、婚姻关系，是一个多维度的教育概念，凡是和性有关的维度，性教育都要融进去。概括说来，应包含以下几个方面的内容。

* 获得准确的性知识。包括生殖健康信息，性取向的权利，如何寻找合适的路径和资源去咨询等。
* 拓展生活方面的技能。因为性是生活的一部分，它关乎个人的幸福感，所以要发展青少年的自我意识、自信心、同理心，以及自我保护、自我决策和自我负责的能力。
* 培养积极的态度和价值观。这涉及用开放的心态面对性，自尊且尊重他人的价值观，不对他人的性取向妄加评论，对自己的性别有积极的态度，且注重生殖健康。

可以看出，芬兰对初中生进行性教育的策略，不仅关注学生的生理健康教育，还希望学生从情绪上接受、情感上认可性行为能给人带来愉悦感，以及在人际关系中体现出来的对性取向的态度和价值观。落实在学科中，就是初中三年每一学年的健康教育课本上，都有一个章节专门介绍性，30页左右，并用真人图片进行展示。我对这三章的性教育内容做了整理。

七年级《成长和性行为》的主要内容是：

* 青春期变化
* 在成为女人的路上
* 从男孩到男人
* 天生的“性欲”

八年级《亲密关系与责任》的主要内容是：

* 求爱、约会、谈恋爱的方式
* 性取向和性别的多样性
* 多种形式的“性行为”
* 从一开始就要做好预防（多种避孕方法，且用图片展示安全套的正确使用方法）

九年级《性爱和伦理》的主要内容是：

* 了解且去战胜性传播疾病
* 意外怀孕
* 性行为是个人意愿，性道德和性少数群体

这些内容都可以被编入中国成人性教育读本，却在芬兰的初中课堂上教授。当我问我的芬兰家庭的妈妈的感受时，她轻描淡写地说：“前段时间，我女儿米拉娜的健康教育课教师跟她班学生们一起谈论性病，这挺好的，让男生、女生都知道要注意卫生和安全。”她还说，她可以直接跟她14岁的女儿聊这个话题。这番话完全打消了我以为这是敏感话题的顾虑。

社会的开放程度，影响着我们对青少年进行性教育的尺度。孰好孰坏，取决于评判标准是什么。如果从人性的角度看，芬兰的性教育就是在尊重孩子的天性，不因现代社会学习周期过长，而压抑青少年的人性，这的确很好。但若从青春期性教育对日后家庭伦理道德和夫妻关系稳定的影响来看，无疑，亚洲文化中的保守因素更有利于社会和家庭的稳定。

更值得细说的是教材中这三章的呈现形式。它不同于一般的科普文，好像有一位专家隐藏在书本之后，告诉学生这是科学的性知识，且采用共情的方式让少男少女们感同身受。

3. 用共情的方法带动少男少女的情绪

所有青少年在经历青春期时，都免不了会出现内心的躁动。那些无法诉说的情绪何处安放？芬兰的做法是用共情的方法讲述成长的烦恼，具体表现在两个方面。一是讲述少男少女们生理发育的烦恼。例如，“当你年轻时，你的性欲在发展，所以将自己与朋友或偶像进行比较，是很自然的。”二是讲述孩子们在青春期时情感发展的烦恼。例如，“你还记得那个没有告诉其他人的暗恋对象吗？你仍然不需要告诉任何人。但值得高兴的是，几乎每个人都有类似的暗恋对象。”“感到不安是正常的。每个人都时常感到不安，也不知道该怎么做。”这样的描述，在芬兰性教育课文中随处可见。

与此同时，芬兰教材还用共情的方法来表达对个体的尊重。课文通过讲述年轻人身体发育速度的差异，让孩子们安心：“每个人都以不同的速度成长和发育，所以不必与其他人比较自己的身体。”七年级教材中写得更露骨：“有的女性有大乳房，有的女性有小乳房，但这并不影响性行为。”所以，女生没必要因自己的乳房小而自卑。男生也被告知：“阴茎有不同的形状和大小，这让每个人看起来都不一样。”试着想青少年之所想，这就是芬兰性教育的精髓。

带领青少年向往未来生活中美好的性爱，这也是共情所起的作用。身处青春期，当然会萌生爱慕他人的情愫。当这一刻来临时，重要的是意识到这是人类共有的情感，而不应为自己有这种想法感到羞愧。美好的爱情、性爱可以给人带来幸福感，但这是一个彼此了解、彼此相爱的过程，就像课文中所写："对年轻人来说，正常的性行为包括拥抱、手拉手和亲吻。""成为好的恋人，是通过彼此交谈和彼此了解的性行为来获得的，而不是通过观看色情作品。""人们通常不会急于进行激烈的性交。性爱最幸福的时刻，就是和自己信任的长期伴侣发生关系。"

所有发生在校园里的教育，都离不开它的外部土壤——社会文化。接下来，我们"放大"来看芬兰社会文化中对性教育的重视，以及它如何影响学校性教育的内容。

4. 性教育是通识教育

芬兰学校会有这么大尺度的性教育，跟它社会文化中的性开放分不开。我的芬兰家庭的爸爸曾经跟我说过："在我十几岁的时候，也就是 20 世纪 80 年代，我们可以非常自由地使用服装来强调我们的女性特质或男性气质。"再加上，桑拿文化[1]让芬兰人能够用平静的心态面对裸体。到底赤裸在芬兰有多普遍呢？借用《赫尔辛基报》2013 年做的一项全国性的调查来看：有一半芬兰人认为男女应分开桑拿，而另外一半人则认为男女混合桑拿是正常的。要知道，芬兰人蒸桑拿，可是完全赤身裸体的。在这种全民桑拿的氛围中，人们自然能够以自然的态度对待裸体、讨论性。

如今在芬兰，性教育已然是通识教育。首先，芬兰是全球唯一一个对青少年性教育进行全国性普查和追踪的国家。主要体现在两个方面：一是 1996 年（421 所学校）和 2006 年（518 所学校），曾两次对全国范围内的

[1] 芬兰是桑拿浴的发源地，英语 Sauna 一词就源自芬兰语。芬兰是一个遍地都是桑拿房的国家。假如 550 多万芬兰人同时去蒸桑拿，均匀分散到全国各地的所有桑拿房的话，那么每一间桑拿房只会分到两三个人。

生物教师和健康教育教师进行性教育问卷调查；二是 2000 年（401 所学校的 30 241 位学生）和 2006 年（462 所学校的 33 819 位学生），先后开展全国性健康知识测验，以检测芬兰青少年的性知识掌握情况。

其次，为了真正把性教育做到位，从横向上，芬兰各部门力求多方参与、多元互动。这涉及学校与性教育协会、健康部门、健康教育杂志的合作。我截取学校性教育最重要的几个时间点来谈，穿插看社会机构在这个过程中发挥的作用。

从 20 世纪 70 年代开始，性教育第一次被正式写入《基础教育国家核心课程大纲》，成为必修课。小学时由小学全科教师来教，初中则由健康教育教师教授。主要涉及生理方面的知识，比如性别和身体相关的知识、性爱价值观等。最显著的影响是，在接下来十多年内全国性教育质量显著提升，而且少女怀孕率大幅度降低。

在 20 世纪 80 年代，对原有的性教育内容进行了完善，逐步增加了性道德、性评价等内容。可是，20 世纪 90 年代的芬兰受到全球经济大萧条的影响，教育也无法幸免。这一时期的教育改革中，《基础教育国家核心课程大纲》减少了对性教育的描述，且很多地方学校把之前必修的性教育课程改为选修。结果随后几年的少女堕胎率上升。

2000 年伊始，芬兰再次进行全国教育改革。2001 年的《基础教育国家核心课程大纲》又把性教育列为必修课，集中关注 13—15 岁初中生的性健康。此后，少女们的初次性行为时间向后推迟，且能够采用避孕措施，全国范围内的少女堕胎率下降。

最近的课程改革，发生在 2014 年。新版的国家课程大纲把性教育的内容渗透在各学科——从生物、科学到健康、环境等课程的学习中，并且在校医的协助下，让学生多角度、全方位了解性教育。一至六年级，主要通过环境课教授性教育内容。七至九年级，则通过健康课进行性教育。学校教育之外，家长也参与进来。每个市都出台了《性教育家长指导手册》，从婴儿身体发展到儿童身体发展，从青春期发育到预备成人阶段的成长，鼓励家长连续性地跟孩子谈论性教育，陪伴和引导孩子度过每个成长阶段的烦恼。

那么，社会机构在这个过程中发挥了怎样的作用呢？最发人深思的，是芬兰医疗委员会每年都会给所有 16 岁青少年发放性教育杂志和安全套，这从 1987 年就开始了。从 2000 年开始，他们面对互联网一代的“00 后”们，把发放性教育杂志和安全套的年龄线，从 16 岁下调至 15 岁。

最后，是学校在全年级进行“分龄”性教育，从纵向上，让学生了解人的成长和性的发展过程。把性教育当成和其他学科一样重要的科目，不只是几堂零碎的“追加课程”，而是一脉相承的教育概念。具体说来，包括学前儿童从童书开始的正面性教育；小学阶段偏重于生理方面的性知识，以及接触性教育的情绪；到了中学，详细描述青春期的生理变化、性成熟、约会、性行为、怀孕、性疾病等；高中时，尤为关注性爱伦理与文化的关系。

芬兰青少年研究协会的专家韦如尼卡·洪卡萨洛（Veronika Honkasalo）在对全国 18 本中学生性教育教材进行分析后，得出结论：“在大多数课本中，性行为这一主题是在学生 14 岁时被全面介绍的，课本都将孩子视为‘一个将要长大的成人’，详细描述了青春期的生理变化。在此之后，性行为、性立法、性文化、性少数群体、约会等主题，被一一介绍。约会主题之后，继续讲述性交、避孕。最后，性传播疾病受到关注。”这样下来，一幅既具有青春期阶段性特征，又具有过程性、系统性、全面性的性发展脉络图，就在少男少女们面前展开。

后来，欧盟推出的《欧洲性教育报告》（*Sexuality Education in Europe*）再次把芬兰推到聚光灯下：报告指出，在北欧国家中芬兰性教育的成效最好。但芬兰的教育专家们对国内的性教育现状并不满意，他们呼吁要为芬兰学校培养优秀的性教育教师。芬兰性教育协会主席蒂娜·弗若斯多姆（Tiia Forsström）指出：“为所有人提供科学的性教育的最好途径，就是雇佣高素质的性教育教师……性教育无时无处不在，如果学生对性知识的了解不是来源于可靠的成人，那无法避免的是，他们就会通过其他途径获得与性相关的信息。”表 3.1 就是芬兰学校性教育的“地图”。

弗若斯多姆希望每一所学校都有一位高素质的性教育教师。她和芬兰性教育协会的目标是，希望下一届政府在制定教育政策时，能把这一提案写进芬兰的《基础教育国家核心课程大纲》。

表 3.1　1970s—2010s 芬兰性教育发展历程

年代	社会	学校
1970s	芬兰性教育基金会出版第一本面向大众的性学书籍，并设置了青少年咨询电话，建立了儿童保护机构等，随时为青少年提供帮助，当时连幼儿也有正面性教育图书	性教育第一次被正式写入芬兰中小学的国家课程大纲，成为必修课
1980s	从 1987 年开始，芬兰医疗委员会每年给所有 16 岁青少年发放性教育杂志和安全套	性教育逐步增加了性道德、性评价等内容
1990s	在 1975—1994 年这 20 年内，芬兰 15—19 岁女孩的堕胎率从 2.12% 下降到 0.9%，性病也大幅度降低，全民整体健康水平得到提高，在这一时期，芬兰性教育协会成立	1995 年的《基础教育国家核心课程大纲》减少了对性教育的描述，且很多地方学校把之前必修的性教育内容定为选修
2000s	自 2000 年开始，芬兰医疗委员会把之前给 16 岁青少年发放性教育杂志和安全套的年龄线下调至 15 岁	2001 年的《基础教育国家核心课程大纲》又把性教育列为必修课，集中关注 13—15 岁初中生的性健康
2010s	每个市都出台了《性教育家长指导手册》。近 10 年来，芬兰 15—19 岁青少年的堕胎率稳定在 0.8% 左右，在北欧国家中性教育的成效最好	2014 年的《基础教育国家核心课程大纲》把性教育的内容渗透到各学科学习中，并且在校医的协助下，让学生多角度、全方位理解性教育

“芬兰学校动起来”
——用项目式学习促进身体和大脑发育

2018 年初，我国首部《中国儿童青少年身体活动指南》（下文简称《指南》）发布，建议中小学生每天进行中高强度身体活动一个小时，并减少久坐时间。《指南》指出，近 30 年中国青少年体质监测数据显示，尽管我国青少年的营养和发育水平不断提高，但是部分体能素质指标却明显下降，比如超重、肥胖和视力不良比例居高不下，同时超过一半的儿童青少年存在中高强度身体活动水平不足的问题。

事实上，在地球另一端的芬兰，近年来也面临同样的困扰。自 20 世纪 70 年代开始，芬兰每节课后有 15 分钟的课间休息，且每天有 30 分钟的大课间休息。芬兰教师一直以来都鼓励学生课间要进行户外活动，到操场上踢球、玩单杠、追逐打闹，无论刮风下雨，都要出去呼吸新鲜空气。这样的课间安排，在那个年代很有效果，很多孩子也因此养成了热爱运动、热爱户外活动的好习惯。但进入 21 世纪后，面对互联网原住民的新一代，很多芬兰孩子被动地在操场上消磨时间，有的是三五成群挤在一起聊天，有的则是无精打采地趴在桌子上等下一节课，有的甚至沉迷于手机游戏，不仅身体没有动起来，连头都不愿意抬起来。2013 年芬兰对全国范围内的中小学生进行调研，发现只有 50% 左右的小学生达到全国颁布的“每天至少进行中度至剧烈程度的身体活动一小时”的身体运动标准，至于芬兰中学生，情况更糟，只有 17% 达到该标准。

面对上述困扰，芬兰教育者有何对策？下面我将介绍芬兰在全国范围内开展的一项运动项目——“芬兰学校动起来”（Finish school on the move），以及以此项目为背景开展的项目式学习（Project Based Learning），剖析芬兰教育者用了哪些方法让学生的“身体”“大脑”和“知识”一起动起来，芬兰学校又是怎样用项目式学习重塑学校，实现教育的颠覆和创新的。

1. 先让学生的身体动起来

2010 年，芬兰于韦斯屈莱大学体育学院的 LIKES 研究所在芬兰全国范围内掀起了一场学校变革，这就是“芬兰学校动起来”项目。该项目的目标很简单，就是让全国范围内的中小学生每天至少运动一个小时。

于韦斯屈莱大学的图雅·塔梅林（Tuija Tammelin）是这个项目的负责人，她说出了自己的初衷：“我们希望通过增加青少年在校体能活动，来促进青少年身心健康，让学校成为学生感兴趣的运动场所。”说白了，就是让学生的身体先动起来，多动、少坐、多参与，通过运动支持学习。

于是在 2010—2012 年间，塔梅林和她的团队在全国选取 45 所学校进行项目试点，当时共有 10 000 名芬兰中小学生参与。经过两年的试点，50% 的小学生身体活动量增加，30% 的中学生身体活动量增加。到 2018 年，芬兰有 80% 左右的中小学参与了“芬兰学校动起来”项目，它已成为芬兰全国范围内的教育运动。

怎么做到的？有具体的落地方法。

方法一：用运动设施活跃校园文化。芬兰很多学校的操场上都竖起网状的运动设备，它能够让学生用不同的姿势运动，看起来既刺激有趣又具挑战性。教育设计师在和学生商议后，把走廊里的墙壁变成了学生攀岩的场地，并激发学生制订有趣的游戏规则，比如只能踩黄色的点。教师更是鼓励学生自发组织课间游戏活动。有的学生还在课程表上为自己添加运动项目，利用课间完成。

方法二：鼓励教师上课时运用更多的校园设施和大自然环境，而不仅仅待在教室里。走进芬兰教室，你会发现有很多健身球散落在教室的各个角落。这是因为芬兰教师提倡学生选择任何自己觉得舒服的姿势上课，甚至可以站着、趴着学习。他们认为，只有身体处于自由活动的状态，大脑思维才能够“活起来”。我在于韦斯屈莱大学附属小学听课时，教师更是跟我强调：“未来，固定不变的教室将成为历史，孩子需要更自由、更多元化的学习空间。”

不仅如此，芬兰教育者还发现，不同年龄段的学生喜欢在不同的季节运动：小学生春季的运动量增加，秋冬季节的运动量相对减少；初中生秋冬季节的运动量增加（比如滑冰、滑雪），春季却不爱动。据此，芬兰教师会开展田野课、森林课、户外体育课等来平衡因季节变化而带来的运动量减少的情况。最常见的是，教师在秋冬季节多带小学生到大自然中活动，在春季多带初中生进行户外活动，做田野调查。总之，大自然是最好的教室，孩子们一旦来到户外，必然是身体和大脑并用。

方法三：运用科技支持学生运动与学习。在试点期间，塔梅林和她的团队发现小学生的运动量远远高于中学生。为了提升芬兰中学生的身体活动量，芬兰很多学校安装了电子大屏幕来激发学生运动的兴趣。学生可以在屏幕上看到自己的身体曲线，可以玩虚拟跑步、跳舞、拳击、VR 游戏等。这样的活动不仅让中学生的身体能量得到释放，还调动了他们与同伴的互动和参与度。

一言以蔽之，“芬兰学校动起来”是芬兰教育者为提升学生的运动量和校园参与度而开展的活动。但芬兰教育者的脑洞远不止于此，他们利用这一契机把它做成项目式学习的主题，让学生的大脑也开动起来。

位于芬兰坦佩雷市的哈美拉学校的学生就通过这次项目式学习，从让身体动起来过渡到让大脑和知识动起来。

2. 用项目式学习让大脑和知识动起来

当“芬兰学校动起来”项目开展到坦佩雷市的哈美拉学校时，市教育局官员和学校校长决定利用学校改建的契机，开展一次全校性的项目式学习活动——改建学校操场。开展这个项目的目的是让全校学生的大脑动起来。校长和教师并不是把事情全都包揽在自己手里，相反，他们认为学校操场是学生每天都要使用的，学生才是操场真正的主人，那么就有必要让学生来操办。

所有人都好奇，一群初中生能有什么方法改建学校？我一开始也是这么想的，但看完下面的介绍，我被芬兰学校的开放性和师生的自主权深深折服。

首先，校长、教师和学生会的成员开会，让学生会到每个班级去调查学生的意愿——他们想把操场改成什么样。在汇集各种意愿后，教师带领学生去其他学校参观操场。这样既能激发学生提出新的方案，又能让学生亲身感受如果按自己提倡的方案改建，成品会是什么样子。在这个过程中，学生走出教室，到真实世界中去观察、访谈，到课堂之外学习，并与田野调查、社会探索相结合。

接着，全校学生投票选改建方案，包括新建什么设施，改建哪个区域，拆除什么地方等。与此同时，校方公开此次市政府投入的改建拨款数目，为学生的最终投票提供预算参考。

最后，当学生选出最终的改建方案后，轮到设计师出场了。可设计师不是别人，就是学生自己——学生会开会讨论设计方案如何开展，学生自己画设计图，并协助施工队，充当粉刷工、搬运工。

最让我惊讶的是，有的学生会“节外生枝”。有三名初中生喜欢骑自行车，可是新的改建方案并没有这一项目，于是他们仨一起讨论设计方案、画草图，希望把操场旁边一块闲置的土地设计成骑行训练场。结果他们的方案真的被校方采纳了。更让我吃惊的是，这三名学生通过做经费预算，了解到市政府的拨款有限，于是他们另辟蹊径，向当地的企业申请资助，竟然成功了。整个操场竣工时，这三名学生还给市长写了邀请函，市长当天真的应邀前来祝贺。

从中你看到了什么？一个允许学生“节外生枝”的教育体制？一群支持学生“节外生枝”的教育者？还是一群懂得发挥自己学习自主权的学生？答案一定是都有。

完成操场改建后，哈美拉学校的校长和教师有了进一步的想法——现在学校操场是“动起来”了，可是回头看看教室和走廊还是传统模样。如何让教室和走廊也“动起来”，以构建全方位的“动起来”的校园文化呢？

校方再一次把决策权放在学生手中。学生们群策群力，有人说下课后要在教室里放音乐，大家一起跳舞或跳操；有人说要在地板上贴数字或字母来跳格子，增加在教室内进行体能活动的可能性；还有人说可以在走廊里多放几个健身球，下课后练练腹部。

每个学生都带着极大的热情参与讨论，因为他的想法很可能就是未来学校的样子。这就是芬兰的项目式学习，它以真实世界存在的问题为导向，让学生积极探索、思考和实践。在做项目的过程中，学生在小组内协作、沟通、解决问题，一起创造新事物。

也许你会像我一样感叹：当教育者放手、信任孩子时，真正实践教育创新，让好的教育来得更快的，是孩子。芬兰教育从来不把培养学生的创造力挂在嘴边，但我想，这样一次次从无到有的过程，一定在芬兰孩子的心中播下了创造的种子。

芬兰的“现象式教学”——从理论到实践

2016年，是芬兰在全国范围内实施“现象式教学”（Phenomenon Based Learning）元年，消息一出，轰动全球。世界各地的教育考察团纷纷到芬兰取经，想把芬兰“现象式教学”的真经带回本国，其中也有中国的考察团。

“现象式教学”又称“跨学科学习模块”，由芬兰国家教育署2014年12月发布的一至九年级《基础教育国家核心课程大纲》提出。新大纲明确提出，每所学校每学年至少要进行一次“现象式教学”（“现象”一词，指事物的整体面貌，而非分割的各个领域与学科）。这次芬兰新课改的实施，被国外和国内媒体报道为“颠覆性的改革”。所谓“颠覆性”是指芬兰在沿用传统分科制教学的基础上，向“跨学科学习模块”转变，以培养学生贯穿于不同学科和领域所需要具备的“横贯能力”。

那么，在2014年版新大纲出台之前，芬兰有哪些条件可以支撑他们开展“现象式教学”呢？我将从实施土壤、案例分析、实质和挑战，以及批判性看待它的适用性等角度逐一剖析芬兰的“现象式教学”。

1. 芬兰“现象式教学”的实施土壤

我在芬兰中小学听课时，了解到芬兰的“现象式教学”有两种模式：一种是由一位教师独立完成跨学科教学；另一种是由多位教师在同一时间和同一空间合作教学，完成多学科融合的教学任务。为什么芬兰教师有这种能力独立或合作开展“现象式教学”呢？

首先，高质量的教师为“现象式教学”提供了师资保障。芬兰自20世纪70年代进行基础教育改革开始，就在小学实行全科制教学，即一位班级教师负责几乎全部科目的教学（体育除外）。但是，全科教师不像社会媒体宣传的那样，要带一个班级六年。更常见的做法是分学段：一、二年级由一位教师带班；三至六年级由另外一位教师带班。

传统上，全科教师对各个学科的基础知识有一定的了解，在教学中也常常涉及学科融合。同时，自 20 世纪 70 年代至今，所有中小学教师都必须具备硕士及以上学位，接受过至少 5 年的教育学专业课学习、教学法学习和教学实践。这就让芬兰教师能够脱离教科书的束缚，成为拥有自主权的研究型教师。他们能够运用自己的研究能力和方法，去搜集资料，去设计适合自己风格和班级特色的教案；他们的专长不在于写学术文章，而在于用科学思维设计教学——这就是研究型教师的重大意义。

其次，芬兰高校的课程体系为未来教师实施“现象式教学”提供了教学法训练。以我所在的于韦斯屈莱大学教育学院为例，教育学院学生要在 5 年左右完成 300 个学分的本硕连读，其中跨学科学习（Multidisciplinary studies）竟占了 60 个学分，至少需要一年的时间才能完成。换言之，芬兰的“现象式教学”的师资培养从高校教育学院学生的大学学习阶段就已经开始了。教育学院的学生带着习得的教学法在学校里“教”，最终回到学生的“学”。这放在世界上任何一个国家、任何一所高校，都是高要求。

最后，芬兰学校的教育资源，特别是“1+N”开放型教室模式，为实施“现象式教学”提供了空间支持和基础设施保障。在参观芬兰学校的过程中，我最大的感触是师生不固定在一间教室里学习。他们活跃在学校的厨房、手工房、木工房、音乐教室、语言教室里，也会走进森林、博物馆、社区，甚至与当地的教育机构合作，比如去青少年建筑学校，或者邀请芬兰的职业启蒙教育公司来学校授课。教室不再是一个封闭的空间，而是与社会、大自然联通，这让“现象式教学”的实施有了空间上的灵活性。

这三个方面保证了芬兰具备实施“现象式教学”的能力。具体怎么做？这里分别以小学全科教师独立实施“现象式教学”和中学学科教师合作开展“现象式教学”为例加以说明。

2. 芬兰“现象式教学”案例分析

2017 年 12 月 6 日是芬兰独立一百年纪念日。我在于韦斯屈莱大学附属小学参观时，了解到三年级在独立日之前已开展以“芬兰独立一百年”为主题的“现象式教学”。该班全科教师告诉我：“这两天，我要做的就是带着学生寻找与芬兰独立日有关的一切内容。在做课时规划时，有的学生想拍视频介绍他们眼中的芬兰，有的学生想组建乐队演奏芬兰国歌，还有的学生想用画画的形式庆祝芬兰独立一百年……这些学生感兴趣的话题，就是我的备课内容。”如图 3.1 所示。

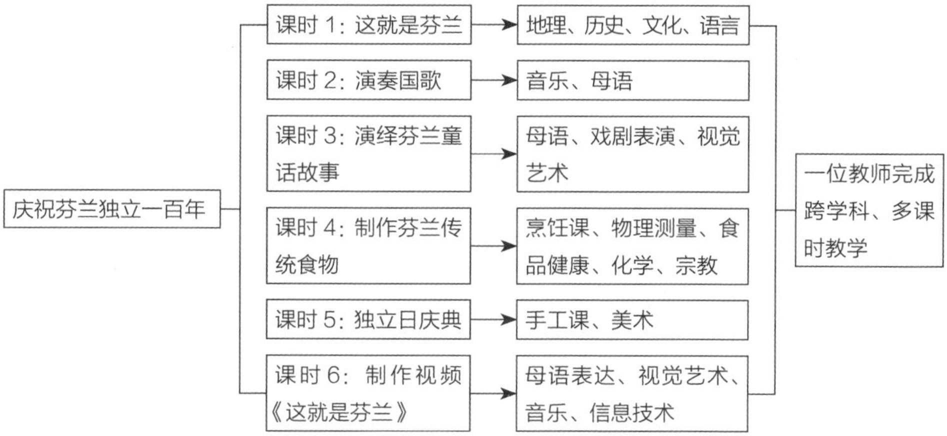

图 3.1 以“芬兰独立一百年”为主题的“现象式教学”

对小学全科教师而言，由于平时他们就在教授母语、数学、英语、手工、视觉艺术、音乐、宗教伦理、综合环境等课程（像综合环境这样的课程，本身就涵盖了生物、地理、物理、化学和食品健康等内容），所以他们整合教学相对容易。

但中学学科教师不同，他们需要彼此协作、共同备课与教学，才能完成基于主题的教学目标。以“欧盟”为主题的“现象式教学”为例（图 3.2 所示），内容涉及地理、历史、语言、宗教、政治、经济等多个学科，需要几个教师在同一时间和空间合作教学，才能完成教学任务。

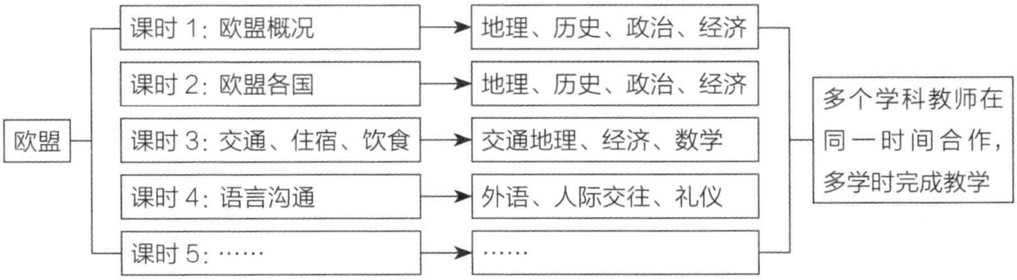

图 3.2　以“欧盟”为主题的“现象式教学”

此外，芬兰中学生的课程设置里有一些科目本身就是跨学科学习。比如家庭经济课融合物理测量、植物学、健康营养搭配、食品安全、手工操作、化学加工、宗教饮食文化于一身。再比如职业启蒙与咨询课，学生在现实社会中体验真实职员的真实生活，去银行办理业务，去税务局办理个人税收，去邮局分配信件，去超市销售食品等。这样的学习空间，让学生在体验式学习中不知不觉进行了数学、政治、地理、历史、语言、环境等跨学科学习。

一言以蔽之，芬兰的“现象式教学”是一种由师生共同选择现象或主题进行课时规划，教师整合多学科内容，注重学生学习过程和自我评估实施过程的教学方式。

3. 芬兰“现象式教学”的实质和挑战

芬兰开展“现象式教学”的动机是什么？芬兰国家教育署课程发展中心前主任艾梅利·哈里宁回应道：“在我看来，世界一直在变化，我们必须思考和重新思考有关学校的一切事物，我们还必须认识到社会和工作中需要的能力已经发生了改变。”

这意味着，首先，学校教学要紧跟世界的变化。21 世纪是高度个性化的时代，又是人与人之间高度合作和联通的时代。这就要求教育既要满足学生的个性化需求，又要在团队合作中增强学生与世界、学生与社会、学生与学生之间的连接。其次，学校教学要满足社会和工作对于能力的需求，特别是要满足21世纪所需要的“4C”核心能力，包括创新能力（Creativity）、合作能力（Collaboration）、沟通能力（Communication）、批判性思维能力（Critical thinking）。不同国家都在提出自己的应对策略，芬兰的“现象式教学”是其一，其他国家的STEM教学、项目式学习、主题教学、综合实践课程等也是对培养21世纪核心素养的探索和尝试。

芬兰的“现象式教学”为何能够满足21世纪核心素养的需要？首先，它让学习回归生活，鼓励学生以生活中的真实现象或学生关心的主题为学习内容。这继承了杜威提倡的“学校科目相互联系的真正中心，不是科学，不是文学，不是历史，不是地理，而是儿童本身的社会活动”。其次，“现象式教学”传承了“做中学”的理念，让学生在项目合作中学习沟通技能，学会解决问题，学会对他人的观点或身边现象进行反思批判，是一种将21世纪核心素养培养和科目教学相结合的新型教学方法。最后，“现象式教学”是真正“以学生为中心”的教学，从现象或话题的选择，到课堂实践和学习，再到学习效果评估，学生都是实施的主体。

在访谈于韦斯屈莱大学教育学院的教授哈巴宁时，她总结道：“我们在新大纲中提出‘现象式教学’，是为了指引学校寻找提高学生的学校归属感和学习参与度的方法，以增加学生的学习兴趣和学习动机。在‘现象式教学’过程中，师生要共同探索学习的主题或现象，学生要自己去设定学习目标，提出问题并解决问题，并根据既定的目标评价自己的学习过程和成果。在这样的学习过程中，学生的经验、知识、感受、兴趣爱好、与他人的互动等都得到关注，而教师此时的角色更像是一位‘旁观的军师’，要去观察每个学生的个别需求，并提供差异化、个性化、有针对性的支持。”

值得一提的是，芬兰的“现象式教学”并不是无源之水，无本之木。它是多次课程改革的水到渠成的产物。北京师范大学曹一鸣教授和于国文博士在《跨学科教学研究：以芬兰现象教学为例》一文中提道：芬兰早在2004年《基础教育国家核心课程大纲》中就提出“整合”和“跨学科”的理念，并确立了七个主题，分别是“作为人的发展”“文化认同与国际化”“媒体技能与沟通”“积极参与的公民和创业者”“对环境的责任、福利和可持续发展”“安全与交通”“技术与个体”。接着，芬兰在2011年制定的《2020芬兰教育与培训战略目标》中继续提出基础教育的一项重要目标就是巩固公民技能和促进“跨课程教学与学习”，预测芬兰将成为世界上学习文化构建的领先者，学习和教学将更加强调合作的方法。2012年再次明确提出学校中将会有更多更广泛的、跨领域的专题教学。2014年《基础教育国家核心课程大纲》中明确提出了“现象式教学”这一新概念，主要将以多学科、基于现象、基于项目的形式进行教学。

当然，在落实“现象式教学”的过程中，芬兰的教师也遭遇了一些挑战。一些学科教师认为，他们通常对所教的学科比较擅长，但不擅长与学校中的同事合作。芬兰教师平时享有高度的自主权，这已让他们形成了自己的个性风格，因此教师合作备课的积极性很难被调动起来。

4. 月亮的另一面：“现象式教学”在强化教育的不平等

“现象式教学”在芬兰施行两年后，成效如何？2018年11月，芬兰《赫尔辛基报》发表了一篇名为《研究表明：新的教学方法会严重破坏学习》的文章。全文解析了芬兰赫尔辛基大学的一项科研成果：赫尔辛基大学科研团队检查了芬兰15岁学生在2012年和2015年的PISA结果，仔细研究了5000多名芬兰学生的成绩，结果发现，芬兰近几年实施的“现象式教学”和数字化课堂在阻碍学习，数字化课堂也是导致近些年芬兰学生在PISA测试中成绩下降的原因之一。

消息一出，最先按捺不住的是一线教师。在我所关注的芬兰教师群里，一位教师这样说道：“对我们教师来说，这个结果一点儿也不奇怪。但并没有多少人倾听我们的声音，而且我们的批评也被视为对变革的抵制。”

芬兰国家教育署署长奥利佩卡·海诺宁（Olli-Pekka Heinonen）接受

《赫尔辛基报》采访，试图平息这场风波：“我不承认数字化课堂和‘现象式教学’对学习成果的威胁。根据目前的课程，我没有发现这样的威胁。现象式学习是学习的方式之一，但芬兰基础教育仍以学科学习为主。”

参与这项研究的艾诺·萨里宁（Aino Saarinen）博士向《赫尔辛基报》讲述：“在课程中使用的数字工具越多，学习成果就越差。参与 PISA 测试的所有区域都有这种情况。”她指出，“这不是因为学生无法使用这些设备，事实上学生用得得心应手。相反，学生很容易被设备本身分散注意力，比如笔记本电脑或平板电脑，学生经常在课堂上使用它们来做一些学业之外的事情。其他国家的研究也有类似的结果。许多家长都说了同样的话。”

虽然这项研究得出的结论是，老版的课程能帮助芬兰学生取得更好的成绩，但萨里宁并不认为教室应该恢复到无数字化的时代。“更重要的是，我们要考虑何时、如何以及由谁使用这些电子工具。”萨里宁说。萨里宁的研究表明，“现象式教学”适用于在学校表现良好并得到家庭支持的学生。但是，如果学生存在一些学习障碍，或是家庭资源较少，在“现象式教学”中，很可能会更加落后、跟不上。

赫尔辛基大学的利萨·凯尔蒂坎加斯·耶尔维宁（Liisa Keltikangas-Järvinen）教授更是认为，“现象式教学”在强化教育中的不平等，“目前来看，受过高等教育的父母和未受过高等教育的父母之间已经有了明显的区别。照此发展下去，我们正在创造一种新的社会形态，就是父母对孩子学业的参与度将直接影响孩子的学业成就”。

“这种方法的支持者声称它可以缩小不同层次学生之间的差异，认为同伴学习是最有效的办法。但是根据研究看，结果恰恰相反。”萨里宁说，“‘现象式教学’对数学和科学学科的成绩产生了特别负面的影响。”

所有人都认同，让学生对自己的教育和学习承担更多责任至关重要。但是“现象式教学”要求学生具有很强的自律性和主动性，还要求学生保持独立、专注和灵活。“没有几个 15 岁孩子具备这些品质，并能一直做到这样。”萨里宁说。

简单来说，“现象式教学”对基础教育阶段的学生来说，要求太高了。不仅对学习兴趣和学习动机有要求，更是对学生自律、专注力、灵活管理自己等能力的考验。先别说 15 岁的孩子，连我们普通成人也很难做到。与此同时，学生自律、专注力、灵活管理自己等能力的培养，更多地指向家庭教育。如果一味强调家庭出身，就违背了芬兰追求教育公平的原则。

芬兰教育者用“现象式教学”提高学生的学校归属感和学习参与度，用这种教学方式弥补自身教育体制的不足。即使对芬兰教育者而言，“现象式教学”也是全新的教学方式，他们也处在摸索阶段，而且是很谨慎地摸索，一学年只分配了很少的课时。因此，别的国家在借鉴时，更需谨慎。

下篇

芬·兰·的·教·育·生·态

孩子是一颗果子，长在教育的树上。而教育是一棵树，长在社会的土壤里。芬兰基础教育能够做到全球领先，离不开芬兰的基础价值观，离不开芬兰政府的政策和制度支持，离不开芬兰经济的发展，更离不开芬兰文化中对教师的尊重和信任。在这种良性的教育生态下，教育的成果——高素质的国民才能孕育出来。接下来，我们从社会文化视角来看芬兰教育生态的“样貌”，并从时间维度来看芬兰教育发展所走的“道路”。

芬兰学校的每间教室外面都有一个衣帽间

第四章 以教育为中心的国家

芬兰颠覆性的教育改革

很多学者认为芬兰教育强国强民的秘密之一，是它在 20 世纪 70 年代进行的基础教育改革。

那么，在20世纪70年代之前，芬兰教育是什么样的？芬兰独立之前，芬兰的小学是四年制。1917年芬兰独立后，强大的民族意识觉醒，国家需要高素质公民。于是，1921年生效的《基础教育入学法》规定：小学由四年制改为六年制；所有儿童必须接受至少六年的基础教育。这一时期的芬兰教育体系强化社会分层——学生在四年级（11岁）结束后会被分流。一类学生在四年级结束后离开小学，进入以私立为主的文法学校，读五年初中和三年高中，学习理论知识和进行多语言训练。文法学校一般建在大城市并收取学费，只有社会中上层家庭才有能力把孩子送进文法学校（这是当时通往高等教育的唯一途径），为他们将来从事脑力劳动做准备。这类学生约占25%。另一类学生在小学读六年，小学毕业后可以进入以公立为主的公民学校。在公民学校学习三年后可以申请进入职业技术院校，学习应用知识和职业技能，未来从事体力劳动。这类学生约占75%。

为了保障每个孩子在学校生活、学习的质量，从1948年开始，芬兰成为世界上第一个向所有中小学生提供免费午餐的国家。当时国家政府部门规定各地市政府必须为在校学生提供一周六顿（一周七天只有周日休息）免费午餐，并把学校餐食标准写入教育法。至今已有70多年的历史。如今，对免费午餐的规定包含在全国教学大纲内，由市政府负责检测和评估学校的餐饮质量，确保学校午餐的安全性与高营养搭配。午餐通常有二分之一的蔬菜，主食和肉类各占四分之一，另外再加上面包和牛奶。这样的午餐搭配，既保障了学生的营养，又培养了他们良好的饮食习惯。每个学生都可以享受免费午餐，从中可以看出芬兰教育对公平和平等的重视。

转折发生在20世纪70年代——文法学校成为历史，综合学校的时代开启。基础教育被延长为九年后，小学教师的地位提升了，随之对教师教育的要求也提高了。这次教育改革的主要举措有四项：一是将原先强化社会分层的教育体系转变为基于教育公平和全纳教育理念的现代基础教育体系；二是将原先并列的公民学校和文法学校合并为九年基础教育的综合学校；三是把原先初、高中结合的文法学校分离，建立双向流通的普通高中和职业高中，从此学生在11岁时分流的传统被打破；四是芬兰的教师教育全部由研究型大学提供，小学及以上教师必须拥有硕士学位。这次教育改革奠定了芬兰教育的基础价值观、综合学校模式、新的“双轨制”教育体系，以及师资培养体系。

1. 芬兰教育体系的基础价值观

芬兰在20世纪70年代进行的基础教育改革，确定了基于教育公平和全纳教育理念的教育体系。这意味着，在芬兰，无论学生的社会经济背景、性别、种族、资质和生活的地理位置如何，都能享受同等质量的九年基础教育，之后学生可以继续享受免费的高中或职业高中教育、高等教育。这种公平具体表现在以下三个方面。

①不管你生活在城市还是农村，你享受到的教育资源都是大致相同的。政府保证教育资源的配置、师资队伍的质量是一样的。甚至，在一些偏远地区，政府会安排车辆接送学生去附近的城镇就学。而这一切，几乎都是免费的。在这样的教育政策下，没有择校现象，学生不挑学校，教师也不挑学校，每个学生都能享受高质量的教育。这样一来，原本在其他国家可能因为贫穷、偏远等因素导致的教育质量下降的现象不存在，反倒是持续的高质量教育弥补了贫穷、偏远的劣势。

②不管你是资优生，还是学困生，都在同一个班级上课，没有拔尖班。教师会在班级内部实施分层教学、小组教学及个性化辅导，以保障每个学生因自己的特质被平等对待。

③不管你是芬兰本地学生，还是外来移民，都同样享受免费的基础教育和高中教育。虽然芬兰有着多元化族群，但不平等现象却很少。其他多元化族群的国家，学校间的成绩往往差异巨大，但在芬兰，OECD的数据显示，这种差异是所有国家中最小的，这也得益于全纳教育的理念。全纳教育反对歧视和排斥，主张所有人都有在一起接受平等教育的权利，注重合作，反对竞争。孩子的受教育权，不因社会经济背景的差异、地区差异、

种族差异、资质差异等而有不同。平等对待每个孩子的需求，才是芬兰教育真正厉害之处。

2. 九年基础教育的综合学校

芬兰自 20 世纪 70 年代起，将中小学合并为九年制的综合学校，统一管理。年满 7 岁的儿童即可进入综合学校学习，直到九年级毕业；如果一个学生学习迟缓或者需要特殊教育，也可以读十年级。芬兰法律规定，长期在芬兰居住的儿童，包括非芬兰籍儿童，都必须完成基础教育课程，且对外籍儿童免费。

目前，芬兰有 3000 多所综合学校，共有学生 55 万多。六年制的小学教育，一般情况下由两位全科教师教授所有的科目；三年制的初中教育，由不同的学科教师任教。所有基础教育阶段的教师，都必须具备硕士及以上学位，并获得芬兰教师资格证书，以此保障教师质量的全国均衡。OECD 研究发现，在所有参与测试的国家中，芬兰各个学校之间的差距是最小的。芬兰家长基本采取的是就近入学的策略，没有学区房的概念，也没有择校的难题。

综合学校不仅有多门必修课，包括母语与文学、第二官方语言、英语、数学、环境与自然、生物与地理、物理与化学、健康教育、宗教与伦理、历史与社会研究、音乐、视觉艺术、手工、体能教育、家庭经济课、指导和咨询课、环保、艺术及实践等，还有选修课，如语言类的法语、德语、俄语等。

此外，芬兰对基础教育的经费投入，也有自己的策略。它不是砸钱办教育，而是把资源精准地投放在“最需要的地方”，特别是学习迟缓者身上。OECD 研究发现，芬兰是全球运用教育资源效率最高的国家之一。通常大多数国家都愿意把经费更多地投放在大学生身上，而芬兰花在初中生身上的经费最多，每人每年平均达 12 000 欧元。

3. 双向流通的“双轨制”教育体系

在芬兰，20 世纪 70 年代之后，接受过九年基础教育的学生，同中国学生一样有两条道路：去普通高中就读，考大学，成为学术型人才；去职业高中就读，成为技术型人才。职业高中毕业的学生，仍然可以正常地升学，接受高等教育（去研究型大学或应用科学大学），获得学士、硕士学位。这就是芬兰的“双轨制”教育体系，见图 4.1。

芬兰“双轨制”教育体系的第一大特点是，职业教育与普通教育的地位是平等的。芬兰统计局数据显示：95% 的基础教育阶段的毕业生会继续升学，约有一半的学生选择就读普通高中，另一半同龄学生则进入职业高中。为什么在芬兰职业教育与普通教育能够获得同等地位？主要有三个原因。第一，芬兰高等教育法强调应用科学大学和研究型大学具有同等地位。第二，芬兰人的工资水平与毕业学校关系不大，更主要是学历和工作年限起决定作用，这就让芬兰学生选择职业的时候首先考虑的是个人兴趣和职业认同。同时，芬兰家长不存在职业歧视和院校歧视，会尊重孩子自己的选择。所以在芬兰，几乎没有学生因为“分数不够，上不了普通高中”而被迫选择职业高中。第三，80% 以上的芬兰职业高中毕业生会先去就业，等到积累了几年工作经验，明确了自己的人生方向后，再去申请进入高等学校深造。职业高中的毕业生一毕业就参加工作，并不是因为他们无法进一步求学，而是因为他们更加注重实际工作经验。事实上，芬兰大学招生处一直以来都把学生的工作经验作为重点考查的项目之一。

芬兰“双轨制”教育体系的第二大特点是，“双轨”之间是双向流通的。它给每个求学者提供了转换人生方向的机会，而不必一条道路走到底。甚至，如果你没想好自己的职业方向，可以同时读职业高中和普通高中。就读于韦斯屈莱大学信息技术学院的马蒂斯接受我的采访时，讲述了自己的高中学习经历：“我拿的是职业高中和普通高中的‘双学位’，我在职业高中学信息技术和商务，同时我还学了普通高中的课程。这样，我毕业时既拿到了职业基础学位证书，又拿到了普通高中毕业证书。”

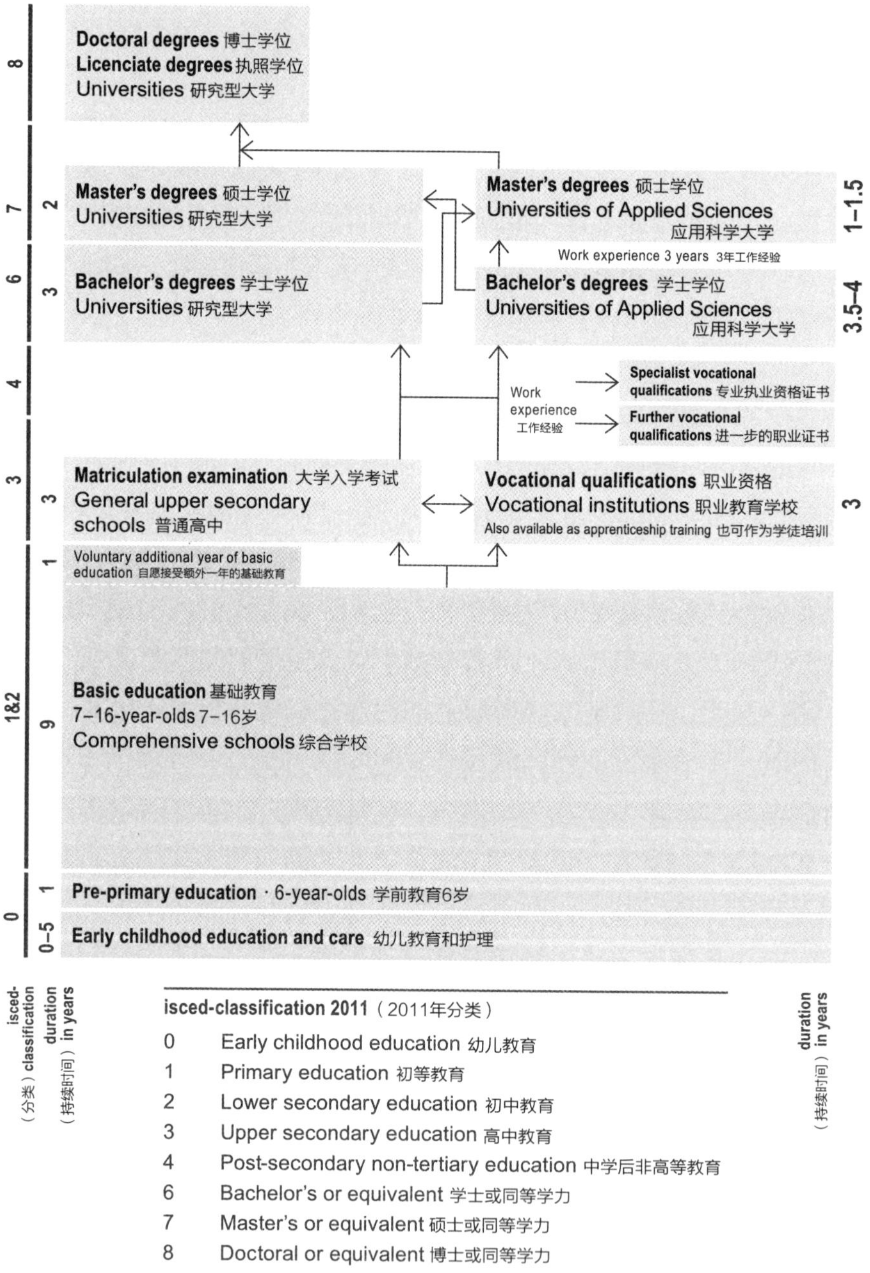

注：自 2020 年 1 月起，应用科学大学的学士向硕士升级，要求工作经验不少于 2 年（24 个月）

资料来源：芬兰国家教育署。

图 4.1　芬兰教育体系（2011 年）

于韦斯屈莱大学信息技术学院招生处的工作人员表示：“读职业高中还是普通高中，不是衡量学生能否被大学录取的标准，高中成绩只占大学录取的一定比例，我们更看重学生本身的学习能力——能否通过大学的自主招生考试，是否具有批判性思维。从职业高中毕业，一样能上综合大学；从普通高中毕业，有一定的工作经验，一样能去应用科学大学继续深造。”

这样的“双轨制”教育体系，能保证每个人都成为终身学习者。

4. 高素质的师资队伍

芬兰自 20 世纪 70 年代起，就要求全国范围内所有小学及以上的教师，都必须拥有硕士学位。所有的教师教育全部由研究型大学提供，所有的教师都需要接受至少 5 年的教育理论学习、教学法学习和教学实践。

如此高质量的师资，赢得的是全社会对教师队伍的高度信任：市教育局信任学校的管理能力，校长信任教师的教学领导力，家长信任教师的教书育人能力。于韦斯屈莱大学教育领导研究院院长对这种现象的解释是：“这种信任能最大化地促进合作，并最大程度激发人的潜能，尤其是能让教师自身的潜能得到最大施展。”

也就是说，这种信任文化赋予教师高度自主权。既然找来了高素质、最合适的人来当教师，又对他们进行了充分的培训（至少 5 年的教师教育学习），那么在他们迈上工作岗位后，就要给予他们足够的职业自主权：教什么、怎么教、用什么教科书，都由教师自己做出教学判断和决定。他们知道如何运用手中的自由去开发课程，基于研究思维去解决各种问题。

沃若克森小学的全科教师在接受访谈时郑重介绍：“我作为班级教师要教八门课，比如芬兰语、英语、数学、音乐、手工等，教学内容和教学进度都由我自己把控。至于用什么教学方法，我可以视情况而定。不同的教学内容，甚至是上午上课，还是下午上课，都会影响我采用哪种方式教学。

如果今天天气好，我就可能带着学生进行户外教学。不同的教师有不同的方法，不同的路线，为什么要把自己固定在同一种教学模式中？我们相信等到学生毕业时，他们会在大致相同的高度相遇。”

如此高的教育教学自主权，不仅能最大化地激发教师的潜能，也能让教师对自己的职业产生深度的认同感。他们相信自己就是教学专业人才，能在从教生涯中获得幸福感，并实现个人价值。此外，教师职业被高度尊重，源源不断的优秀学生加入教师队伍，使得芬兰教育一直保持高质量。

芬兰中小学的课程设置

好的教育离不开好的课程设置，是什么样的课程设置令芬兰孩子的各项素养世界领先？且看 2014 年 12 月芬兰国家教育署公布的一至九年级《基础教育国家核心课程大纲》规定的课程。

1. 全才来自全面发展的课程设置

芬兰基础教育课程大纲里一一列出芬兰学生在基础教育阶段需要学习的 18 门必修课程，包括母语与文学、英语、第二官方语言、数学、环境与自然、生物与地理、物理与化学、健康教育、宗教与伦理、历史与社会研究、音乐、视觉艺术、手工、体能教育、家庭经济课、指导和咨询课、环保、艺术及实践。其中，环保、艺术及实践这两门课程是 2014 年新增加的。此外，还有选修课，如语言类的法语、德语、俄语等。2016 年芬兰基础教育课程及课时设计见表 4.1。

表 4.1　芬兰基础教育课程及课时设计（2016 年）

学科	一年级	二年级	三年级	四年级	五年级	六年级	七年级	八年级	九年级	合计
母语与文学	7	7	5	5	4	4	3	4	3	42
A1 语言	×	×	3	2	2	2	2	2	3	16
B1 语言	×	×	×	×	×	2	1	1	2	6
数学	3	3	4	4	4	3	3	4	4	32
环境与自然	2	2	3	2	3	2	×	×	×	14
生物与地理	×	×	×	×	×	×	2	3	2	7
物理与化学	×	×	×	×	×	×	2	3	2	7
健康教育	×	×	×	×	×	×	0.5	1.5	1	3
宗教与伦理	1	1	1	1	1	2	1	1	1	10
历史与社会研究	×	×	×	1	2	2	2	2	3	12
音乐	1	1	1	1	1	1	2	0	0	8

表 4.1（续）

学科	一年级	二年级	三年级	四年级	五年级	六年级	七年级	八年级	九年级	合计
视觉艺术	1	1	1	2	1	1	2	0	0	9
手工	2	2	1	2	1	1	2	0	0	11
体能教育	2	2	2	2	3	2	2	2	3	20
家庭经济课	×	×	×	×	×	0	3	0	0	3
指导和咨询课	×	×	×	×	×	×	0.5	0.5	1	2
艺术及实践	0	0	1	1	2	2	0	2	3	11
外语选修 A2	×	×	×	2	2	2	2	2	2	（12）
外语选修 B2	×	×	×	×	×	×	0	2	2	（4）
其他选修	0	0	0	1	1	1	1	3	2	9
现象式教学	每一学年至少一次									
每周至少课时	19	19	22	26	26	26	30	29	30	

资料来源：芬兰国家教育署。

注：1. 数字表示每周的课时数。

2. A1 表示英语，B1 表示第二官方语言。芬兰官方语言有芬兰语、瑞典语两种。

3. × 表示该年级不开设此课。

4. 0 表示选修。

5.（　）表示选修课的最少课时数。

6. 芬兰小学一学年为 2 个学期；初中一学年为 5 个小学期，每个小学期 3 ~ 4 周。

对比中国的中小学课程设置，芬兰基础教育有很多特色课程，比如多语言学习、健康教育、宗教与伦理、音乐、视觉艺术、手工、家庭经济课、指导和咨询课等。

多语言学习。芬兰的官方语言有两种：约 93% 的人口以芬兰语为母语，约 6% 的人口的母语是瑞典语。学生从小学一年级开始上母语课，从小学三年级开始学英语（2020 年以后从小学一年级开始学英语），到六年级开始学习第二官方语言（母语是芬兰语的学生，学习瑞典语；母语是瑞典语的学生，则学习芬兰语）。到了四、五年级，学生可以选第一门语言选修课，初中后学生可以选第二门语言选修课，一般是在法语、德语、俄语之间选择。多语言学习，让芬兰人在跨文化交流和国际竞争中具有很强的优势。

大自然是最好的教室。书本知识来源于生活和自然，但很多学校在教学过程中常常忘记这个联系而只盯住课本。芬兰人相信“大自然是最好的教室”，学生在大自然中学习，更容易理解人与他人的和谐相处、人与环境的可持续发展。在芬兰的森林中，我们可以看到教环境与自然这门课的教师带着学生在森林中穿行；看到教生物与地理的教师带着学生认识土壤、气候、地形；看到学生把在森林中找到的东西带回物理与化学课的课堂。教师也相信，当学生走进大自然之中，他们更容易习得合作、探索和解决问题的能力。

注重“身体、心理、社交能力”的多重健康教育。在幼儿园，教师每天至少要组织学生进行两个小时的室外活动，以促进学生体能发育。到了中小学，教师通过体能教育课和健康教育课，让学生的身体、心理、社交能力都得到发展，特别是通过身体运动，培养学生的心理和社交能力，比如前文所述的“芬兰学校动起来”项目，目的就是确保所有学生每天至少有一个小时的体育活动时间。

了解世界多元信仰的宗教课和培养社会公民的伦理课。芬兰从小学一年级开始上宗教课或伦理课。如果家长不想让自己的孩子上宗教课，就去上伦理课。虽然芬兰绝大多数民众信奉的是基督教路德宗，但芬兰的宗教课本可不是宣扬路德宗的教义，而是给孩子呈现这个世界更丰富的宗教文化，不仅包括基督教、天主教、东正教，还包括佛教、伊斯兰教，以及日本神道文化和中国龙图腾文化等。伦理课的学习，也是多学科综合，包括哲学、社会科学和文化研究，目的是培养学生成为独立、宽容、有责任感、审慎的社会公民，既教会学生在民主社会中所需要的宽容和妥协，又让学生知道个人自由和社会规则的界限。

用音乐表达自我。芬兰学生的音乐课注重演奏乐器，用音乐节奏表达自己，为此各个学校的音乐教室配备了钢琴、笛子、架子鼓、吉他等各种乐器。学生还要了解音乐是与时间、场合、文化相关的，在不同时代、不同文化背景下，对不同的人来说，有不同意义。学生要学会在不同场景下，鉴赏和表达自己的音乐感受，再借助乐器释放出来。此外，这种强调演奏的音乐课，也是培养学生合作能力的重要方式。小组成员需要一起选定主题、分角色弹奏、作词作曲、课内课外讨论，这种注重“学习过程”的教学方式，始终贯彻于芬兰教育的各个阶段。

用视觉艺术课代替美术课。中国中小学生的美术课，基本上是绘画课，可是早在 2004 年，芬兰的《基础教育国家核心课程大纲》就用视觉艺术课代替了美术课。课堂内容不仅有传统的绘画、美术作品鉴赏，还有现代视觉艺术创作形式，如摄影、图片处理等。此外，教师还鼓励学生用计算机、iPad 等电子设备进行创作、处理作品。通过视觉艺术作品，教师可以引导学生更深入地了解世界的多元文化，视觉艺术作品所呈现的个人特色、地方特色，以及人类的共通性。

自己动手制作生活必需品和艺术装饰品的手工课。芬兰基础教育非常强调学生的动手能力，从一年级开始便安排每周两节手工课。设置这门课程的主要用意有三点。一是调动学生自己制作手工艺品的热情，教会学生必备的生活技能，这项技能的获得对学生未来的生活能力有着重大影响。比如芬兰人不仅自己织冬天的手套、袜子，还织家里的地毯；自己可以用木头制作桌椅，甚至盖房子，盖房子一般需要两三年时间。二是通过让学生自己设计产品，增加他们对技术和艺术品美学的追求。这样他们在消费过程中，就能从商品的实用价值和审美价值双重角度来考量，从而提升生活品位。三是引导学生爱护资源。一块布、一块木头、一瓶水彩，只要可以激发学生的创造力和想象力，就可以变废为宝。为了给学生提供手工课的操作环境，芬兰学校里备有布匹、缝纫机，还建有手工房、木工房等，有的学校甚至有专门的陶瓷房用于泥塑、烧瓷教学。

教授生活技能的家庭经济课。会从做饭、做家务、家庭理财这三个方面教学，目标是让学生掌握日常生活技能，并能够生活得经济舒适，让生活环境可持续化。为了给学生提供家庭经济课学习的真实环境，每所学校都配有“厨房教室”。家庭经济课非常准确地阐释了芬兰的教育理念，那就是坚持让学生在体验式场景中“做中学”，从而提升学生个人生活技能和可持续发展能力。

授人以渔的指导和咨询课。2014 年版的《基础教育国家核心课程大纲》指出，从小学一年级开始要为学生提供教育与职业辅导，促进学生更积极主动地学习。到了中学阶段，每所学校专门开设指导和咨询课必修课，帮助学生更好地了解自己，更好地掌握学习方法，更好地探索职业发展的路径。这门课一方面注重学习方法的传授，帮助学生在学习上找到自己的内驱力，积累终身学习者所需要的知识和技能。另一方面通过教师的辅导，使学生有能力根据自己的兴趣爱好、个人能力为未来的日常生活和职业发展做规划。比如九年级学生不仅要上职业教育的主题课，了解真实社会的商业运行模式和职业种类，还要设定自己在整个社会中的角色和职业定位，并到真实场景中去体验这种职业的具体工作。九年级是教育的分水岭，芬兰用这种方式让学生体验，帮助他们决定今后是接受职业教育还是普通教育。

值得注意的是，芬兰中小学的课程设置不是一成不变的。它紧跟时代发展，考虑到未来教育的方向，每 10 年进行一次改革，以此保证芬兰教育培养出来的人才既能全面发展自我，又能顺应社会发展的需求。

2. 芬兰基础教育课程设置的特征

第一个特征是，芬兰学生在校学习时间相对较少。从课时看，芬兰小学生每天有四五节课（每周平均 22 节课），中学生每天有五六节课（每周平均 29 节课）。从家庭作业看，芬兰学生每周的作业时间为 3 个小时左右，低于 OECD 国家的平均 7 个小时，而上海学生每周的作业时间平均为 13.8

个小时，是芬兰的 4 倍多。

芬兰学生的学习时间少，成绩却世界领先。芬兰教育专家萨尔伯格将芬兰的这种教育现象概括为“少即是多”。主要表现为三个特征。

①教师教得少，学生却学得多。OECD 的后续分析发现，那些教学时间长的国家，如意大利、美国等，学生的 PISA 成绩反倒处于中等或偏后位置，而教学时间短的国家，如芬兰，学生的 PISA 成绩却很出色。

②考试考得少，学习成绩却好。那些经常采用标准化测试的国家，如美国、澳大利亚、日本，竟然在 PISA2000—2006 年的测试中，成绩一直下降。而考试少的国家，如芬兰，反倒成绩逐步上升。

③存在多元化族群，却很少有不平等现象。尽管地处欧洲的寒冷北端，芬兰还是吸引了不少移民。芬兰的学校并没有将移民特殊对待，而是一视同仁。其他多元化族群的国家，如德国、奥地利、美国，学校间的成绩差异巨大，但芬兰，据 OECD 的数据显示，是所有国家中差异最小的。

为什么会出现这种现象？说到底，跟它提倡“平等”“个性化教育”密切相关：“少”是指减少标准化教育、标准化考试；“多”是说给孩子更多的个性化辅导，更多的自由学习时间，更多的特殊教育，以确保每个孩子都能享受到高质量的教育。这条摒弃集权、标准化，提倡分权、个性化的道路，让每个人的潜能都能得到最大限度的发挥。

“少即是多”的理念和实践，在其他很多国家是难以推行的，为什么在芬兰却有这么好的效果？我谈谈自己的一些解读。第一，对于正在成长发育的儿童来说，休息与玩耍能够更好地刺激大脑发育。第二，在芬兰的课程体系中，不光学科的内容多样化，各个学科之间还注重打通与融合。在基础教育时期，丰富多样化的学科教学更有利于激发学生的学习兴趣，促进对知识的理解。第三，在这种轻松、闲暇的工作方式中，教师不仅得到了休息，同事之间也有时间来进行合作、教学讨论。

第二个特征是，芬兰中小学生课程为手工制作、户外活动安排了大量时间。不少国家都有家政课、木工课等贴近生活的动手实践课程，但大多停留在理论学习阶段。而在芬兰，这些课程从来都没有被特殊对待过，它们和语文、数学一样，都是必修课，且占据了学生一半的学习时间——芬兰中小学生一周的总课时数平均为 25 课时，其中，家庭经济课、手工课等就占了约 12 课时。芬兰教育和文化部前部长克里斯塔·基乌鲁（Krista Kiuru）对这一现象的解释是："手工艺、烹饪、创造性活动和体育运动，对年轻人而言都非常有意义。他们能在这些活动中，进一步运用和巩固从课堂上学到的技能。"至于有人可能会担心这将占用理论性学习的时间，基乌鲁说，儿童和青少年需要的远不只是理论知识，学校还应教给他们社会生活所需要的技能，帮助他们建立良好的自我形象，培养对他人的同理心，以及与同龄人、生活环境互动的能力。

第三个特征是，分科教学和"现象式教学"双管齐下。跨学科学习要做到融会贯通，离不开分科教学的知识储备，这就是芬兰教育坚持分科教学和"现象式教学"双管齐下的原因。因为分科教学能从纵向上让学生在每个学科内部深入发展知识和技能；跨学科学习能从横向上把不同学科融合，让学生更投入地学习，打通学科边界，连接课程学习与社会生活，进一步激发每个学生的学习兴趣。

第四个特征是，课程设置不仅注重"学什么"，而且关注"怎么学"。我们常说"授人以鱼，不如授人以渔"，芬兰基础教育强调引导学生自主学习、自我认知，以及自我规划，从中我们可以体会到芬兰教育的目标，是培养有学习自主权的社会公民。首先，芬兰中小学教育强调"怎么学"，而不是"学什么"；强调"学习过程"，而不是"学习结果"；强调"合作式学习"，而不是"个人死读书"。这样做的目的是激发学生在课堂的参与强度，对问题、现象、理论的探究热情，最终把学习自主权交到学生手中，让他们成为有内驱力的终身学习者。其次，学生作为一个人，需要学习生存技能、制作生活用品、培养艺术鉴赏能力、进行户外活动锻炼身体。学生离开学校，进入社会，成为社会人，要懂得如何与他人相处、合作、沟通、解决问题。作为未来公民，要知道自己的权利和义务，知道如何通过职业实现个人价值，以达到人与自我、人与社会的可持续发展。

芬兰国家课程大纲的变迁

一个国家要引领自己的教育面向现代化、面向世界、面向未来，为孩子储备未来生活、学习、工作的能力，手中需要一张“地图”。在芬兰，这张“地图”就是——国家核心课程大纲。随着时代的变化，这张“地图”在芬兰教育者手中不断更新，赋能每个孩子的发展。

芬兰第一部国家核心课程大纲始于1970年。当时集权管制思想盛行，国家教育部门不仅在这部大纲中详细规定了教学的内容和行政管理的标准，还经常指导地方教育部门和学校实施。而接下来，每10年一次的课程改革，概括来说，则沿袭着一条从集权到分权、从标准化到个性化的道路行进。

1.20世纪80年代，开始赋予地方自主权

1985年，因为基础教育开始由地方政府提供，所以芬兰进行了第一次全国性的课程改革。在这次改革后，国家课程大纲被定位为纲领性文件而不是指导手册。在这份课程大纲中，“以学生为中心”的思想被明确提出来；同时赋予地方教育部门和学校更多的自主权，允许他们进行本地课程大纲的研发。国家教育部门的职能从政策指导和监督变为政策引领。自此，国家、地方和学校三级课程体系建立起来。

* 教育和文化部颁布的《基础教育国家核心课程大纲》引领学校管理，指导教育方向，规划课时设计；国家课程大纲只是粗略地规定了学科目标、学科内容和评价标准。
* 各个城市有当地教育部门的“地方课程标准”，是芬兰学校教育教学的掌舵环节，通过对国家课程大纲进行详细解读和补充，把地方特色融进去，形成可操作的具体方案，指引每所学校的日常教学。例如结合当地的人口结构特征、经济发展水平、历史文化底蕴，有针对性地制定符合当地学生的福利保障方案、特色课程、文化认同教育方案。

* 每所学校由校领导、教师、家长、学生共同制定“校级课程标准”，尤其是教师会参与课程设计，并享有高度的实施自主权。

因为《基础教育国家核心课程大纲》只起到引领作用，真正进行课程开发的是地方教育部门、学校和教师，所以课程的本地化、实施的自主权和个性化教学得到了实现。于韦斯屈莱大学教育领导力研究所所长米卡·瑞斯古（Mika Risku）认为，这样的三级体系体现的是教育管理中的系统化思维。

有意思的是，《基础教育国家核心课程大纲》的第一章竟然是“地方课程标准的重要性”。国家用这样的政策和方式，支持地方教育部门开发自己的课程，真正践行了教育权力的下放、分权。以 2014 年国家课程大纲为例，早在 2012 年，教育和文化部就开始了新一轮的课程大纲改革，各地方的教育官员、大学教授、校长代表等都被邀请商讨新一轮大纲的制定，直到 2014 年出台。接下来的两年，各地方教育部门把国家课程大纲本地化，进行具有可操作性的课程开发，最终 2016 年在全国范围内实施。

与此同时，“以学生为中心”的教学在这一时期在全国范围内掀起了讨论思潮。20 世纪 80 年代之前，芬兰教育从发展心理学的角度看待儿童，认为儿童成长的目标就是长大成人，学习的目的就是为过渡到成人世界做准备，因此之前的教育以成人为中心。但 20 世纪 80 年代受到“以儿童为中心”的新思潮影响，认为儿童本身、儿童的社会关系，以及儿童与文化环境的互动也值得研究。这一理念被落实在方方面面：①尊重儿童的人权，儿童对教育需求的声音需要被重视；②尊重每个学生的个性化发展；③课堂教学以学生为中心，教师辅助学生独立、自主学习；④学习过程注重学生的学习兴趣，采用多样化的学习活动，调动学生成为积极主动的学习者；等等。

2. 20 世纪 90 年代，强化教育分权，开始推行个性化教学

1994 年出台的国家课程大纲进一步强化了教育分权和个性化教学的理

念和实践。落实到学校，即给学生选择课程的自由，给教师教学法的自主权，给学校管理层自主权。

芬兰学校自小学开始就设有选修课；到了高中，更是彻底打破固定的班级制，采取“不分年级”的选课制，学生修完规定学分即可毕业，旨在提高学生的综合素质和主动学习能力。这种“不分年级”的教学模式，给了高中生充分的学习自主权，学生可以根据自己的兴趣、爱好，自主安排学习计划、选修科目及学习进度。学生在校时间非常有弹性，一般是三年高中毕业，但学习进度快、成绩优秀的学生可以两年高中毕业，学习进度较慢或兴趣广泛的学生，也可以四年或五年高中毕业。这种模式，最大限度地满足了学生的个性化需求，最大限度地尊重了学生的意愿和兴趣，最大化地践行了因材施教。

20 世纪 90 年代，芬兰自上而下弱化教育中的外部监督。发展至今，教育局不会过问学校在干什么，校长也不会插手教师如何开展教学，甚至，没有对教师的考评、评比制度。在这种信任、安全、愉悦的校园环境里，教师会安心致力于教学研究，教师不着急，有时间让学生试错；学生勇于探索，也不会害怕犯错，他们感受到了教师的信任，才能激发出更多的创新能力。久而久之，教师和学生都在校园里获得了很大的归属感和认同感，形成共同促进学习的合力。

20 世纪 90 年代，芬兰课程改革的第二大举措是开始推行“个性化教学”。1995 年以后，严重残疾的学生被允许进入或转入芬兰主流学校和普通班级接受基础教育。随着芬兰主流学校内学生的层次越来越多样化，为了满足不同层次学生的发展需求，芬兰学校进行了一系列的改革——芬兰中小学配置特教老师，特教老师和班级教师或学科教师一起为学生量身定制符合他们个性的学习计划；在班级内部实施分层教学、小组教学及个性化辅导；教师采用“以学生为中心”的教学法以满足不同学生的学习需求。

3. 21 世纪初，推行全面的过程性评价体系

由于芬兰在 20 世纪 90 年代取消了针对学校和教材的外部督导制度，高中毕业考试成为唯一的全国统一标准化测试。但这并不是说芬兰中小学没有考核，2004 年国家课程大纲就把重点放在了教育评估体系上，特别是第一次提出了评价学生的国家标准，规定对学生学习的评价在学科测验成绩之外，还需包括全面的、描述性的、过程性的评价，从而反映学生在整个学习过程当中的参与度、活跃度，及其进步或变化。同时，学生的自我评价也是整个评价体系的重要组成部分，旨在把学习自主权放在学生手中。

芬兰一名小学教师在接受我的访谈时解释："虽然我们没有标准化考试，但是我们有多样化的评估手段，主要是通过抽样测试、教师给学生反馈和学生自我评价的方法进行。"提供反馈和评价时通常采用叙述性语言进行描述，具体阐述学生的个体情况。

* 根据学生的小组讨论情况，教师给出反馈。
* 让学生做报告，呈现学习成果，让同伴互评或自评。
* 提交学习报告时，教师给出定性评估。
* 同伴反馈。
* 家长反馈等。

这位教师补充道："我们评价学生的目的，不为排名，不为择优，而在于了解学生的学习情况，发展学生的自我评价能力，以实现国家课程大纲提出的'学会学习'目标。"

2014 年版的《基础教育国家核心课程大纲》对评价学生的方式提出了新要求。

* 第一，要提升学生的自评、互评能力。学生是学习的主体，他们要对自己的掌握程度、学习能力有所把控；也要学会观察、反思他人

的学习行为，给出反馈意见，培养同伴互评的能力。另外，为了提升学生的学习参与度，他们还被邀请参加教学和学习的各个环节，例如，对学习环境提建设性的意见，对学习成果进行评价，参与教学活动的设计，以及参加校级课程的开发。

* 第二，把学生的学习体验作为评价内容之一。教师给学生的反馈意见，不仅要指出学习过程中的进步、成就；还要让学生懂得失败和犯错也是学习体验过程的一部分。
* 第三，评价方式要更加多样化。芬兰教育发生的场所不局限于固定的教室，还可以是厨房、手工房、木工房、车间房、VR 环境下的学习，以及森林、博物馆、社区等，如此多样化的学习场所，要求评价方式必须更加灵活、多样，如学生的团队领导力、解决问题的能力、处理信息技术的能力、人际沟通的能力等。

说到底，从教师评估到学生自评、同伴互评，其实是教师把学习自主权慢慢移交到学生自己手上。一方面，在自评的过程中，学生能够更好地认识自我，实现自我可持续发展，成为终身学习者；另一方面，在互评的过程中，他们能够实现自己与他人的可持续发展，在团队协作中成为优秀的协作者。

4. 2014 年国家课程大纲强调横贯能力和跨学科学习

2014 年出台的国家课程大纲自 2016 年 8 月实施以来，继续沿着分权和个性化教学的道路往下走，以最大限度地增强学生主动学习的参与度，让学生学会学习，实现个性化发展，并强调横贯能力向传统分科教学的渗入。

首先是引导学生学会学习。目的是使学生在掌握重要知识和技能的过程中，学会为自己制定学习目标，在大框架中学会评估自己的学习是否有进步，同时也是为了让学生在未来继续做一个强有力的人——一个既根植于芬兰文化，又具有国际化思维的人。

其次是更好地提升学生的学习兴趣。学校给学生提供更多机会在教室外学习，森林、博物馆、企业等，都是很好的学习场所。在现代社会当中，科技已经在学习中扮演越来越重要的角色，因此一些游戏和虚拟场景也应该被视为很好的学习资源。

最后是培养学生的横贯能力。这既着眼于当下芬兰教育问题的解决，又前瞻性地指向教育的未来。尤其是后一点儿，为了指向教育的未来，国家课程大纲明确提出要在所有学科教学中培养学生的七种横贯能力。

①思考与学会学习的能力。重在培养学生从环境中主动学习的意识和态度，发展他们观察、探究、评估、整理、生产并分享信息和想法的能力，为终身学习奠定基础，涉及创新思维、探究、学会思考、学会学习、问题解决、沟通能力等多个方面。

②文化感知、互动沟通与自我表达的能力。旨在培养学生适应多元环境、尊重人权、尊重多元文化，并以尊重为前提，在多元环境中沟通和表达。语言是文化的主要载体，这一素养与母语和其他语言学科的学习有着天然联系，同数学、美术、音乐等学科也联系紧密，对这些内容的了解都有利于文化的沟通和交流。

③照顾自我和他人，以及管理日常生活的能力。涉及与生活相关的健康、安全、与他人关系、交通、应对新信息技术环境、烹饪、理财等多个方面，旨在培养对上述方面的组织和管理能力，更要培养学生面对未来复杂生活的积极心态。

④多元识读的能力。指获取、整合、修饰、阐释、生产、呈现并且评估不同类型的文本，学习理解文化交流的不同类型，并形成自我认同。不同文本包括文字、语言、图像、声音、数字以及视觉符号等多种类型。从结果上看，多元识读的能力有助于学生理解文化的多样性并解释周围世界，有益于增进学生对道德和审美相关问题的思考，同时也有助于学生批判性

思维和自学能力的发展。

⑤信息与通信技术能力。信息素养是新时代公民必备的素养。主要包括四个方面的内容：信息与通信技术使用的基本原则、运行的基本原则以及核心概念；信息与通信技术的安全性问题；信息与通信技术的应用，包括信息管理、信息挖掘和创造性工作；信息与通信技术的实践操作。

⑥职业技能与创业的精神。指能够理解工作和企业的现有价值与潜在价值，了解作为社会成员的个人责任，以及面对职业和未来生活的积极态度。芬兰基础教育旨在通过项目活动，帮助学生积累未来工作的相关知识，学习创业的运行方式，让学生认识到能力对自身职业发展的重要意义。

⑦参与、影响并构建可持续性未来的能力。旨在培养学生参与公共事务的能力，形成作为社会公民的责任意识。2014 年国家课程大纲指出，基础教育有责任培养学生使用民主权利和自由权利的能力，学生只有通过实践，才能获得参与公共事务的能力，形成对未来负责的态度。学校应为这些实践活动提供良好的环境，促进每个学生参与。

总而言之，横贯能力是相对于传统的学科能力而言的，指贯穿于不同学科和领域需要具备的通用能力。这种能力跨越学科界限，需要将不同领域的知识和技能整合起来，以保证学生未来能够面对个人发展、学习、工作和参与公共事务的各种需求。

芬兰目前拥有全球一流的公立学校体制，但它还在不断更新。这是源于几十年课程改革形成的共识：教育孩子面向未知的未来，就需要设计一张引领他们前进的“地图”，需要不断思考学习是什么，世界发生了什么变化，我们想要怎样的未来。这些共识推动着芬兰教育不断变革。

芬兰的教育评估和质量保证体系

“我们评估的不是学生，是学习。”当芬兰教育评估中心（Finnish Education Evaluation Center，简称 FEEC）高级评估专家西尔帕·奥雷利（Sirpa Orell）在我面前说出这句话时，我因芬兰的教育评估能有这份纯粹而感动。

说它纯粹，是因为其体现了对每个个体的尊重和珍视。如果我们把评估对象定位为学生，就不免会给学生贴上好学生、坏学生的标签，对学生进行分类。只有当教育者一视同仁地看待每个孩子，才能真正做到“有教无类”，因为孩子并没有高低贵贱之分，只有学习效果的好坏之别。

基于此，芬兰教育也做教育评估，并以此为国家的整体教育质量把脉和诊断。“我们的教育体系不像一些国家的社交媒体所标榜的那样，没有考试。事实上，我们非常注重利用全国性测评来评估教育体系，以确保芬兰教育的整体质量。只是这种大型测评几年才组织一次，不像一些国家那样月月考、期期考、年年考。”奥雷利说。

奥雷利所说的大型测评，是国家抽样考试，一般是在全国范围分散抽选 10% 左右的学生进行考试。它每四年开展一次，覆盖了整个芬兰教育体系，从儿童早期教育到基础教育，再到更高级的成人教育。奥雷利说：“不过，抽样考试并不是我们诊断教育质量的唯一手段。我们还会结合访谈、口头评估和自我评估，综合来看教育质量。”

2019 年 4 月，芬兰教育评估中心发布《2016—2019 年基础教育和高中教育学习和技能评估报告》，并在赫尔辛基举办发布会。下面我们就一起来看看，没有标准化考试，芬兰如何诊断教育系统内的问题，以及如何保证教育的整体质量。

1. 芬兰这样诊断自己的教育质量

芬兰的学校几乎没有考试的文章在网络上为数不少。这种言论既对又不对。的确，对比国际上其他国家的竞争型教育体制，芬兰中小学生确实不需要经常参加标准化测试，他们不需要通过考试来争取升学机会。但实际上，芬兰学生平时也有各种班级小测试，教师需要通过小测试来诊断学生的学习情况，但这不是唯一手段。此外，中小学生还会参与芬兰国家抽样测试和各种国际测评，比如 PISA、TIMSS[1]、PIRLS[2]、ICILS[3] 等。可以说，芬兰比任何一个国家都喜欢通过大数据来诊断自己教育的整体质量。

在芬兰教育评估中心的发布会现场，评估专家艾利娜·哈于宁（Elina Harjunen）开场讲道："我们建立评估体系有明确的目的。其一，我们希望能够诊断学生的学习情况，以支持他们后续的学习。事实上，芬兰从早期教育到高中毕业不同阶段都对学生的学习水平进行各种形式的评估。其二，我们需要评估学校的管理模式、运作模式是否有效。其三，我们当然也为地方政府和国家教育部门提供决策和发展建议，以及为国际比较教育的研究者提供信息。"

哈于宁说出了芬兰教育评估的两大主题。一是评估学生的学习成果。它不仅会检测学生的学习成绩，更会监测学生的学习态度和学习动机。二是评估学校的运作模式、管理模式是否有效。了解芬兰教育的人都知道，芬兰地方政府和学校享有高度自治权，那么地方管理模式是否能保证教育的有效性必然需要验证。这个验证系统就是芬兰教育评估网络，它分内部

[1] TIMSS，是 Trends in International Mathematics and Science Study 的简称。主要测试全球四年级和八年级学生的数学与科学素养。该测评于 1995 年首次举办，每四年进行一次。

[2] PIRLS，是 Progress in International Reading Literacy Study 的简称。主要测试全球四年级学生的阅读素养。该测评于 2001 年首次举办，每五年进行一次。

[3] ICILS，是 International Computer and Information Literacy Study 的简称。主要测试全球八年级学生的计算机与信息素养。该测评于 2013 年首次举办，每五年进行一次。

评估和外部评估两种。

所谓内部评估，是指教育提供者，这里指市教育局和学校，不仅要安排教学，还要对教学的有效性和质量负责。这样就形成了两种形式的内部评估：地方教育局评估和学校评估。在芬兰，教育局本质是一个服务组织，而不是学校的上级领导机构，它对教育质量起不到太大的监测、评估作用。享有高度自主权的学校在内部开展各种形式的自我评估活动，比如学生自评、教师自评，以及校长和管理层对教学和校园文化的评估。具体到对个体学生的日常评估，则主要由任课教师统筹的学科测验、口头评估和学生自我评估等完成。

再看外部评估，就是国家抽样测试。它是芬兰从国家层面保证全国基础教育、高中教育质量的手段。这个抽查不是为了学校排名和评选重点，而是为了了解城乡之间、不同人口结构的区域之间，以及不同教学语言的学校之间教育质量是否存在差别。得出的数据是为了帮助教育部门在经费和教育资源分配上做出更明智的决定，对有特殊需要的学校、地区给予必要的或额外的资助，以确保教育的公平。

国际测评之于芬兰的意义同样如此。它可以整体把脉国家教育质量，而不是监测某所学校或某个地区教育质量的高低。我想，这也是近 20 年来，芬兰热衷于参加各种国际学生测试的缘由。

对于某所学校的优劣，恐怕没有人比家长更关心了。然而，芬兰自 20 世纪 90 年代起，就切断了关于学校排名的信息源。赫尔辛基大学教育学院教授汉努·斯莫拉（Hannu Simola）在《芬兰基础教育中的质量保证和评估》一文中指出：“20 世纪 90 年代，几乎没有教育官员或政治家支持通过学生的平均绩效指标来给学校排名。当时唯一公开支持给学校排名的机构，是芬兰工业和雇主联合会下属的教育委员会，他们站在家长的角度发声。面对这两种声音，芬兰议会下属的教育和文化委员会（Committee for Education and Culture，简称 CEC）于 1998 年首次提出，并在 2004 年再次提出——公开发布的信息，只能涉及主要的评估结果。《基础教育法》不允许公布与个别学校或教师直接相关的信息。发布的评估结果，无论如何都不能带有给学校排名的导向，也不能给学校、教师和学生分类，打上好或坏的标签……”

我们可以看到，即使是没有标准化测试的芬兰，也像其他国家一样，需要知道自己教育的整体质量，且整个国家教育水平的数据是公开发布的，让大众对身边的学校有信心。至于个体是否知道某所学校质量的高或低，这不重要。虽然国家和地方不会公布某一区域学校质量的数据，但这并不表示芬兰国家层面没有这个数据，也不表示芬兰没有好学校或坏学校之分，只是官方不公布，大众不知道而已。

2. 从“管控”到“自治”的转变

虽说 20 世纪 90 年代以来，芬兰学校享有高度的自主权，无须受各种评估、考试的影响，但 20 世纪 70—80 年代的芬兰教育质量保障体系，也是由管控来维系的。就拿教师来说，他们需要接受学校的督导，国家课程大纲甚至巨细无遗地规定了教师的教学方式、官方教材和学习材料、每周每个科目的课时数、每节课的备课记录和班级学习日记等。

转变发生在 1991 年。这一年芬兰正式废除教育督导制度，其后逐步建立外部评估与内部评估相结合的教育评估体系。之所以在 20 世纪 90 年代出现从“集权”到“分权”、从“管控”到“自治”的转变，跟当时的经济状况和社会思潮有密切关系。

先看经济状况。1991—1993 年，芬兰出现经济大萧条，成为欧盟失业率第三高的国家，紧跟爱尔兰和西班牙。在经济大萧条时期，国家只有将权力下放，才能完成全国范围的大裁员和削减开支。这样，伴随经济紧缩和管理模式的变革，芬兰教育系统内下放权力，放松管制，开启“以评估代管控”的模式。最明显的特征是，20 世纪 90 年代国家层面对学校的管控只剩下规定每个科目的最少课时数。在这个过程中，我们也可以看到，芬兰对学校的管控放松，是历史的偶然。如果没有当时的经济大萧条推动整个社会管理模式的变革，教育系统内的分权恐怕就很难实现。

再看社会思潮。20 世纪 90 年代以来，在新自由主义和全球化社会思潮的影响下，芬兰国家层面放松了对国内经济的干预，以及对商业和财产的管制。这种思潮对教育系统的冲击是给地方行政部门和学校更多的自由空间、更高度的自治权。既然地方行政部门和学校享有广泛自主权，那么国家层面如何确保各地自治的有效性，就显得尤为重要。近 30 年以来，这份职责由外部评估完成。有意思的是，承担外部评估的单位越来越独立。1991 年，是由芬兰教育和文化部委托芬兰教育评估委员会（Finnish Education Evaluation Council，简称 EEC）、国家教育委员会（National Board of Education，简称 NBE）和芬兰高等教育评估委员会（Finnish Higher Education Evaluation Council，简称 HEEC）三家机构承担外部评估职能，而 2014 年，这三家评估机构合并重组，成立了芬兰教育评估中心，作为独立的第三方评估机构统筹各级教育的外部评估工作。

接下来，最重要的问题来了：外部评估的流程和指标是什么？解答这个问题，能帮助我们理解芬兰教育系统是如何运作的，又是如何确保各地教育质量的。

3. 芬兰外部评估的流程和指标

2019 年，在赫尔辛基发布的《2016—2019 年基础教育和高中教育学习和技能评估报告》，呈现的是芬兰最新一轮外部评估结果。每轮外部评估都要持续四年才能完成，这次也不例外。2016—2019 年，芬兰在全国范围内展开包括学前教育、基础教育、高中教育、职业教育和高等教育在内的评估计划。

那么，对基础教育的评估如何开展呢？我与芬兰教育研究所（Finnish

Institute of Educational Research）副教授尤哈尼·瑞多布若（Juhani Rautopuro）交流时，他指出："对基础教育的评估通常持续两年。这个流程包括教育和文化部制定任务、任命评估专家负责各个项目、出题、到学校抽样检测和收集数据、分析数据，最后是国家发布报告。"

难得的是，参与评估的专家不只是搞科研的大学教授、研究员，其他利益相关者，比如教师、教师工会代表也会参与其中；写报告的专家团队里也不只是科研人员，资深教师和校长同样是合作者。这一点儿从《2016—2019年基础教育和高中教育学习和技能评估报告》就可看到，作者有东芬兰大学教授，有芬兰教育评估中心专家，还有不同城市的中小学校长和教师。

还有一个至关重要的问题，是如何选择抽样测试的学校。瑞多布若告诉我："通常我们会随机选择150所左右的芬兰语综合学校，这大约占全国芬兰语学校的六分之一。这样每次有4500 ~ 6000名学生参与测试。这些学校分布在全国各大城市。当然，人口多的城市参与测评的学校数量也相对较多。"

这个体量相当于OECD开展的PISA测试。比如2006年，芬兰有来自155所学校的4714名15岁初中生参与PISA测试。但这个抽样测试的指标，比PISA测试要丰富得多。如《2016—2019年国家教育评估计划》对基础教育开展的外部评估有四大指标。

第一，评估学生的学习和能力素养。

* 评估国家课程大纲涉及的学科目标和核心素养落实情况。
* 特别注重评估学生的母语和数学能力。
* 在瑞典语学校，评估芬兰语作为第二语言的学习成果。

第二，评估教育系统的功能、运行。

* 评估学生在教育过渡阶段（比如幼升小、小升初、中考、高考等阶段）的过渡情况和学习路径的顺畅性。
* 评估国家教育经费缩减对地方和当地学校的影响。
* 评估《学生福利法案》的实施情况。
* 评估学习环境的融洽、和谐、安全。
* 评估中小学生的自我评估能力。
* 评估《基础教育国家核心课程大纲》的实施情况。
* 评估在瑞典语学校处理双语和多语言学习的情况。

第三，评估学校教育内容与社会中重要议题的相关性。

* 跟国际上比较，移民融入教育系统和学习社区的情况。
* 评估教师角色的变化，以及教师教育和继续教育应对变化的能力。
* 评估学生的创业素养和创新能力。
* 数字化。

第四，外部评估要为教育提供者提供质量管理的方法，并强化教育提供者自我评估的文化。

* 评估教育提供者自我评估的能力。
* 外部评估将为教育提供者提供自我评估和质量管理的方法。

这样缜密的评估系统像一张网，覆盖了芬兰教育的方方面面。这也正如教育和文化部基础教育执行长伊娃-瑞塔·皮尔霍宁（Eeva-Riitta Pirhonen）所说："它自上而下开展，在全国范围内收集数据，跟进式诊断教育问题，为教育发展提供大数据。"

芬兰一间教师办公室的一角

第五章 尊师重教的社会文化

芬兰信任教师所走的“路”

在谈论芬兰教育成功的秘密时，几乎所有人都会归因于芬兰教师的高素质，芬兰教师手中高度的自主权，以及芬兰社会对教师的高度信任。

那信任教师的文化，从哪里来？我想，它不是来自外部，而是来自教师群体本身。教师的综合素养跟受教育程度有很大关联。自20世纪70年代以来，芬兰要求所有中小学教师必须具有硕士学位，这为教师群体赢得很大的社会尊重。那么，当时支持这一改革的土壤有哪些？在此之前，教师的社会地位又如何？在这里，我试图还原芬兰教师教育改革的全貌，在这个过程中去看芬兰为什么会信任教师所走的“路”，并以此为鉴，思考这条“信任之路”能否成为我们的未来之路。

1. 传统上，芬兰尊重小学教师吗

谈及芬兰教育历史，不可避免地要谈教会和国家的关系。可以说，几个世纪以来，教会在芬兰文化和教育领域发挥了极大作用。在瑞典殖民时期，一位叫米卡埃尔·阿格里科拉（Mikael Agricola）的图尔库大主教，在16世纪时第一次把《圣经》翻译成芬兰文。从此，芬兰语不再只是口耳相传的口语，芬兰人有了自己的文字。阿格里科拉也因此成为芬兰文学之父。

有了芬兰文的《圣经》，意味着每个芬兰人都有机会用自己的母语来阅读。也就是在这一时期，教会要求所有少男少女必须先识字、能读《圣经》，然后才能结婚。这对芬兰语言和文字的推广具有里程碑式的意义。这样，教会就成为负责国民教育和文化传播的机构，教区的执事和牧师就变成每个地方的国民小学教师。集牧师和教师于一身的时代特征，为芬兰小学教师群体赢得了很高的社会地位。

到了沙俄管辖时期（1809—1917年），芬兰脱离了瑞典王国，获得了很大程度的自治权。但是，不管是瑞典还是沙俄统治时期，上层阶级基本上都是说瑞典语，只有下层农民才说芬兰语。

19世纪中期，芬兰开始努力寻找自身的民族性、文化符号和身份认同。说本民族的语言，变成民族身份认同最重要的标志之一。教师在芬兰语官方化这条道路上，发挥了很大的推动作用。先前，牧师负责的国民教

育，只是用芬兰语教大家学习《圣经》，这更倾向于提升公民的道德和宗教修养。到了1863年，芬兰第一所教师培养学院（Teacher seminary），在芬兰中部的于韦斯屈莱市成立，教师开始负责国民的知识和技能教育，用芬兰语给孩子上母语、数学、手工课，等等。随着各地教师培养学院的成立，芬兰语作为学校的教学语言逐渐在全国范围内普及。可以说，国民小学教师作为知识的代言人，在这一时期受到了极大的尊重，尤其是在芬兰的农村地区。事实上，19世纪的芬兰，就是一个大农村、农业国，而教师这个群体则成为民族文化的传承者。寻找民族身份认同的过程，强化了教师对民族文化传承的角色，教师的社会地位被进一步提升。

2. 教师群体内部受尊重程度的“不均衡”

在1917年芬兰独立之前，芬兰国民的受教育程度基本是小学水平。当时只有不到10%的孩子进入中学文法学校，这些孩子大多来自上层社会家庭，因此，接触和培养社会精英的中学教师的地位要远远高于小学教师。这跟今天我们看到的中小学教师资源均衡、城乡学校无太大差异的现状有很大不同。

当我们回看历史，会发现芬兰教师资源的“均衡”也是一步步形成的。曾经，它也存在着长期“不均衡”的状态。在这种状态下，不同教师群体受社会尊重和信任的程度是不一样的。

我将从三个角度来谈这种“不均衡”现象：乡村小学教师的社会地位和城镇小学教师的社会地位的差异；小学教师的社会地位和中学教师的社会地位的差异；小学教师培养模式和中学教师培养模式的差异。由此，我们得以看清芬兰小学教师的社会地位是如何一步步提升的。

第一，教师的社会地位与所处地域有关。与城镇小学教师相比，乡村小学教师的社会地位低。时光回溯到“二战”之后，当时芬兰新建了很多学校，新学校需要新教师。当时新聘的小学教师大多数来自乡村，很多小学也都是乡村小学。我们从下面两个角度来看当时大多数小学教师的社会地位。一方面，对乡下人的儿女来说，乡村小学教师的职业身份代表着底层社会向中产阶层的过渡，但乡村教师群体仍然属于中下阶层。另一方面，乡村教师与城市教师的社会地位在历史上有很大的不同。至少在 20 世纪 80 年代以前，芬兰乡村小学教师的专业水平、生活方式和文化层次远远不如城市教师。举例来说，1905 年普选制度确立之前，城市教师有权利以中产阶级的身份参加选举，但是乡村教师完全没有这种投票的权利。1930 年，城市教师成立了教师工会，为本群体争取利益和福利，乡村教师却没有这样的权利。此外，城市学校是教育专家推行教育改革的圣地，而在乡下的学校里，很多教师多年来一直都是一成不变地按自己的经验教学。

第二，教师的社会地位受教育体制的制约。与文法学校的中学教师相比，小学教师的社会地位低。在介绍中小学教师的社会地位差异之前，还要提一下芬兰的“双轨制”教育体系。20 世纪 70 年代之前，芬兰孩子在 11 岁时，也就是在接受完四年基础教育（小学）之后开始分流。少部分孩子就读文法学校，他们来自中上层社会家庭，注重理论学习和人文教育。大部分孩子则在读完六年小学后去读公民学校，他们来自底层家庭，注重实用和道德教育。这样的“双轨制”教育体系，使在文法学校工作的中学教师的社会地位远远高于小学教师和公民学校的教师。

第三，教师的社会地位与其受教育程度有关。与在大学里接受过学院派教师教育的中学教师相比，小学教师的培养模式缺乏专业性。自 1863 年第一所教师培养学院成立到 1971 年这一百多年里，芬兰小学教师在任职前需要接受三年的预备教师学习。教师培养学院是非学术性的教育机构，有很强的宗教思想渗透。这个机构相当于我国现代的师范专科学校，学生毕业时并不能获得本科学位（现在的术语），而且受爱国思想和基督教道德约束很大。而中学教师是在大学里接受的正规高等教育。很明显，学院派的培养模式让中学教师更具专业性和社会认可度。

这三个方面的“不均衡”在 20 世纪 70 年代被打破。突破口在教师教育的变革和升级。

3. 芬兰教师培养模式的三次变革

芬兰在20世纪70年代强制要求中小学教师必须拥有硕士学位，这究竟意味着什么？这里有一组反映芬兰国民接受教育程度的数据，能说明当时的社会背景。1970年芬兰接受过高等教育的人口占总人口的7%，2017年高达44.3%。中国是多少呢？2015年我国人口普查的数据显示，接受过高等教育的人口不到总人口的5%。也就是说，在国民素养方面，中国和芬兰的差距比较大；更别说站在当下这个时间节点去比较中国教育和芬兰教育的差异。

那为什么在国民受高等教育程度较低的20世纪70年代，芬兰敢要求所有中小学教师必须拥有硕士学位？哪里来的底气和改革魄力？当我把这个问题抛给赫尔辛基大学教育心理学教授科尔斯蒂·隆卡（Kirsti Lonka）时，她说："芬兰人对大学毕业的理解跟中国人不一样。我们芬兰人所说的大学毕业，一般是指硕士毕业，而不是本科。"她的回答让我很吃惊。

"您的意思是，芬兰人基本都是本硕连读？"我惊讶地问道。"芬兰综合大学的学生基本是这样，不过幼教老师除外。这背后有两个原因。一是在芬兰20世纪70年代的高等教育改革中，综合大学取消了学士学位，几乎所有专业都是直接读完硕士才毕业。二是芬兰大学是免费的，所以芬兰人愿意在大学里学习到硕士毕业。"按照隆卡所言，那硕士学位就不只是针对教师群体的要求了，放眼所有的综合大学，每个专业都应该是本硕连读的学生。真的是这样吗？当我打开于韦斯屈莱大学历年来各专业的录取信息时，果然发现各专业写的都是3+2学年，本硕连读学制。

在这样的高等教育变革背景下，芬兰的教师教育变革主要经历了三次大调整。随着一次次变革，小学全科教师的社会地位和专业性越来越高。

* 第一次变革，我称它为教师培养学院（Teacher seminary）。三年制，在全国各地的乡镇开办。1971 年之前，全国各地的小学教师都是通过教师培养学院获得三年的教师教育训练。
* 第二次变革，是师资培养的大学化（Teacher education in university）。1971—1979 年，师资培养转移到大学里，大学的教育学院设置教师教育专业。经历三年制的教师教育训练，获得学士学位。
* 第三次变革，是师资培养的硕士化（Master degree program）。1979 年芬兰进行高等教育改革，学士学位被取消。小学教师的学位课程，从之前的三年制学位 120 个学习周，变成了四年制学位 160 个学习周。

中学教师的出身更高贵。他们不像小学教师最早是在乡村接受教师培养学院的教育，而是一直都由大学培养。所以他们只经历了第二次和第三次变革。

* 1979 年之前，芬兰中学里的科目教师，都由大学培养，他们要完成三年制的教师教育训练，获得学士学位。
* 1979 年开始，除了主修所教授的科目之外，还要额外修教育科学的学分（最少 40 个学习周，即一年）。自此以后，中学科目教师的学位课程，变成三年制学士加 40 个学习周，即四年制学位。

其实，芬兰大学的这个四年制学位，也就相当于国际上的硕士学位（比如英国本科是三年，硕士是一年）。因为是免费教育，很多学生不急着毕业；再加上毕业论文的要求比较高，很多芬兰学生无法在四年内完成全部学业，这个学位慢慢地就变成了现今的五年制。

因此，若没有同时发生在芬兰高等教育的全面改革，则芬兰中小学教师教育很可能就不是我们今天看到的样子。芬兰经验告诉我们，教师质量高不高，源头在高等教育。但只有高学历还不够，要形成优质的教育生态，还必须在教育体制、教师的专业性、教师待遇和福利三个方面齐头并进。

对这三者，芬兰都有解法。

4. 提升教师社会地位的“三部曲”

2019 年 3 月，第九届“教师专业国际峰会”（International Summit on Teaching Profession）在芬兰首都赫尔辛基举办。来自全球 21 个国家的教育部部长带着本国的教育政策制定者、教师工会领袖和杰出学校代表参会，共商全球教师、学校、教育发展大计。我有幸作为上海市教委代表团的一员参会。

芬兰作为教师培养领域的领头羊，被 OECD 教育与技能部部长安德烈亚斯・施莱克尔（Andreas Schleicher）和国际教师工会秘书长大卫・爱德华兹（David Edwards）同时表扬。芬兰教师受到如此高的国际认可，无非是因为三个方面做得好。

首先，教育体制的设置，让中小学教师平起平坐。自 20 世纪 70 年代开始，芬兰基础教育完全采用综合学校模式，即中小学合并在一起，且小学从四年制变成六年制，这大大提升了小学教师的社会地位。在体制内，小学教师不再低中学教师一等，而是同中学教师共同在综合学校工作。在社会上，随着小学学制的延长，小学教育作为基础教育的第一阶段越来越引起社会重视。

其次，通过大学硕士项目培养小学教师，提升了小学教师的教学专业性，也带来了更强的社会认可度和家长信任度。尤其是在 20 世纪 70—90 年代，当时芬兰国民受高等教育的程度还没有现在这么高，小学教师的高学历无疑赢得了家长和社会的好感。

最后，通过第三方组织为教师争取利益。教师个人基本不可能跟强大的教育体制对话，于是芬兰利用教师工会这个强大的组织，为全国教师的利益发声。芬兰教师工会是独立的非政府组织，它不属于任何政党，也不是教育和文化部下属机构。目前，全芬兰 95% 以上的教师都是这个组织的会员，其范围覆盖幼教教师、中小学教师、职业教育教师、高等教育教师等。它不仅为教师群体争取更好的工资待遇、更好的工作环境和更高的社会地位，还对国家教育政策拥有否定权。通常，芬兰教师工会的“二把手”还兼任教育和文化部的秘书长。芬兰众多研究表明，自 20 世纪 70 年代晚期之后，不再有重要的教育决定是没有经过芬兰教师工会的同意而下发的。

此时，我们回过头再看“教师专业国际峰会”这样的会议。它旨在把教育政策制定者的一方——教育和文化部，和教师群体利益代表者的一方——教师工会，共同邀请来坐在同一张桌子上对话和碰撞，真正为教师的职业发展和幸福而努力。

芬兰教育在师资培养、组织结构方面跟中国有很大差异。这种差异有的来自教育发展阶段的不同，有的来自社会结构的不同，这背后受到国家经济发展水平、政治形态、文化、历史等很多因素制约。明确了这一点儿，我们在仰望世界顶尖教育的时候，便不会盲从，更不会丢失信心，因为再好的教育也是一步步走过来的。芬兰信任教师所走的路，是他山之石，用好它，便于雕刻我们教育之玉。

芬兰教师“以学生为中心”的教学法

一谈到芬兰基础教育的高质量，很多人势必归因于芬兰教师都拥有硕士学位。那硕士学位到底意味着什么？意味着教师拥有丰富的学科知识吗？部分是。教师教育专业的学生被放在大学的各大学院，吸收大量的学科知识。意味着教师更会教学吗？其他国家也许不尽然，但在芬兰是这样。这跟芬兰培养教师教育专业的学生的模式有关。一种是芬兰的小学全科教师、特殊教育教师被放在大学里教育学院下属的教师教育系培养，本硕期间要学习全科知识、研究方法，以及 60 个学分以上的教学法课程。一种是中学学科教师被放在各大学院来培养，比如数学教师在数学学院学习，毕业时需要获得数学专业的硕士学位，除此之外，还必须修满 60 个学分的教学法课程。

可以看出，芬兰在教师培养上，既注重学科知识、研究能力，也注重教学法训练。那么，芬兰教师究竟采用怎样的教学法，从而让学生表现优秀？我的先生唐鑫和他的项目组同事用科研找到了答案。唐鑫在于韦斯屈莱大学读博士期间，分析了来自芬兰和爱沙尼亚的 91 位一年级教师和 70 位三年级教师的教学行为。之所以选择爱沙尼亚与芬兰做比较，是因为爱沙尼亚是学习芬兰教师培养模式后获得成功的样本国家，甚至在近些年的 PISA 测试中，其水平超过了芬兰。

唐鑫和他的项目组同事用实证研究去寻找：①芬兰小学课堂到底被什么教学法主导，是传说中“以学生为中心”的教学法吗？②哪一种教学法对学生学业成绩的帮助更大？他们的研究论文发表在国际期刊《教学与教师教育》（*Teaching and Teacher Education*）上。他们的研究成果可能会颠覆你对芬兰教师教学法的认知。

1. 芬兰小学课堂的教学法

唐鑫和他的项目组同事很清楚，同一学校、同一城市可能存在一些类似性，所以他们尽量到两个国家的不同城市、不同学校去取样拍摄。这样，参与研究的 161 位教师一部分来自芬兰的 3 个城市，一部分来自爱沙尼亚的 3 个城市。

唐鑫的课堂观察量表（见表 5.1）从三个维度分别给教师打分，而三个维度分别由 14 个描述项组成。对照描述项，一项一项给教师的课堂教学打分，判断教师多大程度上使用了对应的教学法。

表 5.1　课堂观察量表简介

维度	类型		
	“以学生为中心”的教学法	“以教师为主导”的教学法	“以学生为主导”的教学法
课堂管理（4 项）	给学生一定的自主权，让他们负责自己分内的事	教师决定大部分的课堂活动及安排，有较严格的课堂纪律	给学生极大的自由，完全让学生自己来决定自己的学习安排
课堂氛围（4 项）	鼓励学生之间的互动和讨论，设计多样化的活动来调动学生的积极性	教师不太鼓励学生之间的互动和讨论，希望自己来主导	教师不做特别的安排或设计，让学生之间自由互动
教学指导（6 项）	注重学生的兴趣，注重知识的理解	通过大量的练习和作业来提高学生的学习成绩	教师不做特别的指导或教授，只在学生有问题时给予回应

第一个维度是“以学生为中心”的教学法。符合这种教学法的课堂会有以下表现：教师会给学生一定的自主权，学生对自己分内的事主动承担责任，例如教师会让学生自己决定自由阅读的图书；教师还会在一定意义上创造机会让学生自己做决定，例如在手工课上，教师拿出水彩笔，让学生自己挑选喜欢的颜色；教师积极让学生进行小组活动或讨论，开发多样的活动，还注意学生个体之间的差异，根据学生水平调整难度；他们大多态度和蔼，给学生充足的温暖和呵护；在知识教学上，他们注重提高学生的学习兴趣，注重知识的理解。

第二个维度是“以教师为主导”的教学法。符合这种教学方式的课堂会有以下表现：教师主导大部分课堂活动的设计和安排，学生需要做的只是去执行教师的指令；教师大多比较严厉，有严格的课堂纪律；教师喜欢给学生更多的作业和练习，希望通过这种方式让学生获得更好的学习成绩。

第三个维度是“以学生为主导”的教学法。符合这种教学方式的课堂会有以下表现：教师给学生完全的自主权，让学生自由探索；教师不做特别的教学设计，让学生之间自由互动和讨论，只在学生碰到问题或提出问题时给予帮助和解答。

通过这个量表，唐鑫将每位教师对这三种教学法的使用程度进行打分，用 1 ~ 5 分表示：1 分意味着这种教学方式的使用时间少于 20%，3 分意味着这种教学方式的使用时间为 40% ~ 60%，5 分意味着这种教学方式的使用时间为 80% ~ 100%。这样每位教师会获得三个分数，分别代表他在三种教学方式上的使用程度。

有了这样的“度量尺子”，我们就可以去了解芬兰教师究竟在多大程度上使用了何种教学法。依据课堂观察得到的数据，唐鑫对芬兰一年级教师进行分类，发现了这些信息：有 47% 的教师主要使用的是“以学生为中心”的教学法；有 9% 的教师主要使用的是“以教师为主导”的教学法；没有教师主要使用“以学生为主导”的教学法。剩下的教师去哪儿了？唐鑫发现，剩下 44% 的芬兰教师同时使用了“以学生为中心”的教学法和“以教师为主导”的教学法，或者称为“混合式教学法”。

而对三年级的教师进行分析，发现了这些现象：42% 的教师使用了“以学生为中心”的教学法；42% 的教师使用了“混合式教学法”；9% 的教师使用了“以教师为主导”的教学法；3% 的教师使用了“以学生为主导”的教学法；还有 4% 的教师使用了“极端式以学生为中心”的教学法。这一方式有别于“以学生为中心”教学法的地方在于，几乎 90% ~ 100% 的时间都在使用“以学生为中心”的教学法。而一般来说正常使用“以学生为中心”教学法的教师，使用时间为 70% 左右。

回到我们开头提出的第一个问题：芬兰小学课堂到底什么教学法占主导？是传说中“以学生为中心”的教学法吗？不是。唐鑫和他项目组同事的研究结果显示，大约有45%的芬兰教师使用的是“以学生为中心”的教学法，另外约45%的芬兰教师使用的是“混合式教学法”，即同时使用“以学生为中心”的教学法和“以教师为主导”的教学法。数据显示，传统授课制在芬兰课堂同样重要。

2. 哪种教学法有利于提升成绩

以上结论无法告诉我们哪种教学方式更有利于学业成绩，也就无法指导实践，对此唐鑫进行了后续分析来判断究竟哪种教学方式更好。他用统计方差分析的方法，检测了不同教学方式与学生语文成绩、阅读能力之间的关系。结果发现：使用“以学生为中心”的教学法和“混合式教学法”的教师，他们班级学生的阅读成绩更好；使用“以学生为主导”的教学法和“极端式以学生为中心”的教学法的教师，他们班级学生的阅读成绩最差。

这带给我们一些启示。首先，尽管“以学生为中心”的教学法听起来很美好，但切记不要走向极端，研究表明“极端式以学生为中心”的教学法并不能提升学生的成绩。其次，一定程度的“以教师为主导”的教学法是有必要的，研究还表明“混合式教学法”对语文成绩、阅读能力的提升很有效。

芬兰教师并不像我们认为的那样，只使用“以学生为中心”的教学法；他们会很灵活地运用“以学生为中心”的教学法和“以教师为主导”的教学法。而后续的研究也发现，“混合式教学法”对学生的帮助更大。

芬兰教师教育的录取机制
——用与时俱进的录取流程筛选未来教师

无论是我国媒体，还是国际媒体，都有一种普遍说法：芬兰各大学教师教育专业的录取率是 10% 左右，这个国家最优秀的前 10% 的精英学生愿意报考教育学院，未来成为一名教师。真的是这样吗？首先，录取率真没有这么低。其次，被录取的大部分不是精英学生。

2018 年暑假，我在赫尔辛基大学教育学院参加“全球学习联盟”（Global Learning Alliance）会议。这次会议是赫尔辛基大学、美国哥伦比亚大学教育学院的教授们和新加坡教育部的官员们，分别带着本国的杰出校长、教师、高中生一起参加的。

会上我再次见到芬兰教育专家萨尔伯格。萨尔伯格开玩笑地说：“我当年申请小学教师项目，没有成功。可谁能想到，在芬兰想当小学教师而不成的我，多年之后去哈佛大学教育学院做了客座教授，给他们讲芬兰教育。”这一开场，引起在座不同国家教育者的好奇。萨尔伯格继续讲道：“不过，我后来成了一名数学、科学、物理和化学教师，还参与这些学科的教师教育。用现在流行的术语，我 30 多年前就是一名 STEM 教师。你们可能不会想到，我不是学习成绩特别好的学生。我可以告诉大家，满分 100 的话，我只是 50 分左右的学生。像我这样的中等生在芬兰成为教师的有很多，而且我不认为选拔精英学生成为教师是一件绝对正确的事，因为他们很难去体谅普通人的人生，对大部分中等学生和少数学困生的处境，很难去感同身受。我讲自己的经历，是想说芬兰各大学教师教育专业录取学生的标准，不像媒体上说的那样，更不同意芬兰各大学教师教育专业录取的是这个国家前 10% 精英学生的说法。”

那么，被录取的学生究竟有怎样的特质？

1. 合适的人才和聪明的大脑一样重要

英国前首相戴维·卡梅伦曾经说过：“我们要吸引最聪明的大脑来教学。”现在国际上也有类似做法，很多政府、大学的教育培养项目在尝试各种新方法，以吸引最优秀和最聪明的年轻人进入教育行业。

可是，聪明人就是好教师吗？我想起于韦斯屈莱大学的哈巴宁跟我说过：“我们要的不仅是聪明的大脑，更是对教学有激情、合适的年轻人。”在与萨尔伯格对话时，这一观点被再次印证。他分享道：“2014 年，有 1650 名学生报考赫尔辛基大学小学教师专业，录取率是 7.2%。这 120 名被录取的学生都是最优秀、最聪明的人吗？我们看一下他们的高中毕业考试成绩：按百分制算的话，四分之一被录取的是学习成绩特别优秀的学生（80 分以上）；另外四分之一则是成绩较差的学生（低于 50 分）。这意味着一半的被录取学生是中等生（50 ~ 80 分）。”

这样看来，芬兰只录取“最优秀”“最聪明”的人成为教师，这一说法与事实不符。真实的情况是，被录取的学生代表了不同层次的群体。

我们必须明白，学习好的学生不一定适合当教师，先进的教育体系不仅要找到聪明的大脑，还要找到合适的人才成为教师。如果大学在招生时只是按分数论成败，那么这就是最简单、最粗暴的做法，毕竟看一下成绩单就能轻松搞定。芬兰教师的选拔机制更复杂、更谨慎。

2. 教学潜能和教育动机比高分数更重要

全芬兰有八所综合性大学设有教师教育专业。他们是赫尔辛基大学、于韦斯屈莱大学、坦佩雷大学、图尔库大学、东芬兰大学、奥卢大学、拉普兰大学、奥博学术大学。其中奥博学术大学是唯一一所用瑞典语授课的大学，其他七所大学则用芬兰语授课。这七所用芬兰语授课的大学，现在这样录取教师教育专业的学生。

* 第一个阶段，参加全国教育学联考（VAKAVA）。每年有 2 月和 9 月两次考试机会，都是在高中毕业考试（即高考，芬兰高考一年有两次，春季高考和秋季高考）结束后。官方会提前两周发布考前的阅读材料，通常是 6～8 篇教育学相关的学术文章，180 页左右，让学生自我阅读。考试都是多项选择题，主要考查学生的记忆力、理解力、学以致用的能力、学术批判和思辨的能力。成绩出来后，每所大学会通知成绩排名靠前的学生，通常是录取人数的 3 倍或 4 倍，进入第二轮的特定能力测试（Aptitude 测试）。
* 第二个阶段，特定能力测试。这一轮，大学享有绝对的自主权，有个别大学也会看学生的高考成绩，或是进行心理测试。大学之间或许有些差异，但流程通常有两部分：面试环节和小组讨论环节。谁来对申请者进行面试呢？面试专家团既有大学教育学院的教授、讲师，也有来自大学附属学校的资深教师或校长。哈巴宁告诉我，一般是 3～5 人的专家团队。她是专家团的一员。她说："我们的面试环节是很典型的人才面试。我们会问考生：为什么选择这个专业？为什么想当教师？它想要考查的是学生的合适度、申请动机、对教师教育专业以及对教师这份职业有多大程度的认同。"那么小组讨论环节，考查什么？哈巴宁分享了她外甥女申请赫尔辛基大学教育学院的面试经历："在考场上，我外甥女和其他三四个考生一起，被要求为一组假想的四年级小学生筹划一堂 30 分钟的课。评分小组观察他们筹划的整个过程，特别在意这些考生的沟通能力、协作能力、创造和设计能力，以及展示筹划成果的表达能力。"

这一模式最大的特色，是教学潜能和教育动机比高考成绩或者高中三年学业成绩更重要，高考成绩是次要参考标准。以赫尔辛基大学小学师范生项目录取为例，每年赫尔辛基大学会录取 120 名小学教师专业的学生，其中 60% 的学生既看他们的大学入学考试成绩，又看他们的高考成绩（VAKAVA 考试 +Aptitude 测试）；另外 40% 的学生只是根据他们在入学考试中的表现来评定。所谓芬兰大学录取的"高门槛"不是指考分高，而是指多项指标综合考量。

不得不提的是，以上选拔流程是 2007—2020 年的机制。2007 年之前完全是另一种机制。

* 第一个阶段，先看高中毕业考试的成绩。全芬兰仍然是这八所大学招教师教育专业的学生，高考成绩决定“成败”。如果你有以下项目，可以获得加分：一是上过开放大学的教育学课程；二是有学校工作经验，做过学校助理或者是替补教师。
* 第二个阶段，考分高及排名靠前的学生，被通知参加报考大学的专业入学考试。这一时期的入学考试是每所大学自己出题，不是全国教育学联考。

2007 年之前的选拔机制基本是按分数论“英雄”。随着芬兰“双轨制”教育体系的施行，越来越多的年轻人去读应用科学大学。结果 2001—2006 年，报考小学教师专业的学生越来越少，当时的录取率高达 25% 左右。芬兰高等教育委员会不得不想新办法吸引更多的年轻人投身教育。这就是 2007 年芬兰各大学教师教育专业录取机制改革的背景。从图 5.1 可以看出，这次改革非常成功。

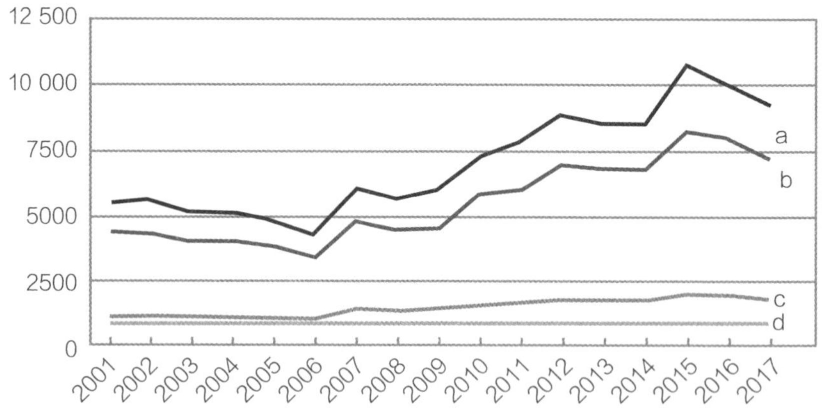

注：a. 申请总人数；b. 女性申请人数；c. 男性申请人数；d. 录取总人数。

资料来源：2018 年全球学习联盟（GLA）会议报告。

图 5.1　2001—2017 年芬兰小学教师项目申请人数和录取人数

第一，从 2007—2017 年这 10 年间，随着新的录取机制的施行，报考小学教师专业的人数翻了一倍，从 2006 年的 4000 多人上涨到 2017 年的 9000 多人。但大学录取名额却多年没增加，教育学院坚持不扩招。这样自 2007 年之后，教育学院的录取率越来越低，到 2018 年，全国教育学院的平均录取率只有 15% 左右。第二，新的录取模式对男生、女生都有吸引力，但对女性申请者的吸引力特别强。2007—2017 年，女性申请者快速增长，绝大部分原因是女生愿意投身教育，越来越“迷恋”当教师。

然而，从未停止改革的芬兰教育，在 2020 年又采用了新的录取机制，即 OVET 项目。这个项目是芬兰几所大学共同为芬兰教师教育的选拔过程创建的统一模型。从 2020 年开始，考生仅参加一次入学考试，即可申请多所大学或同一所大学内的多个专业方向（最多 6 个）。具体录取流程将遵循两个阶段。

* 阶段一：根据考试成绩筛选。60%的候选人根据之前的证书进行选择（大多数情况下是芬兰高考成绩），40%的候选人根据全国教育学联考（VAKAVA）的考试结果进行选择。相对于旧模式，新模式实质上提高了考分的比重。
* 阶段二：大学入学考试。新模式下，芬兰高校自主招生考试的灵活性大大降低，取而代之的是所有提供教师教育的大学采用统一的入学考试，且具有以下特点：邀请参加入学考试的候选人是录取人数的 2 倍；考试分为 5 个部分，题目是基于 OVET 项目中创建的多维教学能力模型而设计；考试不需要考生做特别准备。

那么 OVET 项目看重的能力维度有哪些？官方给出的能力模型包括五大方面：①教学基础知识，主要包括课程内容知识、教学法知识、实操知识、在教学语境下的知识；②认知能力，主要包括信息处理能力、批判性思维和解决问题的能力、创造能力、元认知能力、交流论证和推理的能力；③社交技能，主要包括关系技能、情绪技能、多元化能力、跨文化能力和互动技能；④个人特质，主要包括个人性格、自我概念、专业信仰、价值观和道德、动机取向、专业身份认同；⑤专业幸福感，主要包括职业幸福感、压力管理策略、心理弹性。

3. 教师分散培养比资源集中更重要

第一，这种分散是指提供教师教育的八所高校分散在这个国家的不同地域。从南到北，从东到西都有。起初，这样安排是考虑到教育的平等，希望教师资源可以均衡分布在这个国家的不同区域，以此来保证各地中小学教师质量的一致，如表 5.2 所示。

表 5.2　芬兰各大学教育学院的录取情况（2018 年）

高等院校	第一志愿	所有申请者人数	录取人数	录取率
赫尔辛基大学	1749	3168	570	18.0%
于韦斯屈莱大学	1305	3120	444	14.2%
坦佩雷大学	1293	3186	312	9.8%
图尔库大学	1104	2895	411	14.2%
东芬兰大学	684	1941	375	19.3%
奥卢大学	1005	2271	348	15.3%
拉普兰大学	207	975	138	14.1%
奥博学术大学	234	435	180	41.4%
总数	7533	10 686	2781	18.3%（含奥博学术大学）； 15.0%（不含奥博学术大学）

资料来源：芬兰教育统计局。

注：所有申请者人数是指申请不同专业的人数之和。每个申请者可以申请某一所大学的多个专业，也可以申请多所大学。

不因城市大小而有差异，这一点儿确实做到了。我们看芬兰大学教育学院的录取率，大多数维持在 15% 左右。申请者并没有挤破脑袋去首都、去大城市，反而是相当平均地分布在这个国家的不同城市。这样的分布，带来芬兰中小学教师资源的相对均衡。有意思的是，对高质量教育的诉求大多来自芬兰南部的大城市，比如赫尔辛基、埃斯波和万塔地区，因为这些区域的教师合格率是全芬兰最低的（见表 5.3）。

表 5.3　芬兰南部、中部和北部地区中小学教师合格率

地区		2013 年			2016 年		
		教师数量（参与数据收集）	正式且合格教师	正式且合格教师的比例	教师数量（参与数据收集）	正式且合格教师	正式且合格教师的比例
赫尔辛基大区（芬兰南部）	总体	9525	7851	82.4%	6849	6218	90.8%
	城市	8164	6786	83.1%	6116	5574	91.1%
	半城市化	1164	900	77.3%	605	529	87.4%
	农村	197	165	83.8%	128	115	89.8%
中芬兰地区（芬兰中部）	总体	2268	2140	94.4%	1585	1559	98.4%
	城市	928	876	94.4%	671	669	99.7%
	半城市化	755	724	95.9%	549	540	98.4%
	农村	585	540	92.3%	365	350	95.9%
拉普兰地区（芬兰北部）	总体	1395	1246	89.3%	977	942	96.4%
	城市	698	643	92.1%	480	471	98.1%
	半城市化	172	144	83.7%	136	132	97.1%
	农村	525	459	87.4%	361	339	93.9%

资料来源：芬兰教育统计局。

从表 5.3 中可以看出这种分布带来的另一大特色，就是城市教师和乡村教师的差异不大。这说明芬兰各大学教育学院的学生毕业后不喜欢到大城市求职和生活，反而倾向于去二、三线城市以及乡镇。我想这不足为怪，背后至少有两点原因。一是工资。芬兰教师的工资水平基本是全国统一的，去大城市工作不会带来更高的收入，反而要面临更高的生活成本，比如房租。二是生活方式。大多数芬兰人不喜欢首都赫尔辛基，因为这是一个最不具有芬兰特色的城市，它人口众多、喧闹、国际化，跟芬兰人追求的平静、自然的生活状态不相符。

第二，这种分散是指八所大学优势专业的分散。好专业不集中在一两所顶尖大学，八所大学中的任意一所大学都有自己教师教育领域的优势专

业。表 5.4 做了详细说明。

表 5.4　芬兰八所大学教育学院的优势专业和专业领域

院校	优势专业	专业领域
赫尔辛基大学	小学教师教育 科学、化学等学科教师教育 家庭经济课教师教育	1. 小学教师 2. 学科教师 3. 学前教育教师 4. 特殊教育教师 5. 成人教育教师 6. 手工教育教师 7. 家庭经济课教师 8. 职业规划教育教师 注意：芬兰教育和文化部在学科设置上，尽量做到每所大学都有“一流学科”；没有任何一所大学开设以上所有专业
于韦斯屈莱大学	小学教师教育 体育教师教育 职业规划教师教育	
坦佩雷大学		
图尔库大学		
东芬兰大学	学前教师教育 职业规划教师教育	
奥卢大学		
拉普兰大学		
奥博学术大学	瑞典语教师教育	

回到芬兰教育学院的录取率，15% 算低吗？放在国际上看，的确比较低。但放在芬兰境内，跟其他学院比较，并不是竞争最激烈的（参见表 5.5）。我们可以说在芬兰教师教育是最受欢迎的专业之一，也是这个国家大力发展的专业之一，但此外还有人文学科、经济学科和自然学科也很受欢迎。这四大领域每年都要录取将近 3000 名考生。从填报第一志愿的人数，可以知晓这四个专业在芬兰受欢迎的程度。就教师教育专业而言，每年约有七八千名考生的第一志愿选择做教师，他们是真心想投身教育。但我们并不能说教师教育和法律、医学专业的录取一样竞争激烈。法律和医学专业在芬兰的竞争性远远超过教师教育专业。以 2018 年为例，这两个专业都各录取 700 人左右，但第一志愿报考人数是录取人数的近 10 倍，这种报考的火爆程度年年高居不下。

最后要说，表 5.5 中各大专业的录取率并不等于芬兰人接受高等教育的比例。根据 OECD 数据，2017 年芬兰 25—64 岁成人群体，有 44.3% 的成人接受过高等教育。这一数据远远高于各大专业 10% ~ 30% 的录取率，这并不奇怪。奥秘在于：①芬兰有春季和秋季两次高考，有两次招录；②芬兰高等教育实行“双轨制”，表 5.5 中的数据只是综合性大学的录取情况，还有另一个分支——应用科学大学，那边还会再录取一批考生。这样就有近一半芬兰成人接受过高等教育。这也是芬兰教育和文化部长期努力的目标——让这个国家 50% 的高中毕业生有机会接受高等教育。

表 5.5　全国教师教育专业的录取率与其他专业比较（2018 年）

专业	第一志愿	所有申请者人数	录取人数	录取率
教师教育	7533	10 686	2781	18.3%（含奥博学术大学）； 15.0%（不含奥博学术大学）
艺术设计	1612	2470	254	10.3%
音乐	890	983	157	16.0%
人文学科	7670	13 159	2337	17.8%
美学	519	656	24	3.7%
戏剧表演和舞蹈	1707	1862	81	4.4%
体育科学	1291	1835	143	7.8%
健康科学	2475	3488	422	12.1%
经济学	10 974	15 290	2633	17.2%
农业和林业	620	1365	315	23.1%
法律	5448	6206	660	10.6%
医学	6631	7339	746	10.2%
牙医	1268	1423	184	13.0%
药学	1617	3121	410	13.1%
兽医	653	751	69	9.2%
心理学	653	751	69	9.2%
神学	459	896	266	29.7%
军事	514	665	140	21.1%
社会学科	459	896	266	29.7%
自然科学	5265	11 367	3027	26.6%

资料来源：芬兰教育统计局。

注：所有申请者人数是指申请不同专业的人数之和。每个申请者可以申请某一所大学的多个专业，也可以申请多所大学。

芬兰教师教育的培养机制
——用基于需求的课程体系培养未来教师

2019年3月第九届“教师专业国际峰会”在赫尔辛基举办时，全球21个国家的教育部部长代表团、OECD教育与技能司司长以及国际教师工会主席一同出席。全球顶尖教育大咖坐在一起，就教师专业发展聊了什么？

大会主持人澳大利亚墨尔本战略教育中心执行理事安东尼·麦凯（Anthony Mackay）先生分享：“教师是教育变革的主体，没有好教师不可能有高质量的教育。现在全球教育面临的共同问题是，我们怎么增强教师的吸引力和专业性。新加坡和芬兰作为东西方教育体制的代表，在教师教育方面做得很好，我想这也是他们教育成功的关键。”OECD教育与技能司司长安德烈亚斯·施莱克尔也说过：“教育系统的质量不会超过其教师的质量。”

芬兰教育和文化部前部长桑尼·格兰·拉索宁在会上回应：“芬兰确保高质量教师的重点在教师教育专业的发展。这不同于很多国家通过大量在职培训来提升教师的能力。芬兰当然也重视通过在职培训帮助教师职业发展，教育和文化部目前正在举办一个全国范围内的教师培训论坛，为教师在职专业发展提供帮助。”这个教师培训论坛，我在赫尔辛基大学参加过一次。论坛是一种长期性的教师培训。有分散于不同城市的教师培训，有不同项目的培训，还有不同主体的培训。比如有时针对一线教师，有时针对大学教授。第一个阶段是2016—2018年，教育和文化部投入3000万欧元；第二个阶段是2019—2021年，教育和文化部计划投入6000万欧元，支持全国教师职业发展。

深入看芬兰教育和文化部前部长说的高质量的教师教育，究竟芬兰大学提供了怎样的课程体系，让这个国家的中小学教师全球领先？我以于韦斯屈莱大学的教师项目为例来说明。

跟芬兰其他大学一样，于韦斯屈莱大学教育学院的学生要完成五年 300 个学分的硕士课程（学前教育教师除外，他们完成本科三年 180 个学分的课程即可）。这 300 个学分被分成不同的学习模块，包括主修专业、次修专业、全科学习（或教学法学习），以及交流和语言学习等（见表 5.6 和表 5.7）。

可以说，表 5.6 和表 5.7 中不同学习模块的比重分布直接影响教师教育的质量。好的教师教育一定离不开对教学法的研习，但芬兰教师教育所做的不只如此。芬兰教师教育的课程体系完全基于“当前学生”和“未来教师”的需求而构建，它表现出三大特色：研究型教师、注重教学法学习和开展大量的教学实践。

表 5.6　于韦斯屈莱大学小学全科教师硕士培养课程（“3+2”年）

学习模块	内容	学分（总分 300）
主修专业：教育学	60 个学分教学法学习，有理论，有实践。其中 27 个学分是实践，到师资培养学校教学实践；另外 33 个学分是理论，基于与教学法相关的科研论文开展课程。另外，还有 30 个学分硕士论文 +10 个学分本科论文 +20 个学分研究方法课 +30 个学分其他教育相关课程	150
次修专业：个别学科（两种情况二选一）	只选修一门学科（例如手工教育）	1×60
	选修两门学科（例如特殊教育 + 手工教育）	2×25
全科学习	小学阶段涉及的所有学科	60
交流和语言学习	入学、语言和交流课程	25
选修课	学生根据自己兴趣选择	5～15

资料来源：《于韦斯屈莱大学小学全科教师硕士培养课程大纲》。

注：① 1 学分相当于 27 个小时的工作量。

② 如果小学教师的次修专业仅是一门学科，比如手工教育，那么修完这 60 个学分，毕业时就是一名合格的手工课教师，可以进中学任教。

表 5.7　于韦斯屈莱大学学科教师硕士培养课程（“3+2”年）

学习模块	内容	学分（总分 300）
主修专业：学科知识（比如数学）	90 个学分学科知识学习 +30 个学分硕士论文 +10 个学分本科论文 +20 个学分研究方法课	150
次修专业：第二学科	选修另一门学科（例如物理教育）	1×60
教学法学习	有理论，有实践。其中 27 个学分是实践，到师资培养学校教学实践；另外 33 个学分是理论，基于与教学法相关的科研论文开展课程。这一模块的学习，是在教育学院，而不是在自己学院，比如数学学院的学生要到教育学院学习	60
交流和语言学习	入学、语言和交流课程	25
选修课	学生根据自己兴趣选择	5～15

资料来源：《于韦斯屈莱大学学科教师硕士培养课程大纲》。

注：教学法学习模块的实践学分和理论学分因年份不同会有波动，但这一模块的总学分是 60 个学分保持不变。

1. 研究型教师

研究型教师是 20 世纪 70 年代英国教育思想家劳伦斯·斯滕豪斯（Lawrence Stenhouse）提出和推广的。他致力于促进教师在教育研究和课程开发中发挥积极作用，鼓励教师调研自己的教学。正好 20 世纪 70 年代是芬兰教师教育改革的黄金期，教师培养被放进综合性学术大学开展，这大大提升了教师教育的学术地位。过去 50 年，芬兰研究型教师教育主要涉及以下三个方面的内容。

第一，课程内容和阅读材料都是基于科研。芬兰大学教育学院给学生开的课程，基本都是基于科研。学生要阅读论文，在小组中讨论，做报告，写课程论文。授课者大多是教育学教授、副教授和助理教授。根据芬兰图尔库大学教育学教授奥斯莫·基维宁（Osmo Kivinen）及其合作者里斯托·林恩（Risto Rinne）的统计，在 20 世纪 80—90 年代，以单个国家来看，芬兰教育学教授（包括助理教授）的数量是其他北欧国家的若干倍，在他们合作的论文《大学、国家和专业人员群体：大学发展政策的芬兰经验》中有详细的数据（见表 5.8）。

表 5.8 “二战”后北欧国家教育学教授席位（包括助理教授）的发展

国家	时间				
	1950	1960	1970	1980	1989
芬兰	6	7	23	80	106
瑞典	4	6	12	18	29
挪威	3	4	12	19	23
丹麦	-	2	4	9	11

芬兰经验启示我们，只有大学里拥有高质量的教师教育专家，才有可能培养出高质量的教师。反之，如果大学里缺乏研究教育科学、教育心理学的专家，则会远离培养优秀教师的目标。这一点儿瑞典教育尤为有说服力——芬兰的综合学校体制学习的是瑞典模式，但瑞典在教师培养上的失败，让自己的教育质量被芬兰甩出了很远。

第二，教育学院的学生要做科研。这主要是指写硕士论文，以及上 20 个学分的研究方法课，既要学习定性研究，又要学习定量研究。研究方法课占较大比重有两方面的考量：一是希望学生能运用合适的研究方法写硕士论文；二是即使未来不做科研，教师也要有能力阅读最新的科研文章，能够把学科知识和教学法结合起来，提高“教”的能力。

第三，研究型教师教育的本质是希望教师能把“科学研究精神”内化为他们的工作精神。说白了，就是要成为具有反思和批判精神的教师。这一点儿芬兰教师教育领域的领军教授汉内娜·涅米（Hannele Niemi）特别强调。她建议，教师应该将“研究态度和方法”内化为他们的工作模式。这意味着在日常教学中采取分析和开放的态度，基于真实的课堂观察和教学经验得出结论，并以系统思维去提升自己的教学。

诚然，芬兰教师教育专业的课程体系很好，但我还想知道，芬兰教育学院的学生对这种培养模式的满意度有多高。于是，我访谈了于韦斯屈莱大学小学教师教育专业的学生汉娜·库尔基宁。她刚写完硕士论文，即将大学毕业。

“你对教师培养计划中研究导向的学习有什么看法？”我在于韦斯屈莱大学教育学院的一间教室里和汉娜聊起来。“我认为，我们在这一领域做得很多，甚至过多，因为我们大学多年来专注于此。我和我同学都想更多地学习真实的工作技能，比如我们在课堂上怎么教学，以及如何与孩子互动，这一块儿才是最重要的。但不得不说，我们大学培养‘研究和科研技能’的课程质量很好。我们得到大学教师的有效指导，阅读大量学术文章，以及有很多机会练习在研讨会或会议上进行演示。”汉娜说。

“你现在即将毕业。请问经过五年学习，你认为自己有足够的能力开展研究吗？”“是的，我觉得我可以。我在写硕士论文时觉得这很容易，因为我们已经在很多课程中做过练习。我真的得到了很好的指导，现在知道如何写学术文章和如何做研究。举例来说吧，我做了几次定性研究。在本科论文中，我访谈了很多小学生；在硕士论文中，我对多个小学教师进行了访谈。所以，我很熟悉定性研究方法。我还学习了定量研究，虽然在我的研究中没有使用这种方法，但是我知道它。”

汉娜的观点是否典型？我在《研究型教师教育方法的经验：对未来政策的建议》一文中找到了答案。作者奥利·托姆（Auli Toom）是赫尔辛基大学教育学院的教授，我的一位中国好友正跟着她读博士。托姆和她的团队在 2010 年调查了 278 名学生对“研究型教师教育”培养模式的感受。结果显示，那些学生很欣赏硕士学位课程的高水平，并认为他们遵循广泛的学术研究是有价值的。不过，这种价值比不上教学法的价值。至此，可以说汉娜的观点代表了大部分学生的心声。

2. 注重教学法学习

从表 5.6 和表 5.7 中我们可以看到，无论是小学全科教师，还是中学学科教师，都要接受60个学分的教学法学习。教学法学习占整个课程体系的20%，它也是芬兰学生获得教师资格的三大要素（硕士学位、专业方向和教学法学习）中很重要的一个方面。

但芬兰教师资格系统并不是封闭的。有些人并不是教育学院毕业，可他们工作后也想转行做教师，那就必须在具有硕士学位和专业方向的基础上，再去参加60个学分的教学法学习，这通常需要一年时间。这样他们也可以获得教师资格。比如说，有人艺术学硕士毕业，他此时有硕士学位，他的专业方向是艺术，那他就要补上60个学分的教学法学习。

那么，我国高校教师教育各类课程所占比重是多少呢？2011年，北京师范大学教授周钧曾以中国30所高校的192份本科层次教师教育专业人才培养方案为样本，研究我国如何培养未来教师。2014年，周钧教授在国际期刊*Journal of Education for Teaching*上发表论文《1974—2014年中国教师教育变迁》，文中提供了中国部分高校在课程设置方面的详细数据（见表5.9）。

表5.9　中国30所高校本科教师教育课程

学习模块	内容	比例
学科学习	学习学科知识	约占总学分的一半（47.1%～52.0%）
大学普通课程	涉及政治事务、英语、体育和计算机科学	占较高百分比（25.6%～29.5%）
专业教育学课程	四门主要课程：普通教育学、心理学、教学内容和教育技术	占较低比例（8.6%～10.5%）
教学策略和技能课程	如教科书分析、课程研究、师生沟通、课堂管理和研究方法	只有一些高校提供这个学习模块，此外，在192个样本中，只有4个机构提供了与基础教育课程改革相关的内容

从表5.9可以看出，“教学策略和技能课程”这个模块占比不到10%，且只有部分高校提供。我们的师范生几乎接触不到教科书分析、课程研究、师生沟通、课堂管理和研究方法等内容，更别说是基于科学研究的教学法。也就是说，我们培养出来的教师不会“教”，徒有大量的学科知识。

这跟教师的培养体系有关。我国把师范生放在不同的学院培养，尽可能让他们多学习本专业的内容。但芬兰把学前教育教师、小学教育教师、特殊教育教师等放在教育学院的教师教育系培养，而把学科教师放在不同的学院且和教育学院联合培养。

3. 开展大量的教学实践

教学实践对大学生而言，是一个从理论学习到真实课堂的过渡。好的教学实践，能带动学生反思。当学生再次回到理论学习时，能批判性地看待很多教学问题。我国的师范生在读本科期间也有教育实习，但大部分学生是自己找学校实习，无法和学校的资深教师建立工作上的指导关系。

芬兰学生的教学实践很不一样。芬兰有八所综合性大学提供教师教育，这八所大学都有自己的附属学校，它们被称为教师培养学校，在芬兰一共有 10 所。20 世纪 70 年代，在教师教育向研究型大学转变的过程中，同步的一个举措是每所大学建立自己的附属学校，作为教育学院学生教学实践的基地。以赫尔辛基大学附属学校为例，它在 1974 年成为赫尔辛基大学的一部分。这样，任何一个教育学院的学生都会多次去教师培养学校实习。

在查看于韦斯屈莱大学小学教师教育专业学生的课程标准时，我得知五年教师教育期间有四次教学实践。这是一个循序渐进的过程。大学在课程设置上，也是层层深入，分为初级、中级和高级课程，在这个过程中去发展教师的核心能力，包括学科知识、教学技能、职业态度、个人教学风格，还有教育价值观。

* 第一次，在大一。是一门 5 个学分的课程，至少要进入中小学听 6 节课。主要从教育学和教育心理学视角观课和听课，观察学校生活、教师和学生活动。
* 第二次，在大三。是一门 6 个学分的课程，持续 6 周，要参与 26 节课，并且要学习备课，能简单开展教学活动。

* 第三次，在大四。是一门 8 个学分的课程，持续 7 周，要参与 34 节课。这一阶段，注重培养教学能力、指导学生的能力、评估学生学习过程的能力。
* 第四次，在大五。仍然是一门 8 个学分的课程，持续 7 周，要参与 40 节课。此时，经过五年的学习，能完全承担教学任务，以及拓宽对学校所在社区的整体了解。

为了搞清楚教学实践的具体操作过程，比如教育学院的学生是被指派给特定的资深教师吗？大学教师教育专家在其中扮演怎样的角色？我再次访谈了于韦斯屈莱大学小学教师教育专业的学生汉娜，汉娜在于韦斯屈莱大学附属小学的结对教师苏珊尼·罗斯，以及于韦斯屈莱大学教师教育系主任哈巴宁。他们代表了教师教育的三方。

“汉娜，这五年你一定收获了很多。很快就要到学校入职，你还有什么忧虑吗？”我问道。

“我不知道，想到这件事我有些害怕。特别是入职第一年，我可能需要备课到很晚来准备课程。这真让我害怕，虽然在教学实践中，我们会练习它。我记得有一次我准备了九页的课程，然后我删掉了一部分，并在那里添加了新的东西。我一直在努力寻找最好的教学方式。”汉娜坦陈心声。

“在大学期间，有资深教师来辅导你，可以分享一下你们是怎么互动的吗？入职后，你还希望有结对导师吗？”我追问道。

“我们在去学校教学实习时，已经被提前分配好了要跟谁学习。一开始，我只是听课，观察教师是如何上课、如何与学生互动的。逐渐地，我开始和资深教师合作来指导学生，我也会学习备课，请我的导师给我提意见。后来，就是我上台讲课，她给我反馈。马上成为一名新教师，我认为我们应该获得在自己课堂上的教学自由。但我也希望能有经验丰富的教师作为辅导员来帮助我们。这样如果我有任何问题，我就知道应该向谁征求意见。”汉娜对未来的教学充满希望。

在跟罗斯对话时，我们聊到大学附属学校的职能，这远远超过了我的想象。罗斯说附属学校最起码在四个领域领跑：它是教育学院学生的教学实践基地；它与大学合作指导和培养学生，甚至参与大学教师教育专业的课程设置；它要给教师的职业发展提供在职培训；它还是教学和科研的实验基地。

教师教育系主任哈巴宁则谈到教育拨款。芬兰八所大学的附属学校享有教育和文化部专项拨款，其他学校只有市政府拨款。他们不同于普通学校，普通学校没有责任培养教育学院的学生。此外，跟学校里结对的有经验的教师在培养教育学院的学生时，也能得到报酬。

甚至，附属学校里的一些教师直接受大学雇佣。赫尔辛基大学附属中学校长塔皮奥·拉赫泰罗在“全球教育联盟”会议上就分享过：“我们学校有中学部和高中部。初中生有 300 名，高中生有 245 名。在我们的教师队伍中，有 60 ~ 70 位教师直接受雇于大学。”

总之，芬兰大学是与其附属的中小学联合培养教育学院的学生。大学会给教育学院的学生配资深师父，没有一个教育学院的学生进入附属学校是不在自己结对师父的引领下学习的。此时，大学里的教师教育专家也不是就置之不理了，而是要定期去中小学课堂对学生的教学进行观测。一句话，教育学院的学生是在资深教师和大学专家的联合培养下成长的。

芬兰教师教育的模式在国际上受到广泛称赞。但芬兰教育工作者并不故步自封，仍在重新定义新时代的教师教育。赫尔辛基大学教授亚力·拉文宁（Jari Lavonen）是芬兰“全国教师教育论坛”的主席，近年来他在教育和文化部的任命下，又开始带领全国教育工作者开展新一轮改革。

芬兰教师的专业化发展
——用高度自主权支持教师的职业发展

刚来芬兰的时候，我期望找到最先进的“以学生为中心”的教学法。初到小学课堂听课，我很激动：小组讨论时用表演的方式呈现学习内容，进行合作式探究。天哪，这不就是我理想中的课堂嘛！

可是，一周过后，多元的教学法让我的感觉越来越混乱。

* 同样是二年级，这个班的芬兰语课跟隔壁班不一样。
* 这个班用小组报告的形式展现学习成果，那个班的师生一起表演了一个对话式故事，以此呈现学习内容。
* 芬兰语课，教师给学生带来游戏纸牌，各小组分头活动，把词汇表演出来，猜字谜。
* 数学课，教师带学生去超市购物，认识价格和重量，学习加减法。
* 艺术课，教师带学生走进森林，触摸泥土、树叶和水流，用森林里捡来的材料做手工。

对一个旁观者而言，我当时的疑惑很多。

* 教师怎么舍得花如此多的时间来讲如此少的知识？
* 教师的确应该让学生享受学习过程，尽量给每个学生参与其中的时间，可学习进度怎么把握？
* 教学方法如此多元，教师似乎信手拈来，这背后是谁在设计？
* 学生都是在玩中学，在做中学，在合作中学。怎么评估他是否掌握了学习内容？学习成果的评价标准是什么？

这些灵活多样的形式只是表象，我想知道最本质的东西是什么。直到和坦佩雷沃若克森小学校长莱娜·克斯基尔宁促膝长谈，我的困惑才被解开："芬兰教师拥有高度的自主权，他们可以决定自己的教育内容、教学方法。我非常信任芬兰教师的教学能力，他们就是教学专家。我作为校长，不是那个应该告诉教师怎么做的人。他们了解自己的学生，了解怎么教。因为我如此信任他们，所以他们才能拥有责任感，真正帮助自己的学生学到知识。"

接下来，我将从教学内容、教学进度、教学法、评估方法这四个角度来阐释芬兰教师的教学自主权到底有多大。

1. 教师决定教学内容

与亚洲国家的教育模式相比，芬兰教育的最大不同，在于它的分权，即赋予教师、学校和地方政府一定程度的自主权。具体到教师身上，是学校给予教师极大的教学自主权：教什么，怎么教，用什么教材，一线教师都有选择权和决定权。

难以置信，是不是？赫尔辛基大学附属小学校长基姆·克斯基宁解释道："这是我们尊重教师专业性的方式之一。它像训练一个医生一样，需要大量的实践。我们都知道，要想成为一个好医生，必然要一遍又一遍地实践。教师也是一样。"教学自主权确实给足了教师自由发挥的空间。

赫尔辛基大学教育科学学院教授莱娜·克若克弗斯（Leena Krokfors）对此更有自信："芬兰之所以敢最大限度地发挥教师的研究性、积极性与创造性，给他们更多坚持己见的自由与权利，是因为我们的教师受过高质量的'研究型'的教师教育，他们知道如何运用手中的自由去开发课程，并基于研究思维去解决各种教学问题。"

既然一线教师有这么大的自由，想教什么就教什么，那还需要国家课程大纲吗？当然需要，芬兰教师甚至比其他国家的教师更熟读自己国家的课程大纲。这不难理解。已经没有统一的教材了，芬兰教师就要确保自己的教学走在正确的道路上。此时，国家课程大纲就起着指南针的作用。

但过去的20多年（自20世纪90年代开始，芬兰进行从集权到分权的教育改革），国家课程大纲基本上只起到一个框架的作用，很少对课程进行细节化或规范化要求。一学年要上多少课，具体的选修科目有哪些，地方学校都有自主权。

2. 教学进度可以不统一

教学内容有差异，必然带来另一个问题：同一年级不同班级的教学进度不统一，怎么办？有的教师教得慢、教得少、偷懒，怎么办？莱娜说："追溯芬兰历史，你会发现，芬兰教师自古以来就带有榜样作用和开创新知的精神。芬兰教师在文明发展过程中，是带领一代又一代芬兰人前进的火焰。所以我们信任他们。我们也相信，不同教师各有各的方法，各有各的路线。等到学生毕业时，他们会在大致相同的高度相遇。"

说白了，这背后涉及三个维度：一是信任教师；二是在短时间内无须保持一致，教育因人而异；三是教育是一个长期工程，只有抓住它的终极目的，才能放下当下的焦虑。这三点，在当下很多国家都是短板。

第一，很多国家的教师教育在大学生录取环节就没能选到最合适的人才；教师教育期间重知识、轻教学法的培养模式，让未来的教师不会教；在职培训缺乏教育学实证研究，理论脱离实践。

第二，教育要更少集体化、更多个性化。先不说每个学生都不同，教师的个性和风格也是千差万别的。在芬兰同一年级，一个星期内，A班教师可能花很多时间带孩子做手工，B班教师可能带孩子排演戏剧，C班教师可能帮孩子补习数学。学校允许班级与班级之间教学进度的差异，就是尊重教师的差异、学生的个性化。

第三，十年树木，百年树人。教育的终极目的是培养合格的社会公民。带着长线思维看待教学，看待孩子的发展，会让我们放下对当前成绩的执着。

也有人反驳说：不积跬步，无以至千里。当下孩子没学好，如何赢在未来？这里我们一定要警惕，那些看得见的“跬步”，比如成绩、排名等是暂时能力的表现；那些我们看不见的“跬步”，比如合作能力、设计思维、批判性思维、创新意识等，才是人生的重要软实力。

3. 因学生而定的教学法

至于用何种方法教，有没有一种最先进的教学法呢？小学教师玛利娅·许韦里说：“有那么多教学方法在那里等着我们用，为什么要把自己固定在一种教学模式中？不同的教学内容，甚至是上午上课还是下午上课，都会影响我们采用的教学方式。如果今天天气好，我可能会带学生出去活动。在同伴活动中，他们也在培养合作、沟通、解决问题的能力。”

许韦里的话语，揭示的是一种更广泛的学习观。通常我们认为，学习就是学知识，学生要从课堂上学，要从教师那里学。但芬兰教育强调的是：学习随处可以发生。可以在课堂上学习课本知识，也可以在大自然中学习植物、地形、气候等，甚至可以从同伴那里学习，在互动中学会理解他人、尊重他人，学会与他人沟通、合作。

另外，高质量的五年制本硕连读课程体系（也有人需要六年、七年完成），把教师培养、训练成能够自由选择教学法的未来教师。大学的教育学院就像一个实验室，让大学生去尝试，去实验不同的教学法，比如“以学生为中心”的教学法、“以教师为中心”的教学法、“混合式教学法”。当他们成为一名教师时，正如萨尔伯格所说：“是一个拥有教学自主权的专业型人才。他们被社会尊重，并且有能力去影响下一代人。”

赫尔辛基大学附属小学校长克斯基宁做了进一步说明："芬兰教师享受同医生、律师一样的尊重。这不仅是指教师的社会地位，还指教师像医生、律师一样，都需要很高的专业性，很强的研究能力。同时，教学像医学解剖、法律辩护一样，是一项需要复合型专业人才来完成的工作。"

4. 多样化的评估手段

同一科目教学进度不同，教师教的内容不同，教学法也有差异，那么问题来了：如何评价学生的学习成果呢？如何对教师进行考核和评比？

首先，芬兰中小学虽然没有标准化考试，但有很多小测试来检查学生的阶段性学习成果。芬兰《基础教育法》规定：评价学生的目的在于引导、鼓励和促进学生学习，发展学生自我评价的能力；学校教学应与学生家庭合作进行。于是，教师对学生的评价通常采用叙述性语言描述学生个体的情况，还可以是教师评估学生在小组中的表现。学生可以用学习报告呈现学习成果，也可以用同伴打分的形式反馈学习情况。

其次，芬兰学校没有外部监督、没有教师考核和评比。芬兰教育和文化部顾问比吉塔·沃若宁（Birgitta Vuorinen）阐明："芬兰法律规定，学生在六年级之前，不能以等级或分数来评断他们。进而推之，我们对学校和教师也没有教育质量考核。"既然找来了最合适的人当教师，又给了他们高质量的教师教育，那么当他们迈上工作岗位后，就给予他们足够的职业发展空间。

没有考核、评比，当芬兰在 PISA 测试中多次名列前茅，世界给这个小国戴上"教育世界第一"的桂冠后，芬兰人也被自己的成绩吓到了。我家邻居安迪·索伊凯利是芬兰中部穆拉梅市的一名小学教师，他跟我们开玩笑说："我们在看到结果时，想的是，如果我们是第一，那其他国家得有多糟糕呀！"

5. 信任，是这个教育王国的基石

外界可能会有疑惑：芬兰赋予教师这么大的自主权，难道就不怕他们滥用权力，甚至不作为吗？这里，我跟大家谈一下芬兰教育背后的基础价值观，那就是信任。正是因为这份信任，各级领导、校长相信教师是带着热爱来教学的，相信教师是为了学生的学习和发展而工作的，相信他们不会放任自己的学生被忽视和被冷漠对待，相信他们的行为会成为学生的榜样。

正如芬兰教育和文化部前部长克里斯塔·基乌鲁所言："在芬兰教育中，所有事情都建立在信任的基础上。优质的教育，就应该给教育者充分的信任与自由。如果给一份工作设定了各种条条框框来加以限制，就打击了人们工作的积极性，工作者们的创造和探索激情也就随之受挫。高度的教育自主权，使教师在芬兰成为一个有魅力、受尊敬、受欢迎的职业，每年吸引着全国最优秀的人才投身教育事业。"

在这种信任、安全、愉悦的校园环境里，教师得以安心教学。教师不急，有时间让学生试错；学生不急，勇于探索，也不会害怕犯错，他能感受到被教师支持。这样的教学氛围和师生关系，能激发出更多的创新能力。日子久了，教师和学生自然能够在校园里获得很大的归属感。

有时候我会想：芬兰教育像一个童话，一个教育的理想国。

芬兰一所学校的一角

第六章
时间洪流中的芬兰

芬兰像个孩子。我热爱芬兰，不仅因为现在他的美好，更因为过去他经历了痛苦、挣扎、迷茫、探索、觉醒、发展，成长为优秀的自己。

1917 年 12 月 6 日，芬兰宣布独立。在这之前，芬兰受控于两个“母体”。先是被瑞典统治长达六个世纪，后又被沙俄占领一个多世纪。可以说，芬兰独立后的百年之路，是在这两种文化之外寻求民族认同感之路。

身处极寒之地不说，左边瑞典右边沙俄，芬兰长期在这两个大国夹缝中求生存，身为战乱时期大国的谈判筹码，最后终于踏着鲜血一步步独立了。

不过，芬兰刚独立时也曾迷茫过。自己的民族意识还没有觉醒，看着瑞典和沙俄留下那么多的影子，自己的语系又与欧洲大陆的印欧语系格格不入。自己到底是谁？想建设什么样的国家？不管是国家层面，还是个人层面，都曾在这些本质问题上挣扎过。

所以，在谈芬兰教育之余，我们还要了解它生长的土壤，那些滋润芬兰教育的经济形态、历史养料和文化基因。下面我对芬兰教育的百年之路做总结性梳理。

* 芬兰经济——不同经济形态下的芬兰教育
* 芬兰历史——城市规模对教育管理模式的影响
* 芬兰文化——教育是社会文化的一部分
* 芬兰教育——为更多人提供更多教育

芬兰经济——不同经济形态下的芬兰教育

2018 年秋天，我们全家受赫尔辛基大学教育科学学院科尔斯蒂·隆卡教授邀请，参加她的新书发布会。会上隆卡坦言：“是教育使芬兰摆脱了贫困。平等的学校制度、以科学为基础的教师培养计划，及对教师职业的高度尊重，使芬兰成为世界上教育最好的国家。”的确，在过去一百年间，芬兰已经从贫瘠之地发展为全球前沿的发达国家。可以说，芬兰独立后的百年历史，是从贫穷到富裕、从农业国到工业国、从计划经济到市场经济发展的历史。芬兰社会学家佩尔蒂·尔雷素塔里（Pertti Alasuutari）总结过，独立后的芬兰经济经历过三个发展阶段：小农经济、计划经济和市场经济。赫尔辛基大学教育学院师资培训教师雅尼·萨蒂（Janne Säntti）在此基础上进一步阐述：“在这三种不同的经济形态下，芬兰教育展现出来的特质大相径庭。”具体什么样？下面我会详细介绍，这对想借鉴芬兰教育的中国同行一定有很好的启发。

当我回看芬兰经济和教育走过的路时，能清晰地感知经济形态是如何决定上层建筑，又是如何决定教育形态的样貌的。概括来说，芬兰教育经历了三个最重要的发展阶段，分别是：小农经济背景下（“二战”后到20世纪50年代末）的芬兰教育、计划经济背景下（20世纪60年代到20世纪80年代末）的芬兰教育、市场经济背景下（20世纪90年代至今）的芬兰教育。

我之所以把教育放在国家经济发展的大背景下来谈，是因为我在芬兰接触到很多来芬兰游学的中国教育者，他们在看芬兰教育的时候往往忽略了这是一个成熟发达国家的教育生态。我把他比作一个四五十岁的中年人，他成熟，他完善，他稳定。而当下中国教育的整体状态，更像一个十七八岁的少年，他快速发展，他不断尝试，他充满活力。

芬兰教育或许是未来教育的方向，让少年看见多年后的自己会是什么样。我想这也许正是我们要学习芬兰教育的地方。芬兰在前方，他用走过的路告诉我们：“教育和经济其实互为因果。一个国家有了足够强大的财力，才能给教育更大的投入；给教育更大的投入，才能为国家发展培养人才，促进经济的发展。”所谓“百年大计，教育为先”，芬兰是最好的证明。

接下来，我们来看不同发展阶段的芬兰教育是什么样的。

1. 小农经济背景下的芬兰教育

第二次世界大战之前，芬兰仍然是一个农业大国。在这样的背景下，芬兰教育相当注重实用能力，尤其是德国的教育理念和公民学校模式，在芬兰有很深的根基。

第二次世界大战结束后，芬兰的教育政策迎来了新的局面。据芬兰学者韦力 - 马迪 · 奥迪欧（Veli-Matti Autio）讲述："战争的最终结果削弱了德国在芬兰的影响力。此后，在学术界和文化界，美国逐渐成为新的路标。而英语则逐渐取代德语，在学校中站稳脚跟。"奥迪欧继续阐释："第二次世界大战后，芬兰是非常落后的国家。我们的经济结构更像东欧国家，无法与邻国瑞典或其他西方国家相比。在很多家庭，日常生活以农业和林业为基础，当时的小学教育是为了满足这些生活的需求，即教会孩子这些实用技能。"

此外，这个时代的教育还反映了小农经济对道德的要求。这个时期人们呼吁道德模范的作用，期望教师献身于他们的工作并充当学生的榜样。因此，教师这个职位意味着高尚的道德情操，而不是现代社会所强调的专业化。当我看战后芬兰小学教师教育的内容时，注意到它的确非常强调教育实践和道德取向。

赫尔辛基大学教师萨迪在此基础上分享："这一时期的芬兰教师特别喜欢读一些实用性的书籍，比如《教学实践指南》《技能型教师》《教师特质》，距离如今强调的研究型教师相差万里。"

我在查阅芬兰教师教育资料时，更是发现，在 1950 年之前，传统的教师培养机构，不是位于城市里的大学，而是农村或小城镇里类似于教师进修学校一样的地方，招收的是社会背景较低的学生，他们的教育背景处于中等水平。这样的教师教育完全没有教育科学的概念，甚至认为学术对未来的小学教师有害。

当时芬兰有四所大学的教育学院强烈抵制这一观念。它们是于韦斯屈莱大学、赫尔辛基大学、图尔库大学和奥卢大学。这四所大学在接下来的几十年内，不断增加教育学教授的席位，开设更多教育学专业课程，试图使教师教育走向科学化之路。

在 1957 年的芬兰国家议会上，矛盾逐渐激化。对未来小学教育和教师教育的发展，不同政党各持己见。比如芬兰中央党主要代表农村人口的利益，捍卫传统的教师教育培养制度，坚持使用实用型培养模式。然而，激进的左翼势力则指责这些学校带有浓厚的基督教和爱国主义传统，太安于现状，太固守成规。芬兰学者奥迪欧则为社会民主党站台："他们是要把教师教育问题与全面的学校改革联系在一起。"

不难看出，在小农经济背景下的芬兰教育表现出来的特征是：注重实用技能，推崇教师的道德模范作用，带有强烈的基督教和爱国主义传统。随着经济的发展，到了 20 世纪 60—70 年代，芬兰不再是农业占主导，而是打开了现代化工业国家的探索之路。经济模式发生了根本性的转变，必然带动教育形态跟着变化。

2. 计划经济背景下的芬兰教育

到了 20 世纪 60 年代，芬兰开始走上现代化道路，逐步向工业化、城市化和福利国家迈进。特别是在芬兰第八任总统乌尔霍·卡勒瓦·吉科宁（Urho Kaleva Kekkonen）1956—1982 年在位执政时期，整个国家进入高度集权化的管理模式，政府管控国家发展的方方面面，包括经济命脉。这一做法带来的好处是，随着计划经济的快速发展，整个国家的财富都掌控在政府手中，这为形成福利国家奠定了财政基础。在教育方面，政府的集权化管理则主要体现在以下三个方面。

一是合并中小学，采用综合学校模式。芬兰议会在 1968 年批准基本法案时做出了重大的教育决定，即同意关于综合学校的改革。这种重组意味着芬兰政府将为所有学生提供九年制基础教育。

二是合并小学教师和中学教师的培养机构，全部由大学来培养。较之以前注重教师的道德模范作用，这一时期的转变是呼吁教师的专业化，希望教师成为专业性教学人才。此时，教育科学研究成为教师培训的主流思潮。

三是这一时期芬兰教育呈现“目标导向”或者说是“结果导向”的特征，跟当时计划经济和集权管理模式密切相关。在这一时期，芬兰教育是注重考试的，不仅用考分衡量学生的优劣，还以此评估教师的好坏。正如赫尔辛基大学教师萨迪所言：“迫于考试的压力，当时每个小学教师都要根据教学计划设定教学目标，再把教学目标转化为具体方法和可观察的行动。教师在教学过程中的效果如何，也要受到评估。”这远远不是当下我们看到的芬兰教师的工作状态。不过，20 世纪 70 年代的教师教育与当下的教师教育也有共同之处——两者都看重教育学院学生的教学实践，虽然那时的教学实践倾向于向未来教师介绍学校惯例、行业技巧等规范技能。

从这些做法可以看出，虽然 20 世纪 70—80 年代芬兰教育的管控思维严重，但已经开始了教师专业化和教育科学化的探索之路。

3. 市场经济背景下的芬兰教育

不幸的是，一进入 20 世纪 90 年代，芬兰就面临着严重的经济危机。从外部看，这次经济危机主要是受苏联解体影响。当时芬兰跟苏联有密切的贸易往来，苏联解体后，芬兰的许多企业纷纷倒闭，导致失业率飙升。从内部看，是芬兰政府在 20 世纪 70—90 年代施行了一系列错误的金融政策，这是带来 20 世纪 90 年代经济衰退的根本原因。

对国家经济发展来说，这一定是灾难。当时的芬兰政府有哪些举措帮助国家渡过难关？那就是继续推行 20 世纪 80 年代的权利下放，给地方更多自主权，给市场经济更多空间，以此来刺激经济发展的活力。

这一效应，同样发生在教育领域。如今我们看到的芬兰教育系统内的自主权、分权，或者称之为分布式领导，就是在这一时期逐步确立的。这次分权运动让越来越多的地方教育局、学校开始描绘和启动本地的教育发展项目。此时教育体制的灵活性和多样化在快速增强，同时也带来芬兰教师姿态的转变——他们不再将自己视为市场竞争经济模式下的服务者，而是教育领域的专业人才和领导者。赫尔辛基大学教师西如卡·阿和宁（Sirkka Ahone）在其著作《一所共同学校：芬兰教育平等》里阐述："在20世纪90年代，芬兰议会、教育部、国家教育署签署了新的文件，指出教育要有竞争力、以客户为导向和支持个人选择。"在这些原则的指引下，20世纪90年代的芬兰学校文化发生了根本转变——学校转向以教师为中心，课堂转向以学生为中心。

此时教师不再扮演道德模范的角色，而更看重发展研究性思维和掌握教学自主权。这强化了教师在教育科学研究领域的积极性，使他们由信息的传播者或传声筒，转变为具有批判立场和自我评价能力的教育者。这标志着芬兰教师的形象从实用型导向向研究型导向过渡。

几十年过去，如今的芬兰已成为一个高度工业化的自由市场经济体。人均产值相当于其他西方先进国家，如法国、德国、瑞典、英国等。芬兰最大的产业不是农业，而是服务业，约占整个国民经济的三分之二。第二大产业是制造业，约占整个国民经济的三分之一。至于农业，仅占国民经济的2.9%。回望来时路，我们清晰地看到芬兰教育特征的转变根源在经济形态的变化。这一点儿在赫尔辛基大学教师雅尼·萨蒂（Janne Säntti）和雅力·萨尔米宁（Jari Salminen）合写的《1945—2015年芬兰教师教育发展》中有清晰的表述（见表6.1）。

无论经济如何发展，芬兰人有一个共识不变：在过去的几十年中，芬兰学校系统始终由国家管理，坚持公立办学。芬兰人对教育大局和学校政策方向的共识长期不变，带来的是相当连贯的教育变革，使学校变化得以坚定地遵循经济和社会的变化。

表 6.1　时间洪流中芬兰经济和教育的特征

时间	经济形态	教育系统的特征	教师教育的特征
1870s—1940s	小农经济	世俗化，注重培养实用技能	两种培养模式：大学学院派 + 教师培养学院
1950s	战后恢复，仍然是小农经济	“二战”后教育系统扩张，仍然注重培养学生的实用技能	仍然是以上两种模式，呼唤教师的职业道德且对教师的需求增加
1960s—1980s	计划经济	建立综合学校体制，采用集权化的学校管理模式	说教型的教师，教师教育逐步走向学术化
1990s 至今	市场经济	注重批判性思维；构建多元学校文化；去中心化、去集权化的管理模式，强调分权和分布式领导；OECD 政策成为芬兰教育发展的驱动力之一	培养研究型教师、终身学习者

这就是芬兰教育发展历程中的变与不变。

芬兰历史——城市规模对教育管理模式的影响

我们都知道芬兰国小人少。其实，芬兰的城市也很小。根据 2000 年芬兰颁布的宪法第 121 条规定：“芬兰划分为市（芬兰语 kunta；英语 municipality），其行政管理必须基于其居民的自治。”2000 年初，芬兰总人口不到 520 万，全国竟然有 448 个市。过去 20 年内，芬兰政府在尽量减少小城市划分带来的行政冗余。从 2000 年至今，芬兰已经减掉了 100 多个市。这些小城市要么被合并，要么组成联合市政厅，共同办公。截至 2018 年初，这个 550 多万人口的国家，依然拥有 311 个市。

可见，这个北欧小国并没有为了管理方便，把整个国家划分为几十个大城市，反而让很多小地方以市级行政单位的形式存在，便于整个社会灵活、多样地运行。要真正理解芬兰的“市”，必须建立以下认知体系。

第一，芬兰的市不等于城市。在这 311 个市中，只有 107 个市使用“城市”的概念。这一方面是因为很多市的规模没有达到城市的要求；另一方面是由于在古代芬兰，“城市”是国王授予的称号，地位更加神圣和正统。不过在现代社会，芬兰所有市的地位，在法律上是一样的。

第二，芬兰的市没有下属的区政府或县政府，也不存在这样的行政公务员。那市级以下都有哪些机构在组织市民活动呢？我找到赫尔辛基市维克（Viikki）图书馆的负责人，他介绍说：“是各种协会在活跃。芬兰非常注重这种社团活动。”不过，仅市级的雇佣人员已经体量庞大。据芬兰统计局数据，截至 2015 年，芬兰市政当局雇佣的人员超过 422 000 人，相当于整个芬兰劳动力的 20%。这等于说，芬兰五分之一的劳动人口在从事公共服务工作。

第三，这些市的面积并不小，只是大多数市的人口非常少——不足万人。在这 311 个市中，超过一半的市，居民不到 6000 人。这些市的地理分布，约占整个国土面积的一半，但人口只占总人口的15%。人口最少的市，是一个讲瑞典语的小地方，名叫索通喀（Sottunga），居民只有90人。对比看芬兰首都赫尔辛基的居民人数高达63万，全芬兰仅有9个市的人口超过10万，它们是赫尔辛基、埃斯波、于韦斯屈莱、坦佩雷、万塔、图尔库、奥卢、拉赫蒂和库奥皮奥。这些市约占芬兰国土面积的1%，却拥有该国30%的人口。

这种城市管理模式，直接让每所学校受市教育局所管辖，也在影响着芬兰教育的管理模式。据我观察及与于韦斯屈莱大学教育领导力研究所所长米卡·瑞斯古交流，我想影响主要体现在下面三点。

1. 这些市“散点”分布，支撑着芬兰教育的分布式领导管理模式

美国著名教育学教授安迪·哈格里夫斯（Andy Hargreaves）在参访芬兰的学校时指出：“芬兰整个国家的管理、文化和它的教育系统，是一个特别的、突出的、高绩效的分布式领导的例子。”我想哈格里夫斯的观察指出了芬兰教育运行中最本质的一点儿：分布式领导。

所谓分布式领导，是指学校的发展不能光凭一个“英雄式的”能干的校长，而要依赖于校长、学校各个部门、教师和学生的合力。学校的每个成员都应该成为自己本职工作的领导者、主动学习者。

我在于韦斯屈莱大学上“教育领导力”这门课时，教育领导力研究所所长瑞斯古跟我们强调，芬兰教育体制是分布式领导很典型的案例。它在构建一个结构性的联合力量网络，每个人都在发挥作用和领导力。没有人要对上级负责，而是要发挥自我反思、自我监督、自我评估等能力。每个教师、每个学生都可以参与进来，去计划，去评估，去实现，共同把学校做成一个学习社区。瑞斯古非常乐观地看待这一管理模式：“在分布式领导框架下构建学校，才有可能应对这个快速变化的世界。”这才是芬兰教育的“底色”。而我们看到的、听到的芬兰教师信任学生，不用考试检测学生；

芬兰校长信任教师，对教师没有评比；教育局信任校长，对学校没有考核和监督……都只是“面”上的东西。

弄清了这个本质，我们再来看芬兰能够施行分布式领导的土壤——国家管理模式。中央之下，芬兰被划分为19个行政区（相当于我国“省”的概念）和311个自治市，中央和行政区给予地方市很大的自治权，市内的治理、公共服务和政策制定都由市政厅负责。这种权力的下放，也让地方担负起更多领导力。在参观芬兰最好的高中罗素高中时，校长阿里·霍维宁（Ari Huovinen）回应：“我认同分布式领导力在芬兰社会和教育中发挥的巨大作用。作为一名校长，我会从两个角度着手去实现它。一是对内，学校要建立一种分享文化，强化每个教师的主人翁意识和行动，进而提升教师在教学、构建学习环境方面的领导力。二是对外，学校要主动构建一种网络合作关系，要广泛地对外连接，帮助孩子们与各个领域的专家、职业工作者对话。学习的场景也可以在学校外面，这样孩子们便有机会在问题所发生的真实场景中看问题从哪里来，如何解决它。”

正如霍维宁所言，整个社会就是一间大教室，学校要与其他地点互联。难能可贵的是，在芬兰，不管幼儿园或中小学坐落在哪里，周边都有社会资源可以连接，可以说没有一所学校是一座孤岛。夏天的时候，我和家人随芬兰友人前往其外婆家过暑假。她外婆的夏日木屋坐落在芬兰北部卡亚尼市的深山老林里，即使在这样的地方依然有学校。她的外婆告诉我：“学校并不因为地理位置的偏远，就缺乏相应的外部资源，反而是这么多小城市的存在，让每个地区都有配套的公共设施，比如图书馆、博物馆、文化中心、公园等，这让学校可以利用的社会资源唾手可得。”难怪，不管我到芬兰的哪个地方参观学校，都可以看到教师带着学生去森林里玩，去图书馆阅读，去博物馆参观。

我现在生活的城市赫尔辛基更不用说。我家住在维克区，这里的房屋被赫尔辛基大学的教职工们称为赫尔辛基的学区房。赫尔辛基大学维克校区及其附属小学、附属中学都在这里，还有几所高质量的幼儿园。可以说，在这里生活的孩子，0—18 岁的教育都可以高枕无忧。

但是，并不是每个孩子都能上大学的附属学校，毕竟班级数量较少，教育资源有限。这样，在方圆两三千米之内，我们还有 18 所幼儿园、4 所中小学可以选择。这些幼儿园的规模也是非常小，多则百人，少则十几个人。中小学也是小规模办学，每个年级大多有四五十个学生。这样的教育资源分布，对于周边 1.5 万居民而言，真的是相当充足。

放眼看周边的社会资源，更是为学校教育注入血液。维克区的孩子们几乎每周都会去附近的图书馆上阅读课，去森林里上环境课，去维克农场看动物，去教堂听音乐会，去开放公园参加活动，教师甚至会带着孩子们坐大巴去稍远一点儿的中央颂歌图书馆看建筑。

卡亚尼市和赫尔辛基市，一个在芬兰北部，一个在芬兰最南部。我以这两个城市为例，是想说明不管身在芬兰何处，教育资源基本没有太大差异。这是由于芬兰在分布资源时，尽量做到从南到北、从西向东全涵盖。这里我可以给出芬兰整个国家的教育资源和社会资源分布的数据：截至 2017 年，芬兰共有 2300 所综合学校，54 万中小学生。这等于说每所学校平均只有 230 多个学生。那这些学校的周边有什么呢？全芬兰有 280 个博物馆，40 个国家森林公园，800 多个实体图书馆，150 多个移动大巴图书馆。千万不要忘记，这是一个人口只有 550 多万的小国。有这些资源支撑，“以学校为中心”的社区才得以落地，社会化学习才得以开展。

这样的城市分布、学校分布，为 20 世纪 90 年代芬兰教育由集权向分权的转型，提供了肥沃的土壤。芬兰在 90 多年之前，尤其是在芬兰总统吉科宁执政期间，集权管理模式相当严密，上级对下级有绝对领导权，下级要向上级汇报。这样的管理模式也发生在芬兰学校内，市政厅教育局领导学校，校长领导教师，教师领导学生，通过一层层的上下级关系管理整个教育体制。在吉科宁去世后，芬兰才慢慢走向分权管理模式，给社会更多活力。发生在教育系统内的转变，采用的是分布式领导。学校内部，不再有上下级关系，教师与校长是平等和尊重的关系；不再采用上一级对下一级的问责制，而是校长信任每位教师的教学领导力，教师信任校长的组织领导力。

这种分布式领导让芬兰学校更看重横向的“点对点”的连接。学校是一个点，其他社会资源也是点，在点与点的连接中，教室可以搬进图书馆、博物馆、森林等任何地方。总之，芬兰举社会之力构建一个严密的学习大社区。这也正是霍维宁校长所看重的——学校要构建一个合作关系网，连点成线，连线成面。

2. 这些市“麻雀虽小，五脏俱全”，确保了全国教育的均衡和公平

也许有人会说，虽然这么多小地方以市级行政单位存在，法律上与其他大市的地位平等，但是市与市之间的差异，尤其是经济发展水平的差异，不还是存在嘛！那么芬兰是怎么做到让大城市的学校与小城市的学校、市区学校与乡村学校的教育资源保持均衡的?

我们先来看学校内部资源。一所学校的存在，靠的无非是外在的教学楼、内在的课程，以及校长、教师、学生和其他相关人员的活动，还有最重要的——经费。从行政划分可以看出，不管一所学校多偏远，它也是直接隶属于市政厅管辖，中间没有区政府或是县政府，这样每所学校都能够直接得到市政厅拨款。加上芬兰教育拨款是按学生数量来算的，而不是看工作绩效或升学率，因此基本能确保偏远地区和中心城区的教育经费公平。

再有，不管在哪个城市、哪个村庄，芬兰教师的工资基本都是同一水平，这样便能吸引热爱教育的教师去小城市、乡村工作。甚至，在芬兰出现了一个“逆流”现象，首都赫尔辛基是最难招到好教师的城市，尤其是幼儿园的师资配置放在全芬兰看是偏低水平的。因为在首都生活的成本要高于其他城市，比如房租要高得多，而教师的收入水平基本一样。这样很多教师不愿意来大城市，他们更喜欢在二、三线城市工作。在那里，他们生活的幸福指数更高。

在教育资源的均衡分布下，生源也趋于均衡。首先，是学生数量相对均衡。在芬兰，规模超过 500 人的学校非常少。我在于韦斯屈莱居住时，带儿子小觉在家门口的小学户外场地玩耍，碰到校长，于是跟她攀谈起来。她介绍说："我们学校有 389 名学生，这种学校规模在芬兰很常见。在学校我们的学生会感觉像在自己家里一样，学习空间明亮宽敞、颜色温馨，沙发柔软，食堂的饭菜可口，休息室也让人感觉舒适。"如果说学生数量少，可以让学生有充足的室内活动空间，那么它所带来的更亲密的师生关系就更为重要。学生和教师之间，学生和学生之间，都可以更频繁地互动。

其次，是学生质量相对均衡。关于入学问题，事实上芬兰家庭都会优先选择家门口的学校，通常有三四所学校可选。能否被录取取决于两个因素：是否有名额；在有名额的情况下，校长把名额给谁。至于家长如何选学校，基本受两个因素影响。一是就近原则。OECD 研究发现，在所有参与 PISA 测试的国家中，芬兰各个学校之间的差距是最小的。这对家长来说，是否择校可能没有太大差异。二是市民口碑。自 20 世纪 90 年代起，芬兰政府就切断了家长择校的消息源，学校好坏全凭口碑，没有成绩排名参考。

最后，看学校的外部资源如何做到均衡和公平。还是回到市级行政划分上。那么多小地方以市级行政单位存在，便意味着国家和当地市政厅对当地公共服务系统的投入庞大。这是芬兰学校的外部资源。这些资源对那些强调课堂教学的发展中国家来说或许没那么重要，但对强调社会化学习的芬兰来说，则万万不可忽视。如果没有这些外部资源的支撑，而想学芬兰教育的政策、理念，或是在自己国家的土地上办芬兰式国际学校，就会徒有空壳。

这些市为学校提供了哪些资源呢？这就要从市政厅的职责说起。市政厅要为当地居民提供幼儿教育、基础教育、健康保健、社会保障和老年人护理等。除此之外，图书及信息服务、儿童权利保障、残障人士护理及社会福利也属于市政厅的工作。我常常可以看到，孩子需要的游乐设施在每个市的任何一个小区内都随处可见。一句话，不管是大“市”还是小“市”，城市配套的公共设施都是一样的。

芬兰孩子是在这样一个“网络系统”下成长起来的。比如在耶尔文佩市，教育局的一位负责人指出：“芬兰学生在国际测试中的优秀表现，应更多地归功于整个学校系统对社会化学习概念的理解、承诺和得到的广泛的文化支持。学习能力，特别是读写能力的培养，早在家庭教育和学前教育就开始了，常常是以游戏、阅读这种非正式方式进行的。我们芬兰人在学习和教学过程中，高度重视并且强调游戏、谈话、场景和互动，你会看到我们很多课程是在学校之外完成的，这离不开政府对学校周边公共服务系统的投入。”

3. 这些市“小而美”，“美”在拥有独立的自治权和管辖权，从而孕育芬兰教育系统内的自主权

芬兰的城市虽然很小，但是每个城市行政部门的权力并不小，因为这些市都是自治市。由谁来负责地方自治呢？答案是由选民选出的议员负责。他们组成地方议会，负责本市的政策制定、修立法、拨款和监督政府运作等。每个市的议员数量与人口成正比，像芬兰最小的索通喀市最多只能有 9 位议员，大都市赫尔辛基则可以有 85 位议员。

教育系统同样采用自治的方式。

首先，表现在资金使用上的自主权。比如市政厅会直接把财政拨款发放给学校，由校长和学校委员会来自主分配。通常情况下，校长如何使用教育经费呢？芬兰国家教育署的数据显示，教育经费的三分之二以上花在教师和学生身上，其中有 57% 花在教学方面，包括教师的工资、教具、学习材料等；10% 花在学生免费食物、免费住宿和免费交通方面。剩下不到三分之一则花在学校内部管理和设施维护方面，其中 6% 用于内部管理，22%

花在设施维护上。

其次，这种自主权还体现在课程上。全国 311 个市，每个市都要制定自己的课程标准，都可以决定本市开设哪些课程。这就是处于三级课程体系第二级的地方课程标准，具有非常大的灵活性和本地特色。这也是国家课程标准落地的一环。这里补充说明，芬兰教育要想从理念到课程一步步落地，需经过四步：①教育和文化部的官员提出理念，领导教育前进和改革的方向；②芬兰国家教育署的专家们制定《基础教育国家核心课程大纲》，作为指导方针；③在国家课程大纲的指导下，每个市再结合自己的地方特色，制定地方课程大纲，在市级范围内落地；④各学校确定自己的课程大纲，具体到课程设置。

耶尔文佩市教育局负责人表示："我们这里的教育愿景非常接近国家课程大纲的观点。不过，我们还结合了耶尔文佩市自己的地方特色。例如这里是芬兰艺术家的摇篮，我们便在课程里添加了一些本地艺术史的知识。这样，孩子了解自己的出生地以后，就会为这个小城市感到自豪。"

最后，教育体系的终端——教师手中有高度自主权。比如教师可以决定用什么教科书，这得益于两点：一是教师自身拥有高度的专业性，对教材的选择有准确的眼光，一些教师本身就是教材编写委员会的成员；二是芬兰教育出版业非常规范，能够保证教科书的质量。在参加芬兰教育年展时，我询问芬兰教科书出版社的负责人，她介绍："我们的教科书不仅附带支持材料，如教师指南、背景信息、差异化思路和教学解决方案，还为学生提供额外的练习和任务，以支持教师高质量教学。"

总之，从整个教育体系的分布式领导力到教师手中的自主权，从教育的均衡和公平到每个学生都享受高质量的教育，从发生在课堂上的社会化学习到把课堂搬进社会，芬兰教育没有任何一点儿不需要社会资源和文化资源的支撑。芬兰教育是整个社会生态的缩影。

芬兰文化——教育是社会文化的一部分

关于芬兰教育，有一个很有意思的现象。当我打开中国媒体或外国（芬兰除外）媒体，看到的都是描述芬兰教育的美好：世界第一、现象式教学、快乐教育、信任教师，这样的描述随处可见。但是，当我打开芬兰媒体看教育报道时，呈现的都是问题："现象式教学"并不适合所有学生；芬兰幼师抱怨工资低、压力大，又要罢工、游行；家长认为幼教缺乏启蒙内容；芬兰中学生的辍学率又在上升；等等。

中国人眼中的芬兰教育是个奇迹——平等、免费、快乐、信任，令人向往。但是，芬兰人眼中的芬兰教育不过如此，因为芬兰孩子在医疗、社保等方面，同样享受着平等、免费、快乐、信任的氛围，教育并不是特例。

中国人打 90 分的芬兰教育，对芬兰人来说，最多打 80 分。为什么会有这样的落差？看得见的原因，是视角差异。中国教育者一般只看到芬兰教育的"美好"：中小学教师要求有硕士学位，教师受到社会的极大尊重，校园是北欧设计风格，教育不重视竞争而追求公平等。然而，芬兰人更能看到自身教育的"现实"：亟待改进的问题和灰暗面。

更本质的原因，是双方没有站在同一社会土壤上看问题。对中国人而言，我们生活在人口基数大的国家，我们的教育体制强调竞争和选拔；优质教育资源有限，学生、家长和教师都带有升学压力和焦虑；教育评价体系主要以考分为导向，在一定程度上会扼杀孩子的个性和创造力。在这种文化和体系里待久了，看到芬兰各地的学校和教育资源大致相当，教育本身就是美好生活以后，难免心生羡慕。芬兰教育像是一个理想国，照出了我们心中想要的好教育的样子。

既然说了中芬文化土壤不同，那我们进一步来看，芬兰教育到底有哪些他有我无的显著文化符号，而正是它们在决定着教育生态的样貌。概括一下，我想主要有三点。一是人文土壤的不同。芬兰是北欧福利国家，教育是其社会福利的一部分。二是社会土壤的差异。芬兰现在是民主社会，教育要为国家培养出合格的社会公民。三是自然土壤的独特。芬兰是欧洲森林国家，文化里对自然的尊重，使芬兰教育与自然息息相关。

1. 人文土壤

在北欧，教育是社会福利不可分割的一部分。政府通过向国民征收高税收来支撑免费、公平、优质的教育，让受教育成为人人都可享有的权利，不因家庭经济背景的不同而有差异。甚至在北欧这片土地上，没有一个国家私立学校横行，因为每个成年人都是纳税人，每个家庭都享有高质量教育的权利。私立学校甚至跟公立学校一样，基本向家庭免费。但这并不是说私立学校在做公益，而是说费用已经转移到政府那里，由政府付费给私立学校。政府的收入从哪里来？从纳税人那里来。只不过政府发挥宏观调控职能，家长和私立学校之间不直接进行交易。

芬兰政府几乎把所有学校都变成了公共事业的一部分。只要纳税，所有家庭都可以享受高质量的教育，这是社会公共福利体系的一部分。这一点儿芬兰教育者最有发言权。

2018 年 11 月，我受邀参加芬兰教育创新组织（HundrED）在赫尔辛基举办的年度教育峰会。萨尔伯格再次来到现场做分享：“我总是不断地被问到芬兰教育世界第一的秘密是什么。”他并没有直接回答这个问题，而是提出了另一个问题：“我一直很期待有人问我，但从来没有人问的问题是，除了学校系统，芬兰教育的秘密是什么？”萨尔伯格说，“芬兰学校系统最多只能解释芬兰教育成功的一半，长久以来，许多人都忽略了芬兰完善的家庭支持系统和社会福利体系，这才是芬兰教育维持世界顶尖水平的真正关键因素。”

这提醒我们，在谈论芬兰教育的时候，我们不能只谈教育，而不谈社会。赫尔辛基市主管教育的副市长比娅·帕卡里宁（Pia Pakarinen）在峰会上对这一点儿进一步强调："教育是我们公共服务的一部分，我们必须确保每个芬兰人都能获得平等的受教育权。"制定这样的政策不难，难的是整个国家能够自上而下落实，这检验社会运营机制和管理模式是否卓有成效。

芬兰把教育的福利属性落实到每个孩子身上，体现在方方面面：从学前班到高中毕业，每个芬兰孩子都能在学校享受免费午餐；孩子享有终身免费教育的权利，从幼儿园一直到大学最高学术学位毕业；为了支持教师带学生走出校园进行社会化学习，在每天 9: 00—15: 00 这个时间段内，每个芬兰教师都可以带最多 30 个学生免费坐公汽出行，不管是小学生还是高中生，一律免费；市政主管机构还为乘坐公共交通工具上学的儿童提供免费的交通卡。

政府更是按学生人数给学校拨款。芬兰国家教育署数据显示，2015 年基础教育阶段学生的财政投入是平均每个学生 8955 欧元一年。也就是说，如果一所学校有 200 名普通学生，那这所学校每年可以获得 179.1 万欧元左右的财政拨款（各区市有浮动）。另外，如果这所学校有一些需要特殊教育的学生，那么这些学生获得的拨款大概是普通学生的 1.5 ~ 4 倍。

2. 社会土壤

20 世纪 90 年代以来，芬兰步入民主、自由、开放的国家形态。现任总统绍利·尼尼斯托（Sauli Niinistö）在 2018 年 1 月 1 日的新年贺词中表示："芬兰人花了数十年时间才对民主制度产生了完全的信赖。人人参与的爱国主义诞生在这片土地上了。"教育的最终目标是为民主社会培养出合格的社会公民，这一点儿被写进芬兰《基础教育国家核心课程大纲》。那在芬兰教育者眼中，到底什么样的公民才是合格公民呢？我在社交媒体上联系到芬兰国家教育署课程发展中心前主任艾梅利·哈里宁，她分享道："一定是具有独立人格的个体。在我看来，这表现为能照顾自己、具备日常生活技能与保护自身安全的能力。先要生活独立，再看下一步——学习独立。这就希望孩子能清楚地自我表达、独立思考、自主学习和持续学习。具备这些，再谈在社会生活中所需要的学习能力、信息技术能力、工作能力和创业素养等。”

哈利宁所提倡的独立人格，其实就是芬兰《基础教育国家核心课程大纲》提出的“横贯能力”。事实上，横贯能力不仅适用于中小学生，大学生也适用，差别在于每个学段的侧重点和比重不同。拿生活独立能力来说，我们都知道只有经济独立才能生活独立、人格独立。让全球孩子羡慕的是，芬兰孩子从出生起，每个月就能获得政府发放的 100 欧元左右的生活费，直到年满 18 周岁为止。18 岁之后，政府就不管了吗？恰恰相反，政府给得更多。18 岁成年后，芬兰孩子基本上都会从家里搬出去住，而大学里没有宿舍，于是需要自己租房。房租、生活费可不是来自父母，而是来自芬兰政府。芬兰的社保机构会给每个大学生提供学生补贴，无孩子的大学生每个月 252 欧元，有孩子的大学生每个月 353 欧元，直到他们从学校毕业。这个数额基本上够一个大学生的日常开销。不够花怎么办？不用担心，每个大学生还有每月 500 欧元的免息助学贷款。这样的福利政策，是对孩子独立人格的很好支撑。

合格的社会公民，必然还是社会事务的参与者、社区的融入者。要做到这一点儿，仅在课堂、书本上了解社会生活的方方面面是不够的。比如我在湖塔索综合学校初二课堂听社会学这门课时，教师带着学生模拟芬兰议会选举制度，让学生了解各个政党的不同意见。学生回家后要与父母交流，询问他们投票给哪个政党，这个政党代表的利益群体是谁，主要政见是什么。

另外，教师还鼓励学生在校外多多参与社区活动。如果说家庭是社会运行中的一个“点”，那么家庭周边的图书馆、教堂、体育馆、公园、社区医院、游乐场等也是运行其中的一个个“点”。不管是芬兰教师还是芬兰家长，都非常注重让孩子在这些“点”中活动，这样孩子们才能够真正理解社会的运行。这也是“以学校为中心的社区”最好的典范。

当然，芬兰之所以能够自上到下、从教师到家长践行“社会化学习”，跟整个国家的教育评估目标密切相关。芬兰近三十多年来，不再以单一的学术成绩为评价学生优劣、评价学校绩效的唯一标准。多年来芬兰国家教育评估中心始终把“教育内容和社会中重要议题的相关性”这一点儿纳入国家评估指标之中，比如评估学校教学如何应对数字化时代；评估教师角色的变化，以及教师教育如何应对社会变化；评估学校是否为学生储备了未来社会所需要的能力——学生的创业素养和创新能力等。

3. 自然环境的独特

芬兰是一个把家园建在森林里、湖泊边的国度。这使得芬兰教育特别“土”。这种“土”是真正地接触土地，融入自然。我刚来芬兰时，没工作，没上学，整个人处于一种特别自由的状态。我每天骑着自行车去大学自习，路上我能感受到微风吹过脸颊的舒适，树叶偶尔飘落在我的脸上。听着林子里叽叽喳喳的小鸟，那时我觉得自己与林中的鸟儿无异。我是生活在大自然之中的。大自然是我生活环境的一部分，我像鸟儿一样在森林中安家。只是鸟儿的家小一点儿，我的家大一点儿罢了。七、八月份的时候，我与芬兰友人在森林里远足、露营、采浆果，去度假木屋蒸桑拿。九、十月份，我们在森林里采蘑菇、烤香肠。大自然像一位母亲，为所有芬兰人提供食物，芬兰人则安心做着大自然的孩子。就是在那时，我体会到芬兰人谦和、平等，与大自然和谐相处的生活状态。很多时候，我感到自己不是来到繁华的都市，而是来到某个小镇，过着乡野生活。明白这一点儿后，我们再去感受大自然对芬兰教育意味着什么，大自然又是如何影响芬兰人的生活和教养观的，就会有不一样的收获。

芬兰自然资源研究所 2015 年的数据显示，芬兰的森林覆盖率为 71.6%，内陆水域占国土面积的 10%，大大小小的湖泊约有 18.8 万个。我做过这样一个计算，芬兰每平方公里的土地上约有 16 个人，每个芬兰人拥有 21 棵树，每 29 个芬兰人就拥有一个湖，每 30 个芬兰人就拥有一座岛——这就是芬兰。

在这样美好的自然环境中，芬兰教育必然在大自然中发生。我曾经跟着一位初中体育教师在森林里上体育课。一开始我很疑惑，体育课在体育馆、操场上上不就好了嘛，为何连上体育课都要来森林里？这位教师是不是因为我的到来才把它变成一节“展示课”？真的体验完 90 分钟的体育课后，我必须承认：经验限制了我的想象力。

以往，我认为体育课就是让身体动起来，这节课的前半部分也不例外。学生们在森林里铺好瑜伽垫，跟着音乐节奏跳体操。但出乎我意料的是后半部分，孩子们在森林里练瑜伽，拉伸身体，练习正念。还有一件事令我疑惑，上课时间是早上八九点钟。我一大早来听课，怎么第一二节课就是体育课？一日之计在于晨，早上的时间怎么不留给语数外？这位体育教师很得意地跟我说：“体育课和其他课程一样重要，都是必修课。体育教师可以在一天的任何时间开这门课。”这样的体育课，真的让我羡慕。

另外，我想芬兰教育的“土”还源于做教育的人也很“土”。这种“土”是去掉浮华之后的务实、纯粹。这片土地孕育出的人，与其他国家相比，更务实和纯粹一些，基本不搞形式上的东西。我们可以对比来看：与英国人相比，芬兰甚至都没有贵族可言，戏说它是欧洲农民倒有几分贴切；与同样身处北欧的瑞典人相比，芬兰人太内敛安静了，能少说决不多说，最好是不说。外来游客初到芬兰，在公共场所随处可感受到静悄悄的氛围。芬兰人不是为了社交而社交，尽量以自己真实的面貌生活。这种性格同样作用在教育上。芬兰人更懂得、尊重、保护和激发孩子的天性。这一点儿在幼儿教育领域体现得最为明显。芬兰幼儿园非常支持孩子玩耍和探索的天性，大多数幼儿园一周有一次森林活动，孩子会带着自己准备好的食物在森林野餐，探索大自然。

这点点滴滴的文化印记，更让我看到：教育是生长在文化大树上的果子。如果整个国家的文化是尊重自然、亲近自然，那么这种文化便会自然而然地渗透到教育理念里，渗透到家长和教育者的血液里。

芬兰教育——为更多人提供更多教育

芬兰最近的一百年，是芬兰教育水平稳步提高的一百年。

在芬兰，教育被视为国家崛起和个人发展的重要工具。国民教育水平的不断提高有助于提高劳动生产率，从而促进经济和社会的快速发展。通过教育，芬兰已经从一个弱小的农业国家发展成为一个高生产率和高科技的现代工业国家，在众多竞争激烈的国际排行榜上高居榜首。受过良好教育和综合能力强的劳动力，也一直是这个国家推动现代化进程的关键因素。

回看来时路，芬兰在发展的不同时期有着不同的教育任务。相应地，教育也表现出它的阶段性特征。那么，芬兰教育政策经历了怎样的变迁，以适应不断变化的社会的需要呢？我将从时间维度来谈。

1. 芬兰独立后普及基础教育

1917 年芬兰独立，独立前后的小学教育是四年制，可是并不普及。当时面临的挑战是，如何保证所有儿童都能接受小学教育。

于是，独立后不久，芬兰颁布了《基础教育入学法》，于 1921 年生效。这一法案规定基础教育适用于所有 7—13 岁的儿童，并将四年制的小学变成六年制。1920 年大约有 70% 的 15 岁少年识字。该法案生效后，小学的学生人数迅速增加。在 20 世纪 30 年代中期，7—15 岁的少年儿童中约有 90% 接受过学校教育，基础教育逐步涵盖所有法定学龄儿童。

随着“二战”的结束，儿童进入中学变得越来越普遍。这一时期面临的挑战是，让那些被战争耽误的儿童也能接受小学教育。1950—1960 年，学生人数迅速增加。20 世纪 50 年代，农村地区小学的学生数量达到顶峰。到了 20 世纪 60 年代，由于城市化的扩张，农村小学的学生数量开始下降，与此同时，城市小学的学生数量一直在增加（见图 6.1）。

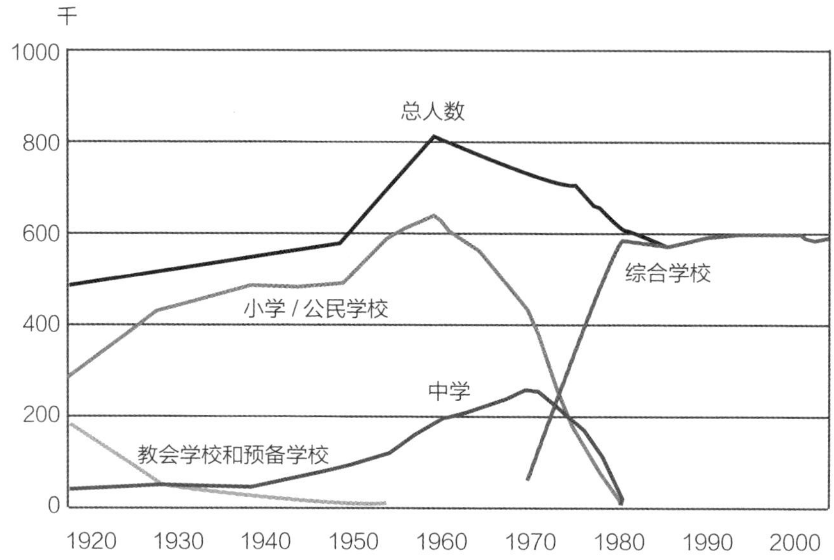

图 6.1　1920—2000 年芬兰基础教育普通学生人数

资料来源：芬兰统计局。

1957 年和 1958 年颁布法规将两年的公民学校并入小学，这样基础教育就变成八年制。与此同时，教育界展开建立综合学校的讨论，希望引入为期九年的、普及性的、免费的综合学校。

政府在采纳建立九年制综合学校的建议之前，中学教育不仅是收费的，而且要求学生必须通过入学考试，才有资格上学。很多孩子未继续读中学，或是因为父母无力负担学费，或是因为父母不想让子女继续受教育，更愿意子女尽快从事劳动。这在底层群众家庭中特别普遍。

20 世纪 60 年代随着经济的快速发展，越来越多家庭的收入增加，越来越多的父母希望自己的孩子能接受比以前更好的教育。进入 20 世纪 70 年代，已经有 60% 的适龄少年接受过中学教育。

1968 年，是芬兰教育史上具有里程碑意义的一年。这一年颁布的《基础教育法》规定要建立九年制综合学校，并在 20 世纪 70 年代逐渐实现。自此以后，法定学龄期涵盖 7—16 岁所有少年儿童，且是强制性的教育，任何一个孩子都不能被落下。

21 世纪初，芬兰对学前教育进行改革。所有年满 6 岁的儿童在基础教育开始前一年，都有权接受学前教育。2015 年，6 岁学前班这一年也被纳入基础教育，实行免费。2018 年，教育和文化部继续改革学前教育。目前全国有 31% 的年满 5 岁的幼儿在 2018—2021 年试点期间可以接受免费的学前教育。教育和文化部希望在 2021 年以后，实现两年免费学前教育。到那时，芬兰的免费教育就从 5 岁开始，一直到研究生毕业。

芬兰基础教育的变革历程要点如下。

* 1917 年，芬兰独立，基础教育指小学阶段，四年制。
* 1921 年，《基础教育入学法》生效，小学变成六年制。
* 1957 年和 1958 年，颁布法规，将两年的公民学校并入小学，这样基础教育就变成八年制。
* 1968 年，为建立九年制综合学校立法。
* 20 世纪 70 年代，全国范围内进行综合学校改革，基础教育变成九年制。
* 2015 年，基础教育下移至 6 岁的学前班，且未来规划下移到 5 岁，开展两年免费学前教育。

如今，芬兰综合学校被国际教育界视为一个模范系统，成为以合理的成本产生良好学习成果的典范。

2. 中等教育变得更加普遍

先看初中。芬兰统计局数据显示，在 1920 年之前，只有不到 10% 的少年进入初中。即使到了 20 世纪 30 年代末，初中仍然主要面向富裕的城市家庭的孩子和上层社会的孩子。当时全芬兰有 200 所初中。

“二战”后，初中的数量迅速增加，在 1950 年已经超过 300 所。1950 年适龄儿童进入初中的比例在 25% 左右；到了 1960 年，这一比例接近 40%。当时接受初中教育的很多孩子，他们的父母没有上过初中。到了 1970 年，初中的数量超过 600 所。在所有 11 岁的适龄儿童中，入读初中的儿童比例增加到 60%。

再来说说高中（这里指普通高中）。在 20 世纪 50 年代初，只有不到 10% 的适龄青少年进入高中，这些孩子都是初中阶段的尖子生。在这之后的几年内，高中的入学率迅速上升。1960 年，略高于 20% 的适龄青少年进入高中，而 1980 年这一比例攀升至 50%。

尤其是在 1970—1971 年，当时读高中的学生中有一半以上是去私立高中就读。然而，私立学校的兴起，很快被接下来的公立学校改革压了下去。不管是公立高中，还是私立高中，都由当地的市政府接管。到了 2005—2006 年，全芬兰只有 8% 的学生就读于私立高中。

在 20 世纪 30 年代，芬兰一样通过大学入学考试来选拔人才，每年只选拔 2000 名学生通过大学入学考试，仅占高中毕业生的 3%。1950 年，有 4000 名学生通过大学入学考试。紧接着通过大学入学考试的学生人数迅速增加。1963 年通过大学入学考试的人数超过 1 万人；10 年后人数翻了一倍，超过 2 万人；1982 年已超过 3 万人。可见，从 20 世纪 60 年代开始，芬兰在快速扩张自己的高等教育。

3. 高等教育的扩张历程

1640 年建立的图尔库皇家科学院（Academy of Turku），是芬兰高等教育的雏形，这是芬兰的第一所大学。后来随着芬兰从瑞典殖民地变成沙俄大公国，这所大学于1827年转移到新首都赫尔辛基，这样离沙俄的统治中心圣彼得堡更近。自此，改名为赫尔辛基大学。长期以来，赫尔辛基大学一直是芬兰唯一的大学。

芬兰独立后，参加高等教育的学生人数缓慢增长。1960年发生突破，这一时期的在校大学生人数超过2万名。可以说20世纪60年代是芬兰扩大高等教育规模的真正10年，在全国范围内成立了其他几所高等教育学府——拉彭兰塔工业大学、坦佩雷技术大学、约恩苏大学和瓦萨经济学院。后来，社会科学大学更名为坦佩雷大学，于韦斯屈莱教育学院更名为于韦斯屈莱大学，奥卢大学开始运营。这样，接受高等教育的人数急剧增加。20世纪60年代末，接受高等教育的学生人数已达到近6万人，不到10年几乎增加了两倍。接下来30年接受高等教育的人数持续增加。

1991年又是芬兰教育里程碑式的一年。这一年，芬兰高等教育增加了一个新的分支——应用科学大学。21世纪初更是加快扩张应用科学大学的脚步，与学术型大学并驾齐驱。这样，芬兰孩子职业高中毕业后，可以在应用科学大学就读本科和研究生。

2017年，OECD调查全球国家25—64岁国民接受高等教育情况的结果显示，芬兰接受过高等教育的人数从1970年的占总人口的7%（总人口约460万）上升到2017年的占总人口的44.3%（总人口约550万），真正成为全球人力资源强国。

余论 / 芬兰是教育理想国吗

我在芬兰生活了五年。那是学习教育的五年，是带着求索之心不断寻找芬兰教育如何为我所用的五年。回想那五年，我对芬兰教育的认知经历了三个阶段：第一个阶段，作为旁观者，我对近 20 年来享誉国际的芬兰教育由衷地向往；第二个阶段，作为亲历者，伴随着儿子小觉在芬兰出生并接受教育，我体验了现实中的芬兰教育，看到了芬兰教育的真貌；第三个阶段，作为研究者，我在研究了芬兰教育体系和教育改革历程后，对芬兰教育的成就有了理性的认识，也对中国教育的改革方向有了独立的见解。真正让我觉得自己找到“门道”的时刻，是一次“冬日煮酒话教育”聚会，那是我对芬兰教育认知的重要转折点。

2018 年 11 月的一天，赫尔辛基难得地暖阳普照。走在遍地是雪的路上，明亮的雪景让人睁不开眼睛。那天我们全家去芬兰科学与人文院院士、赫尔辛基大学教学心理学教授卡塔琳娜·萨尔梅拉 - 阿若（Katariina Salmela-Aro）家做客。我、萨尔梅拉 - 阿若、我的先生唐鑫聊了关于芬兰教育和文化的话题。现在我几乎忘记当时谈论的内容，但我耳边始终萦绕着萨尔梅拉 - 阿若的一句话：“很多人讲述的是芬兰教育的美好，但我想改变的是芬兰教育的现实。”

从那一刻开始，我才真的意识到，自己以前的角色就像萨尔梅拉 - 阿若说到的前者。我很想把芬兰教育的美好讲给中国教育者听。但真正能推动教育发展的，不是一个个美好的故事，而是用科研力量发现问题、解决问题；是从历史发展的角度，去看芬兰教育前进的历程，以及在这个过程中所取得的经验能否为我所用。

后来再看有关芬兰教育的文章时，我不再停留在媒体报道和芬兰教育者的对外宣讲上，而是找到真正对这个国家教育发展起推动作用的人：他们是在一线课堂的教师，于是我走进课堂大量听课，与他们交流；他们是不断用科研找到教育症结的教授，于是我访谈他们，阅读他们的科研文章；他们是愿意尝试、思想开放、勇于改革的校长，于是我定点跟踪、学习，近距离观察他们的日常管理和领导力。

一步步走来，我终于可以有底气地说：“我看到的是芬兰教育的‘现实’。”我也终于可以有理有据地说：“芬兰是一个教育理想国，它有着最尊重人的教育模式，但它也不完美。”

一个不完美的教育理想国

PISA 测试的优异表现，让全世界都把目光聚焦到芬兰这个北欧小国上。芬兰很小，人口只有 550 多万，仅是上海的四分之一；芬兰又很大，大到能把基础教育做到世界顶尖水平。

它基于公平和全纳理念构建教育体系。无论学生有着怎样的社会背景、种族、性别、资质，都能享受同等质量的九年基础教育，之后还可以继续享受免费的普通高中或职业高中教育、高等教育。

它拥有全球高质量的教师。如此高质量的师资，赢得的是全社会对教师队伍的高度信任：教育局信任学校的管理能力，校长信任教师的教学领导能力，家长信任教师的教书育人能力。这种信任文化又赋予教师高度自主权。教什么，怎么教，用什么教材，教师可以自己做出教学判断。他们知道如何运用手中的自由去开发课程，基于研究思维去解决各种问题。这不仅最大化地激发了教师的潜能，也让教师对自己的职业有了深度的认同。他们认可自己就是教学的专业人才，并且在从教生涯中获得了幸福感，实现了个人价值。同时，这种信任文化也弱化了教育中的外部监督。教育局不会过问学校在干什么，校长也不插手教师如何开展教学，甚至没有对教师的考评、评比制度。

它全面的课程体系支持学生发展自己的“个性”和“兴趣”。如果学生不喜欢理论学习，想去做个手艺人怎么办？没问题，学校同样会教授厨艺、手工、木工、电工、理发等课程。这些学生参加工作后，同样活得有尊严，有足够的工资，能过上体面的生活。如果还想进大学读书，此时教育体制依然向他们开放。

它让家长不焦虑。为人父母的终极使命，不是让孩子赢在起跑线上，更不是滥用权威压制孩子的天性，让他们整天伏案学习，而是帮助孩子成为独立的个体、温暖的家庭成员、合格的社会公民。芬兰父母对学习成绩“不争”的心态，一方面让孩子拥有幸福的童年，天性和潜能得到发挥；另一方面让家长对教师的态度更友好，对教师的能力更信任；还有一方面是让孩子在“不争”中真正学会“合作”，而这才是真正的竞争力——毕竟合作能力是 21 世纪对人才最核心的能力要求之一。

我想这世上如果有教育理想国的话，那么一定是芬兰。但这个理想国也有不完美之处。处在这样得天独厚的环境下，芬兰教育研究所前所长尤尼·瓦利耶尔维（Jouni Välijärvi）向我们揭开了芬兰教育的另外一面：芬兰学生的学习参与度在滑坡，学习倦怠在上升，辍学率也在上升。这正是我致力于“芬兰模式本土化：开发参与式‘以学生为中心’教学法的教师培训项目”课题研究的动力。

借力芬兰教育，不失中国教育自信

对部分中国人来说，芬兰教育是世界上最美好的教育。那么，芬兰教育的好到底在哪里？我觉得是教学法的有效性和多元评估体系。当下，我们学芬兰教育，应该重点学习它的教学法，因为它能带动教师专业能力的提升，影响学生的学习效率和生活幸福感。2019 年 12 月 PISA 结果显示，芬兰是唯一一个学生学习成绩顶尖，同时还是学习时间全球最少、学生对生活满意度全球最高的国家。反观学习成绩排名排在前面的亚洲国家和地区，学生投入的时间成本普遍很高，且对生活的满意度竟然处于全球末尾。我想这背后就涉及学习成果与学习效率、生活幸福感之间的关系。

我们常谈国家自信、文化自信，我想我们也要有教育自信。这种自信，来源于中国教育发展历程中我们所取得的卓越成绩。新中国成立后，中国教育经历了普及九年义务教育，人人有学上；均衡发展教育，人人上好学；发展优质教育，追求高位均衡这三个阶段。泱泱大国，人口众多，几十年间我们能取得这样的教育进步，可赞可叹。

这种自信，还意味着我们能看到教育发展的阶段性特征，正视自己教育存在的问题。我们当下面临的教育问题都是阶段性问题。其中最大的教育问题也许不是应试教育，而是教育的单一化模式不能满足不同层次家长和学生的需求。中国人口基数大、层次多，教育应该更多元。

这种自信，更是源于我们能站在国际舞台上，看到很多发达国家的经验。他们教育改革过程中的经验和教训，给我们提供了改革的前车之鉴。最终，我们明白自己的国家要靠自己建设，芬兰教育模式不可简单地复制到中国。

参考文献

图书部分

Bandura, A., & Walters, R. H. (1977). Social learning theory (Vol. 1) [M]. Englewood Cliffs, NJ: Prentice-hall.

Finnish National Board of Education (2010). Amendments and additions to the National Core Curriculum for Basic Education [M]. Helsinki, Finland.

Finnish National Agency for Education (2016). National Core Curriculum for Pre-primary Education 2014 [M]. Helsinki, Finland.

Finnish National Agency for Education (2016). National Core Curriculum for Basic Education 2014 [M]. Helsinki, Finland.

Finnish National Agency for Education (2018). National Core Curriculum for the General and Advanced Syllabi for Basic Education in the Arts 2017 [M]. Helsinki, Finland.

Finnish National Agency for Education (2019). National core curriculum for early childhood education and care 2018 [M]. Helsinki, Finland.

Finnish National Agency for Education (2020). Amendments and additions to the National Core Curriculum for Basic Education 2014 regarding the instruction of the A1 language in grades 1–2 [M]. Helsinki, Finland.

Hargreaves, D.H. (2000). The production, mediation and use of professional knowledge among teachers and doctors: a comparative analysis [M]// Knowledge management in the learning society (pp. 219–238). Paris: OECD Publications service.

Hargreaves, A., & Fullan, M. (2015). Professional capital: Transforming teaching in every school [M]. Teachers College Press.

Hannukkala ym (2016). Voimaa. Terveystieto 7–9 [M]. Helsinki: Sanoma Pro.

Heikkinen, H. L., Jokinen, H., & Tynjälä, P. (2012). Teacher education and development as lifelong and lifewide learning [M]. In Peer-group mentoring for teacher development (pp. 19–46). Routledge.

Immonen, Anu ym (2010). Vire. Terveystieto 7–9 [M]. Helsinki: Otava.

Jakku-Sihvonen, R., & Niemi, H. (2006). Research-based teacher education in Finland: Reflections by Finnish teacher educators (Vol. 25) [M]. Finnish Educational Research Association.

Kansanen, P. (2003). Teacher education in Finland: Current models and new developments [M]// Bob Moon & Lazar Vlasceanu (Ed.) Institutional approaches to teacher education within higher education in Europe: Current models and new developments, 85–108.

Kansanen, P. (2014). Teaching as a master's level profession in Finland: Theoretical reflections and practical solutions [M]// Workplace learning in teacher education (pp. 279–292). Springer, Dordrecht.

Kiander, J. (2001). 1990-luvun talouskriisi. Suomen Akatemian tutkimusohjelma: Laman opetukset [M]. Suomen 1990-luvun kriisin syyt ja seuraukset.

Kontoniemi, M., Salo, O.P. (Ed.) (2011). Educating Teachers in the PISA Paradise: Perspectives on Teacher Education at a Finnish University [M]. Jyväskylä Teacher Training School, University of Jyväskylä.

Lehtinen, Ismo ym (2010). Terveen elämän syke 7 [M]. Helsinki: Edita.

Lehtinen, Ismo ym (2010). Kasvun ja kehityksen syke 8 [M]. Helsinki: Edita.

Lehtinen, Ismo ym (2010). Selviytymisen syke 9 [M]. Helsinki: Edita.

Lottes, I., Kontula, O. (2000). New views on Sexual health: The case of Finland [M]. Publications of the Population Research Institute, Series D 37/2000, Finland.

Lonka, K., Makkonen, J., Berg, M., Talvio, M., Maksniemi, E., Kruskopf, M., ... & Westling, S. K. (2018). Phenomenal learning from Finland [M]. Finland: Edita.

Malinen, O. P., & Savolainen, H. (2012). The directions of Finnish teacher education in the era of the revised act on basic education [M]// Chris Forlin (Ed.) Future Directions for Inclusive Teacher Education: an international perspective (pp. 52–60). London: Routledge.

Malinen, O. P., Rytivaara, A., & Kontinen, J. (2015). Co-teaching in inclusive primary school education in Finland [M]// Gregor Hensen & Anneka Beck (Ed.) Inclusive Education: Internationale Strategien und Entwicklungen Inklusiver Bildung (pp.100–118). Germany: Beltz Juventa.

National Research Council. (2000). How people learn: Brain, mind, experience, and school: Expanded edition [M]. National Academies Press.

Niemi, H., Multisilta, J., Lipponen, L., & Vivitsou, M. (Eds.). (2014). Finnish innovations and technologies in Schools: A guide towards new ecosystems of learning [M]. Springer.

Niemi, H., Multisilta, J., & Löfström, E. (Eds.). (2014). Crossing Boundaries for Learning-Through Technology and Human Efforts [M]. Helsinki, Finland: Cicero Learning Network, University of Helsinki.

Niemi, H., Toom, A., & Kallioniemi, A. (Eds.). (2016). Miracle of education: The principles and practices of teaching and learning in Finnish schools [M]. Springer.

Numminen, U., & Kasurinen, H. (2003). Evaluation of educational guidance and counselling in Finland [M]. Finnish National board of education.

OECD (2019). Education at a Glance 2019: OECD Indicators. OECD Publishing, Paris.

Orkovaara, Pirjo ym (2004). Dynamo: Terveystietoa luokille 7–9 [M]. Helsinki: Tammi.

Pulkkinen, J. (2019). Reforming policy, changing practices? special education in Finland after educational reforms [M]. Jyväskylä, Finland: University of Jyväskylä. Tutkimuksia/Koulutuksen tutkimuslaitos, 34 (ISBN 978-951-39-7771-9).

Qian, W. (2020). Localizing the Finnish Model for China: Developing an Engaging Student-Centred Pedagogy Training Project for Chinese Teachers in Basic Education [M]. Jyväskylä, Finland: University of Jyväskylä. Jyväskylä studies in education and psychology.

Rasinen, A., & Rissanen, T. (2010). In the spirit of Uno Cygnaeus: pedagogical questions of today and tomorrow [M]. Department of Teacher Education, University of Jyväskylä, Finland.

Rinkinen, A., & Lindberg, M. (2014). Tuen portailla. Tehostetun ja erityisen tuen kehittämistoiminta, 2008-2012 [M]. Suomen Yliopistopaino Oy, Tampere.

Sahlberg, P., Aho, E., & Pitkanen, K.(2012). Policy development and reform principles of basic and secondary education in Finland since 1968 [M]. World Bank, Washington, DC.

Sahlberg, P. (2013). The most wanted: Teachers and teacher education in Finland [M]// Darling-Hammond, L., Lieberman, A., (Ed.) Teacher education around the world: Changing Policies and Practices (pp. 15–35). London: Routledge.

Sahlberg, P. (2014). Finnish lessons 2.0: What can the world learn from educational change in Finland? [M]. New York: Teachers College Press.

Säntti, J., & Kauko, J. (2019). Learning to teach in Finland: Historical contingency and professional autonomy [M]// Maria Teresa Tatto & Ian Menter (Ed.) Knowledge, Policy and

Practice in Learning to Teach: A Cross-National Study (pp.81–97).

Simola, H. (2014). The Finnish education mystery: Historical and sociological essays on schooling in Finland [M]. London: Routledge.

Tang, X. (2017). Teaching practices in early primary school: dimensions, patterns and consequences [M]. Jyväskylä, Finland: University of Jyväskylä. Jyväskylä studies in education, psychology and social research, 601 (ISBN 978-951-39-7263-9).

Wellings, K., Parker, R., & Knerr, W. (2006). Sexuality education in Europe: a reference guide to policies and practices [M]. International Planned Parenthood Federation (IPPF).

文章部分

Clark, S. C. T. (1970). General Teaching Theory [J]. Journal of Teacher Education, 21(3), 403–416.

Geeraerts, K., Tynjälä, P., Heikkinen, H. L., Markkanen, I., Pennanen, M., & Gijbels, D. (2015). Peer-group mentoring as a tool for teacher development [J]. European Journal of Teacher Education, 38(3), 358–377.

Häkkinen, P., Järvelä, S., Mäkitalo-Siegl, K., Ahonen, A., Näykki, P., & Valtonen, T. (2017). Preparing teacher-students for twenty-first-century learning practices (PREP 21): a framework for enhancing collaborative problem-solving and strategic learning skills [J]. Teachers and Teaching, 23(1), 25–41.

Hujala, E. (2004). Dimensions of leadership in the childcare context [J]. Scandinavian Journal of Educational Research, 48(1), 53–71.

Halinen, I., & Järvinen, R. (2008). Towards inclusive education: the case of Finland [J]. Prospects, 38(1), 77–97.

Heikka, J., & Hujala, E. (2013). Early childhood leadership through the lens of distributed leadership [J]. European Early Childhood Education Research Journal, 21(4), 568–580.

Hujala, E., & Eskelinen, M. (2013). Leadership tasks in early childhood education [J]. Researching leadership in early childhood education.

Honkasalo, V. (2018). Culture and sexuality in Finnish health education textbooks [J]. Sex Education, 18(5), 541–554.

Ihatsu, M., & Savolainen, H. (1995). Special education in Finland: Systems, history and current issues [J]. Australasian Journal of Special Education, 19(1), 45–52.

Jyrhämä, R., Kynäslahti, H., Krokfors, L., Byman, R., Maaranen, K., Toom, A., & Kansanen, P. (2008). The appreciation and realisation of research-based teacher education: Finnish students' experiences of teacher education [J]. European Journal of Teacher Education, 31(1), 1–16.

Kansanen, P. (2003). Teacher education in Finland: Current models and new developments. Institutional approaches to teacher education within higher education in Europe: Current models and new developments, 85–108.

Kantola, J., & Rasinen, A. (2006). Development of craft education in Finland during the time of Uno Cygnaeus. Bulletin of Institute of Vocational and Technical Education. v2. Graduate School of Education and Human Development, Nagoya University.

Kangas, J., Venninen, T., & Ojala, M. (2016). Distributed leadership as administrative practice in Finnish early childhood education and care [J]. Educational Management Administration & Leadership, 44(4), 617–631.

Kivinen, O., & Rinne, R. (1990). pterest Groups: A Finnish Lesson in University [J]. Higher Education Policy, 3(3), 15.

Kikas, E., Tang, X. (2018). Child-Perceived Teacher Emotional Support, its Relations with Teaching Practices and Task Persistence [J]. European Journal of Psychology of Education, 34(2), 359–374.

Kontula, O. (2010). The evolution of sex education and students' sexual knowledge in Finland in the 2000s [J]. Sex Education, 10(4), 373–386.

Krokfors, L., Kynäslahti, H., Stenberg, K., Toom, A., Maaranen, K., Jyrhämä, R., ... & Kansanen, P. (2011). Investigating Finnish teacher educators' views on research-based teacher education [J]. Teaching Education, 22(1), 1–13.

Lavonen, J. (2016). Educating professional teachers through the master's level teacher education programme in Finland [J]. Bordón. Revista de pedagogía, 68(2), 51–68.

Leena Krokfors, Heikki Kynäslahti, Katariina Stenberg, Auli Toom, Katriina Maaranen, Riitta Jyrhämä, Reijo Byman & Pertti Kansanen (2011). Investigating Finnish teacher educators' views on research-based teacher education [J]. Teaching Education, 22:1, 1–13.

Leinonen, J., Brotherus, A., & Venninen, T. (2014). Children's participation in Finnish pre-school education-Identifying, Describing and Documenting Children's Participation [J]. Tidsskrift for Nordisk barnehageforskning, 7.

Marsh, D., Nikula, T., Takala, S., Rohiola, U., & Koivisto, T. (1994). Language teacher training and bilingual education in Finland. Continuing Education Centre. University of Jyvaskyla, Finland.

Markku Ihatsu & Hannu Savolainen. (1995) Special Education In Finland: Systems, History and Current Issues [J]. Australasian Journal of Special Education, 19:1, 45–52.

Malinen, O. P., Väisänen, P., & Savolainen, H. (2012). Teacher education in Finland: a review of a national effort for preparing teachers for the future [J]. Curriculum Journal, 23(4), 567–584.

McIntyre, L. L., Eckert, T. L., Fiese, B. H., DiGennaro, F. D., & Wildenger, L. K. (2007). Transition to kindergarten: Family experiences and involvement [J]. Early Childhood Education Journal, 35(1), 83-88.

Miller, R., & Hess, R. D. (1972). The Effect Upon Students' Motivation of Fit Between Student Ability and the Level of Difficulty of CAI Programs.

Nummenmaa, A. R., & Sinisalo, P. (1997). Career Counseling and Counselor Training in Finland [J]. Journal of Employment Counseling, 34(4), 157–64.

Onnismaa, E. L., & Kalliala, M. (2010). Finnish ECEC policy: interpretations, implementations and implications [J]. Early Years, 30(3), 267–277.

Parker, R., Wellings, K., & Lazarus, J. V. (2009). Sexuality education in Europe: An overview of current policies [J]. Sex Education, 9(3), 227–242.

Peltonen, R. (1965). The Finnish Kindergarten [J]. Childhood Education, 41(5), 244–246.

Pesonen, H., Itkonen, T., Jahnukainen, M., Kontu, E., Kokko, T., Ojala, T., & Pirttimaa, R. (2015). The implementation of new special education legislation in Finland [J]. Educational Policy, 29(1), 162–178.

Pölkki, P. L., & Vornanen, R. H. (2016). Role and success of Finnish early childhood education and care in supporting child welfare clients: perspectives from parents and professionals [J]. Early Childhood Education Journal, 44(6), 581–594.

Pollari, P., Salo, O. P., & Koski, K. (2018). In Teachers We Trust—The Finnish Way to Teach and Learn [J]. ie: inquiry in education, 10(1), 4.

Sassi, M. J. & Moberg S. J. (1990) Special Education in Finland [J]. International Journal of Disability, Development and Education, 37:2, 91–98.

Simola, H. (2005). The Finnish miracle of PISA: Historical and sociological remarks on teaching and teacher education [J]. Comparative education, 41(4), 455–470.

Simola, H., Rinne, R., Varjo, J., Pitkänen, H., & Kauko, J. (2009). Quality assurance and evaluation (QAE) in Finnish compulsory schooling: a national model or just unintended effects of radical decentralisation? [J]. Journal of Education Policy, 24(2), 163–178.

Sahlberg, P. (2011). The fourth way of Finland [J]. Journal of educational change, 12(2), 173–185.

Säntti, J. & Salminen, J. (2015). Development of Teacher Education in Finland 1945–2015 [J]. Hungarian educational research journal, 5(3), 1–14.

Sweet, R., Nissinen, K., & Vuorinen, R. (2014). An analysis of the career development items in PISA 2012 and of their relationship to the characteristics of countries, schools, students and families. ELGPN Research Paper; No. 1.

Tang, X. (2015). Untangling the complex reasons behind success in the PISA test—An essay on Finnish education and Chinese education [J]. CEREC Working Paper Series.

Tang, X. (2015). Suomalainen ja kiinalainen koulutusjärjestelmä PISA-tutkimuksessa menestymisen taustalla [J]. NMI-Bulletin, 25 (2), 4–9.

Tang, X., Kikas, E., Pakarinen, E., Lerkkanen, M.-K., Muotka, J., & Nurmi, J.-E. (2017). Profiles of teaching practices and reading skills at the first and third grade in Finland and Estonia [J]. Teaching and Teacher Education, 64, 150–161.

Tang, X., Pakarinen, E., Lerkkanen, M.-K., Kikas, E., Muotka, J., & Nurmi, J.-E. (2017). Validating the early childhood classroom observation measure in first and third grade classrooms [J]. Scandinavian Journal of Educational Research, 61(3), 275–294.

Tang, X. (2018). Opetuskäytänteet ja niiden yhteys lukutaidon kehitykseen ensimmäisinä kouluvuosina [J]. Oppimisen ja oppimisvaikeuksien erityislehti: NMI-bulletin, 28 (3), 5–10.

Tang, X., Pakarinen, E., Lerkkanen, M.-K., Muotka, J., & Nurmi, J.-E. (2019). Longitudinal Associations of First-grade Teaching with Reading Development in Early Primary School [J]. Journal of Applied Developmental Psychology, 63, 23–32.

Tang, X., Wang, M. T., Guo, J., & Salmela-Aro, K. (2019). Building Grit: The Longitudinal Pathways between Mindset, Commitment, Grit, and Academic Outcomes [J]. Journal of Youth and Adolescence, 48(5), 850–863.

Thuneberg, H., Vainikainen, M. P., Ahtiainen, R., Lintuvuori, M., Salo, K., & Hautamäki, J. (2013). Education is special for all: The Finnish support model [J]. Gemeinsam leben, 21(2), 67–78.

Tirri, K. (2014). The last 40 years in Finnish teacher education [J]. Journal of Education for Teaching, 40(5), 600–609.

Toom, A., Kynäslahti, H., Krokfors, L., Jyrhämä, R., Byman, R., Stenberg, K., ... & Kansanen, P.

(2010). Experiences of a Research-based Approach to Teacher Education: suggestions for future policies [J]. European Journal of Education, 45(2), 331–344.

Tuunainen, K. (1994) Special education in Finland [J]. European Journal of Special Needs Education, 9:2, 190–199.

Välijärvi, J. (2004). The system and how does it work: Some curricular and pedagogical characteristics of the Finnish comprehensive school [J]. Education Journal, 32(1), 31–55.

Watts, A. G., & Sultana, R. G. (2004). Career guidance policies in 37 countries: Contrasts and common themes [J]. International Journal for Educational and Vocational Guidance, 4(2–3), 105–122.

Zhou, J., Tang, Y.Y., & Gong, A. Y. (2011). A Study on Teacher Education Curriculum at Undergraduate Level in China [J]. Teacher Education Research, 4.

Zhou, J. (2014). Teacher education changes in China: 1974–2014 [J]. Journal of Education for Teaching: International research and pedagogy, 40:5, 507–523.

报告部分

Alila, K. (2017). Finnish Country Note on Transitions in ECEC. Review of Policies and Practices for Transitions from Early Childhood Education and Care to Primary Education [R]. Publications of the Ministry of Education and Culture, Finland, 27.

Bennett, J., & Tayler, C. P. (2006). Starting strong II: Early childhood education and care [R]. OECD.

Curriculum plans for students pursuing the Primary School Teacher Education Programme 2014–2017 (2014) [R]. Department of teacher education, University of Jyväsklä, Finland.

Faure, E. (1972). Learning to be: The world of education today and tomorrow [R]. Unesco.

Finnish Education Evaluation Centre (2016).National plan for education evaluation 2016–2019 [R]. Suomen Yliopistopaino Oy, Tampere.

Finnish National Agency for Education (2017). Finnish Education in a Nutshell [R].

Holappa, A. S., Hyvönen, S. et al. (2018). Aamu- ja iltapäivätoiminnan tila ja Kehittämistarpeet: Aamu- ja iltapäivätoiminnan kehittämistyöryhmän raportti 2018.

Iivonen, E. (2009). Koululaisten aamu-ja iltapäivätoiminnan lainsäädännön toimivuus, toiminnan laatu ja muutostarpeet. 1458-8102.

Inha, K. (2019). Finland invests in early language learning. Finnish National Agency for Education.

Kumpulainen, T. (2018). Key figures on early childhood and basic education in Finland. Finnish National Board of Education. Publications, 4.

Martin, M. J. P. (2001). Starting strong: Early childhood education and care [R]. Stockholm: OECD.

Margetts, K. (2008). Transition to school. What children think about how it works and how it is going to be different things. In the 18th EECERA Conference. Stavanger.

MoE (2007). Erityisopetuksen strategia [Special Education Strategy] [R]. Reports of the Ministry of Education 47.

Nuolijärvi, P. (2011). Language education policy and practice in Finland. In Language Education in Creating a Multilingual Europe. Contributions to the Annual Conference (pp. 111–120).

Paronen, P., & Lappi, O. (2018). Finnish teachers and principals in figures [R]. Finnish National Agency for Education: Reports and surveys, 4.

Parker, R., Wellings, K., & Lazarus, J. V. (2009). Sexuality education in Europe: An overview of current policies. Sex Education, 9(3), 227–242.

Salmivalli, C. (1999). Participant role approach to school bullying: Implications for interventions [J]. Journal of adolescence, 22(4), 453–459.

Thomsen, R. (2014). A Nordic perspective on career competences and guidance. NVL & ELGPN concept note, Oslo.

UNESCO (1994). The Salamanca Statement and Framework for Action on Special Needs Education [R]. World conference on special needs education: access and quality.

电子资源部分

Education Statistic Finland. Available from https://vipunen.fi/en-gb/home Educa. Available from https://educa.messukeskus.com/

Finnish Education Evaluation Centre. Available from https://karvi.fi/en/

Finnish National Agency for Education. Available from https://www.oph.fi/en

Finnish national selection cooperation network in the field of education (VAKAVA). Available from https://www.helsinki.fi/en/networks/national-selection-cooperation-network-in-the-field-of-education/about-vakava

Finnish Schools on the Move. Available from https://liikkuvakoulu.fi/english

GraphoGame. Available from https://www.graphogame.com/

LukiMat. Available from http://www.lukimat.fi/etusivu

Programme for International Student Assessment. Available from https://www.oecd.org/pisa/

Sex on Map. RFSU, Sweden. Available from https://vimeo.com/1955817

Statistics Finland-Education. Available from https://www.stat.fi/til/kou_en.html

Student Selection to Teacher Education in Finland – Anticipatory Work for Future (2020). Available from https://sites.utu.fi/ovet/en/

Teaching and Learning International Survey. Available from http://www.oecd.org/education/talis/

The Finnish Matriculation Examination. Available from https://www.ylioppilastutkinto.fi/en/matriculation-examination

This is Finland. Available from https://finland.fi/

World Happiness Report. Available from https://worldhappiness.report/

VASU Plan for early childhood education and care. Available from https://www.oph.fi/fi/koulutus-ja-tutkinnot/varhaiskasvatussuunnitelman-perusteet-pahkinankuoressa

图书在版编目（CIP）数据

这就是芬兰教育 / 钱文丹著 . -- 北京：中国人民大学出版社，2020.12
ISBN 978 - 7 - 300 - 28825 - 3

Ⅰ. ①这… Ⅱ. ①钱… Ⅲ. ①教育研究—芬兰 Ⅳ. ① G553.1

中国版本图书馆 CIP 数据核字（2020）第 239882 号

这就是芬兰教育
钱文丹　著
Zhe Jiu Shi Fenlan Jiaoyu

出版发行	中国人民大学出版社		
社　　址	北京中关村大街 31 号	**邮政编码**	100080
电　　话	010 － 62511242（总编室）		010 － 62511770（质管部）
	010 － 82501766（邮购部）		010 － 62514148（门市部）
	010 － 62515195（发行公司）		010 － 62515275（盗版举报）
网　　址	http://www.crup.com.cn		
经　　销	新华书店		
印　　刷	北京华宇信诺印刷有限公司		
开　　本	720 mm × 1000 mm　1/16	**版　　次**	2020 年 12 月第 1 版
印　　张	16.25　插页 1	**印　　次**	2023 年 12 月第 5 次印刷
字　　数	225 000	**定　　价**	68.00 元